中国新文化百年史丛书
ZHONGGUO XINWENHUA
BAINIANSHI CONGSHU

中国新文化百年史丛书

学术顾问

贾平凹	金铁霖	卢新华	马秋华
莫　言	温儒敏	吴为山	杨　义

编撰委员会

陈跃红	丁亚平	方　宁	郜元宝
郝雨凡	胡志毅	李继凯	林　岗
栾梅健	马相武	彭志斌	王　宁
王兆胜	汪应果	许　明	杨剑龙
张福贵	赵毅衡	朱寿桐	朱栋霖
朱晓进			

国家出版基金项目
NATIONAL PUBLICATION FOUNDATION

国家"十二五"重点图书出版规划项目
NATIONAL TWELFTH-FIVE-YEAR-PLAN KEY BOOK PUBLISHING PROJECT

曾一果 许静波 著

中国传媒文化百年史

CHUANMEI WENHUA

中国新文化百年史
丛书主编·朱寿桐
4

南京师范大学出版社
NANJING NORMAL UNIVERSITY PRESS

图书在版编目(CIP)数据

中国传媒文化百年史 / 曾一果,许静波著. —— 南京：南京师范大学出版社,2018.12
(中国新文化百年史丛书)
ISBN 978-7-5651-3916-1

Ⅰ.①中… Ⅱ.①曾… ②许… Ⅲ.①传播媒介—文化史—研究—中国 Ⅳ.①G219.29

中国版本图书馆 CIP 数据核字(2018)第 260931 号

丛 书 名	中国新文化百年史丛书
书 名	中国传媒文化百年史
著 者	曾一果 许静波
责任编辑	庞 昊
出版发行	南京师范大学出版社
地 址	江苏省南京市玄武区后宰门西村 9 号(邮编:210016)
电 话	(025)83598919(总编办) 83598412(营销部) 83373872(邮购部)
网 址	http://press.njnu.edu.cn
电子信箱	nspzbb@163.com
照 排	南京理工大学资产经营有限公司
印 刷	南京爱德印刷有限公司
开 本	710 毫米×1000 毫米 1/16
印 张	19.5
字 数	280 千
版 次	2018 年 12 月第 1 版 2018 年 12 月第 1 次印刷
书 号	ISBN 978-7-5651-3916-1
定 价	78.00 元
出 版 人	彭志斌

南京师大版图书若有印装问题请与销售商调换
版权所有 侵犯必究

序 言

中国新文化萌发于近代启蒙主义政治、社会、文化思潮,到五四新文化运动时期形成巨大气候并进入实质性运作,在以罕见的强势和决绝姿态"告别"了源远流长的中国传统文化之后,历尽时代的风狂和雨暴,饱经岁月的辉煌与沧桑,伴随着中国人民乃至全世界华人跨越一个世纪的艰辛与卓绝,光荣与梦想,成为一百年来几代中国人关系模式、人生方式、思维程式、行为范式和言论体式的品质与风格的呈现。中国新文化充分汲取了西方文化的精神营养,同时也承传了传统文化的丰富资源,因应着时代的节拍,体现着中华民族多元文明的质地,在当代世界文明的总体框架下独特而精彩地生息并发展,艰辛而顽强,青葱而壮硕,根深而叶茂。

百年的沧桑需要总结与回望,百年的辉煌值得讴歌与阐扬。汉语学术界从来就不缺少治史的热忱与传统,但这样的热忱常常被某种价值忌惮和畏难情绪疏隔在中国新文化史的编修之外。关于中国古代文化,各种版本的文化史专著精彩纷呈,但关于中国新文化史的学术撰述却相对冷落。在中国新文化历史范畴内,许多时代的纷争和意识形态的现实差异无疑将限制历史述说的深刻精准和理论阐述的畅快淋漓,而文化内涵的无所不包以及外延的难以捉摸更会让审慎的研究者望而却步。

但学术的延宕终究不能抵挡甚至销蚀百年文明的历史魅力。为这样的学术魅力所吸引,我们可以不揣冒昧,无所忌惮,不畏艰辛,写下中国新文化百年的史迹与节奏,伴之而起的是我们的观察与思考。

一、文化及其学术结构

中国新文化是人类文化史上杰出而富有生命力的存在。它植根于中华传统文化的深厚土壤,吸纳外来文化的营养与资源,体现着亿万中国人在特定时空条件下的价值选择和人生倾向,以其特定的演进轨迹和发展成果丰富了现代世界文明。

文化是一个异常复杂的概念。在相对保守的学术记录中,有关文化的定义有170多种,而宽泛一些的统计则多达400种。一种学术概念,如果存有多种定义,就足以表明关于其学术内涵的理解已经陷入了某种混乱,其所引起的概念之辩足以引起旷日持久的争讼。在这样的意义上,关于文化的定义到底是170多种还是400种的论辩往往说明不了别的情形,仅仅能够说明,每一个严肃的学者都可以而且应该对文化的学术概括作出自己的思考和判断。

显然,几乎所有自然、社会、人文现象都可以用文化加以概括,或者加以描绘,甚至连自然的地质记录都已经用文化概念加以表述。通常意义上人们比较习惯于将文学艺术算作基本的和典型的文化现象,类似于许多政府文化管理部门的职责范围。但毫无疑问,人类的思想和学术属于文化的重要内涵,所有社会典章制度、宗教信仰、经济运作等,以及社会习俗、民风民俗的积淀,都是文化必然属性的体现。这些文化现象都是人类文明形成或创造的结果。文化,如果从汉语语词的构成进行解析,当表述为人类文明与开化的所有痕迹的总和。

用钱穆所阐述的文化概念,"文化只是'人生',只是人类的'生活'",不过是"集体的"、"大群的人类生活"而已[1]。文化与人的活动相关,因而可以从人类文明和社会行为开化的意义上理解文化。

然而立即需要面对的问题是,许多自然现象都被纳入文化表述的范

---

[1] 钱穆:《文化学大义》,第4页,北京:九州出版社,2011年。

畴。既然远在人类尚未产生之前的宇宙间就存在我们称之为文化的东西,这是否意味着,文化并不完全属于人类文明,它可以是自然的现象?可能的答案是,只有那些被人类的文明所认知、所理解并经过人类文明表述的自然现象才是文化的。宇宙空间尚有许多未被认知的天文现象,地质构造中也留有不少未解之谜,这些都无法纳入文化的表述之内。自然现象须带着与之相适应的文化表述才属于文化范畴。在这一意义上,钱穆的观点值得借鉴。钱穆认为,人类的文化即便是在物质和社会生活层面的,也仍然包含着精神的因素,而且精神因素才是文化的本质:"若使人类没有欲望,没有智慧,没有趣味爱好,没有内心精神方面种种的工作活动参加,也将不会有衣、食、住、行之一切物质创造与活动。"[1]

如果说人类文明可以被认为分别体现在自然、社会和狭义的文化这三个方面,那么,文化注定是人类文明的异称,是人类对自然现象的认知理解,对各种社会现象的观念表述,以及在思想、学术、文化、艺术及其承载传播等方面的创意性结果。

这样,文化被自然地分为三个层次。首先是文化的核心层次,也就是通常所说的纯文化层次,在思想、学术、文化、艺术及其承载传播层面的创造性继承与发展的文明形态。其次是结构层次,也就是社会法律制度、道德规范和宗教信仰等等,它们都体现为一种法规,一种约束,一种要求人们遵守的制度,虽然它们本身也许并不都以制度的状态出现。这种社会制度在重要性上远远超过一般意义上的文化,但作为观念概述又体现为文化的基本内涵。再次是物质文化层次,包括被理解的自然文化,以及各种人类物质创造的时代性理解。文化的本质是观念文明的痕迹与开化的结果。

钱穆在《文化学大义》中同样阐述了文化的三个层次,分别是物质的(自然的),社会的,精神的,也就是物世界、人世界和心世界[2]。这大致是准确的。但社会层面的文化也可能是物质的,如各种社会法律宗教设施等

---

[1] 钱穆:《文化学大义》,第8页,北京:九州出版社,2011年。
[2] 钱穆:《文化学大义》,第9页,北京:九州出版社,2011年。

等,特别是社会经济生活的方方面面。从这个意义上说,斯特恩(H. H. Stern)将文化分类为物质文化、制度文化和精神文化这三个方面,更能够行得通。不过中义的翻译将斯特恩的第二层次文化表述为心理文化,显然缩小了这一分层的文化范围,应该作为精神文化进行理解和阐述。

文化代表着人类文明积累的结果,自身的构成非常复杂,物质文化必然包含且呈现出某种精神的内涵,才能够成为人们文化认知的对象,这便是如前所说的,自然文化中没有被人类文明认知的部分,就不能算是文化,也不能进入文化的表述。同样地,即便是精神文化的类型,也必须通过一定的物质文化加以承载。精神文化和物质文化都是在相对意义上形成的某种分别。

但之所以作物质的、精神的和制度的三种类型的划分,是因为在对文化进行学术把握的时候,需要进行分门别类的研究,需要在诉诸人类文明思维的方法和途径方面进行类型学的概括。明确了此三种类型,便可以对一个民族某个时代的文化种类进行基本的结构阐析。之所以将钱穆所提出的社会文化修订为制度文化,是因为社会文化中既包含精神文化,也包含物质文化,精神与物质相对,但"社会的"类型在逻辑上无法与之并列。社会文化中包含着许多精神文化内容,也包含许多物质文化内容。从物质到精神类型,应该有一个介乎其中的制度文化类型,它确实立足于社会层面,但既不偏重于物质也不纯然体现于精神,而体现为一种文化方法——调节和制约人类社会行为和价值规范的文化方法,包括政治、道德、宗教、法律、教育、习惯等等。

钱穆倾向于将物质文化或自然文化当作广义文化,而将社会文化和精神文化视为文化研究的主要对象,由此,他将文化分为七个类别:经济、政治、科学、宗教、道德、文学、艺术[1]。这样的分类兼顾了他所阐述的社会文化和精神文化两大类型,但其间仍然有许多疏漏,也有一些混乱。例如,在精神文化类型中,思想文化、学术文化无疑是重要的文化现象,钱穆的概括中却忽略了这两方面的内容,而一般理论都倾向于将文学纳入艺术范

---

[1] 钱穆:《文化学大义》,第32页,北京:九州出版社,2011年。

畴,这里却主张将两者在类型上截然分开。

但钱穆作出了重要的理论开创,认为文化研究的重心,文化史研究的基点,应在社会文化和精神文化两大类型,而诉诸精神层面的文化现象才是文化研究的当然内容。在这样的意义上,他应该较少地涉及他所谓的"社会文化",而更关注精神文化的多个方面。但在他的框架设计中,社会文化如经济、政治、科学、宗教、道德等占据了文化类型的主要地位,精神文化方面仅仅涉及文学与艺术,未能充分反映这种类型中更广阔的文化内涵。按照我们的类型分析,文化分为物质文化、制度文化和精神文化。在每一种文化类型之中,又可以分为若干个文化种类。物质文化类型中,可分为自然文化、天文文化、山水文化、社会物质文化等。制度文化类型中,可分为政治文化、法制文化、道德文化、宗教文化、教育文化、民俗文化等。精神文化比较复杂,又可分为三种类别的若干形态。第一种类别是思想、学术文化,包括思想文化、学术文化、科技文化等,这些文化都是创造性思考的结果,因而从文化建设方法上可以概括为创思文化。第二种类别为创作文化,是文学、艺术文化,包括文学(当然文学可以归类为艺术,但在艺术创作中又占有突出地位)、音乐、美术、雕塑、建筑、戏剧、舞蹈、电影等。第三种类别为设计、传媒文化,这是一种创意性工作的结果,又可概括为创意文化,包括社会生活各个方面体现的设计文化,以及不断发展和更新的传媒文化,等等。为了较为清晰地反映这样的文化结构,特制下表:

文化类型	物质文化				制度文化	精神文化		
次类型	自然文化	天文文化	山水文化	社会物质文化	政治文化 法制文化 道德文化 宗教文化 教育文化 民俗文化	思想、学术 文化: 创思文化	文学、艺术 文化: 创作文化	设计、传媒 文化: 创意文化
形态						思想 学术 科技	文学 音乐 美术 雕塑 建筑 戏剧 舞蹈 电影	设计 传媒 娱乐

二、新文化及其历史把握

所谓中国新文化,是指中国百年来形成的融入西方因素的文化潮流和文化成果。新文化以近代启蒙主义思潮为基础,与现代政治、思想、文化革命密切联系,经过不同时期的运作、发展与调整,反映着现代中国人与传统相异的思维方式、语言方式及其支配下的生活习惯,生动地体现了从物质文明到价值观念、制度文化,再到精神文明的世界化与现代性的文化轨迹。

由此可见,百年新文化的历史总结,必须紧扣新文化的性质。并非在现当代历史时期出现和活跃的所有文化现象都属于新文化范畴。新文化必须体现新的价值观,体现近代以来的西方化和世界化因素,体现现代性的文化理念和文化形态。这是新文化的主体形态。与此同时,必须充分认识新文化的附庸形态,一定的传统文化传承到现代历史阶段,在现代生活中获得了时代性的赋形,它自然以其特有的方式和形态参与到新文化运作之中。

任何一个民族的文化,都与这个民族的传统有着密切的关系。中国新文化从这个意义上说,也割不断与传统文化的联系。事实上,如何处理与传统文化的关系,一直是新文化运作和运动的重要课题。但另一方面,鉴于新文化的发动以否定传统文化为价值前提,新文化的当然品质包含着相当浓厚的世界化、现代化的价值内涵,因而我们的新文化史研究应该立足于新质文化,尽管我们不可能完全认同全盘接受新文化倡导时期文化精英们的价值理念。这样的新文化品质认定,使得我们将传统文化史学所必然包含的民俗文化等等,从新文化史学系统中分离出去。民俗文化与传统文化的联系更为紧密,是长期形成并且在一定时间内难以真正改变的文化形态和文化方式,它的现代形态即使参与到新文化之中也只是一种时代赋形,并不体现新文化的本质内容。

我们对文化作出了如下的基本价值定位:文化是一定历史条件下人类文明与开化的结果,这样的文明与开化包含着鲜明强烈的观念和价值成分,因而其主要内涵在于精神层面。于是,新文化的历史研究和规律性研究主要以精神文化为主,部分涉及体现现代中国人社会价值理念的制度文化,但基本上不涉及物质文化,尽管新文化中的物质文化也包含着许多新质成分,特别是社会物质生产的结果(现代产品,主要是工业产品)。

新文化的历史研究还必须从新文化发展的实际出发,而不是从概念出发。新文化百年的发展并不是在文化的所有方面都有同等的效果和成就,为了准确反映新文化的发展成就,突出新文化成就的主导方面,对于滞后发展的一些新文化类别与形态理应采取学术兼顾的办法。具体地说,传统"八大艺术"中,美术与雕塑是并列关系,但新文化在中国的发展实际显示,雕塑的成就及发展线索在新文化总体格局中尚不足以独立成一个构成部分,因而可以将其与书法并入美术类属之中。同样的道理,舞蹈也可以从新文化发展的实际出发并入戏剧类属。中国新文化发展过程中,建筑艺术从文化创作的意义上来评判,属于颇为积弱的艺术文化部门,中国现当代建筑如果有值得进行历史研究的价值,则可能体现在它的某种创意性方面。于是,宜将新文化的建筑艺术部分从艺术文化的类型中抽绎出来,置于"创意文化"中的设计门类之中。

需要从中国百年来的新文化发展实际出发,对政治文化加以审慎对待。中国特殊的国情决定了我们的政治带着一种时代的刚性,它渗透到社会生活和物质文化的方方面面,一般不体现为一种文化形态(尽管文化内涵非常丰富),而是体现为决定人们价值观和意志力的意识形态和制度形态。这种刚性政治不宜单纯从文化层面加以阐述。从文化层面进行阐述的政治文化大多与社会法制建设紧密相连,因而所清晰呈现的是社会政法文化现象。

同样是从百年新文化发展的实际出发,当我们的历史叙述以中国大陆为本位(文化的空间属性决定了我们必须以此作为新文化的核心地带进行学术阐述)的时候,有些必然的文化现象会以偶然的文化样态出现,譬如宗教文化。在叙述中国现代文化史的时候,宗教文化明显地呈断裂状态。

于是，从新文化百年历史的实际出发，我们论述的重点是：

制度文化类型：政法文化
　　　　　　　宗教文化
　　　　　　　教育文化
精神文化类型：
　　思想、学术文化次类型：思想文化
　　　　　　　　　　　　学术文化（含科技文化）
　　文学、艺术文化次类型：文学文化
　　　　　　　　　　　　音乐文化
　　　　　　　　　　　　美术文化
　　　　　　　　　　　　戏剧文化（含舞蹈）
　　　　　　　　　　　　电影文化
　　设计、传媒文化次类型：设计文化（含建筑、广告等商业设计、工业设计等）
　　　　　　　　　　　　传媒文化（含出版文化、电视文化、网络文化、游戏等娱乐文化）

三、学术理念与学术结构

新文化的历史形态包含各个时期的新文化运动，包括一定历史条件下的新文化运作，以及这种运作的结果，即新文化在各领域的成果。新文化史的各个领域、各个课题的各个阶段，都应该从相应的文化运动（文化思潮）或者相应的文化运作（文化团体性的作为）展开历史的陈述，在此基础上，突出本阶段在本领域最具标志性的文化成果，重点介绍本领域在本阶段最具代表性的文化人。对于代表性人物和标志性作品，当然需要充分揭示其文化内涵，阐明其文化意义。

新文化百年在不同的历史时段,呈现出不同的时代主题,这些时代主题可以说是那个时代新文化的主旋律,也可以说是推动新文化不断发展的核心动力。从新文化运动开始正式掀起的1915年,到北伐战争兴起之际,这是新文化发展的第一个历史阶段。此阶段以中国文化的世界化和现代化为基本指向,突出的主题便是陈独秀概括的"民主与科学"。这时期的民主更多地体现为现代价值理念,而不是政制设计。科学在这里代表着实事求是的求实精神,以及破除迷信的现代人生态度和社会伦理。围绕着科学民主的时代文化主题,对新文化持保留甚至反对态度的文化思潮同样应该得到关注,并尽可能揭示它们的合理性,因为即便是反对新文化思潮的群体,往往在民主价值观和科学世界观方面也并非完全持反对的态度。如学衡派虽然反对新文化倡导者的某些观念和做派,但他们标举的新人文主义同样包含一定的民主思想和价值理念。各个门类的文化建设和文化倡导都以民主与科学的突出主题展示其自身的时代特性。

可以将1927年至1936年,概括为新文化运作的反思及内部调整时期,这时期的文化主题可用"革命与自由"来概括。从北伐战争到左翼运动,新文化的时代主题便是革命。这既是政治和战争意义上的革命,也是意识形态、文化艺术领域的革命。这场连续性革命的目标是争自由,其中包括工农群众的自由诉求,以及知识分子的自由意志。革命的倡导者祭起的法宝便是"争自由",对于"革命"持质疑态度的"自由人"同样标榜自由。对于许多知识分子、文化人而言,这是中国现代史上最为自由的时代,特别是在文化上的展开,都充分显示出自由的力量。

1931年,以"九一八"事变为标志,中国进入了旷日持久的抗日战争历史,而1937年的"七七事变"标志着全面抗日的展开,由此开始直到中华人民共和国成立之前,中华民族被拖进深重的、全面的、灾难性的战争岁月。日本帝国主义的侵略无疑是一场民族的灾难,而民族战争之后的内战使中华民族和广大民众面临的战争灾难未能即时结束。灾难中的呻吟,有民族反抗和自卫的呼声,有争取民主与捍卫和平的呐喊,新文化的时代取向是服务于现实,服务于危难之际的中华民族,此时代的新文化核心价值是"民族与民主"。共产党领导的延安等革命根据地，在那个时代显示出政治的独立性和独特性，但文化核心仍然是民族与民主。在内战时期民不聊生的情形下，文化界对当局的抗争与谏议，也都集中在民主话题和民族自救的内容。只是，这个时代的民主要求，较之于"五四"以后至20世纪20年代宣扬的"德先生"，明显多了一些政治体制方面的改革要求。

以中国大陆为主导空间，1950年以后的新文化呈现出党派文化的特性，在共产主义理想的引领、激励和阶级斗争主题的促动下进行运作。"理想与斗争"是这个时代文化运作的突出主题。"文化大革命"不过是这种文化发展到极致的一种爆发。这一阶段的端点以"文化大革命"的结束为标志，其间逐步形成了非常有时代特色的文化面貌。

毫无疑问，1978年至1992年，是中国改革开放的历史阶段，制度文化和社会文化方面的拨乱反正，思想文化和价值观念上的正本清源，改革被赋予时代伦理的正当性，开放成为锐不可当的时代潮流，其间经历的种种历史浪潮的回旋，终究不能阻遏历史最初向着"四个现代化"，后来向着小康社会不断努力的脚步。

1992年以后，历史进入到类似于后现代文化发展的时期，多元价值观念的形成，伴随着多媒体时代来临，形成了一直延续到当下的时代文化，这一文化以"多元与和谐"为主题，持续地演绎着新文化的活力与精彩，当然也同时演绎着新文化的尴尬与无奈。各种各样的文化在继承新文化传统的意义上呈现出自身的多元与开放，不断调整和制抑的呼声终究无法影响多元文化的发展。多元文化包含着许多劣质因素，但能够包容这样的多元就有足够的定力消除这样的劣质因素。拥有这样的定力是我们这个时代新文化的风采与胸襟，拥有这样的胸襟意味着新文化历经百年的成熟。

中国新文化的运作以1915年创刊的《青年杂志》(后改为《新青年》)为正式起点，2015年纪念新文化运动一百周年便成为文化热点。自2015年4月份开始，全国各地包括北京、上海、济南等重要城市都相继举行了各种规格、各种专题的学术研讨会，隆重纪念、深入研讨新文化和新文化运动。2015年9月14日，由澳门大学中文系和澳门大学南国人文研究中心主办的"中国新文化百年纪念学术研讨会",引起了海内外媒体和文化界的普遍关注。中新社对外发了通稿,全球100多家媒体予以报道。此会议之所以有如此反响,一是汇聚了海峡两岸暨香港、澳门有代表性的文史专家和文化学者[1],而且是非常集中地从海峡两岸暨香港、澳门的历史、现实出发进行研讨,从不同的社会、学术、文化背景对影响了一百年的新文化进行了深入、理性的探究,这样的交流能够体现出对中华新文化或汉语新文化的较为真切、全面的认知与反思;二是改变了一般学术会议议而不决的状况,达成了对于新文化认知的某种共识,作为会议的重要成果,发表了《新文化的重释与新倡》[2],俗称"澳门共识",对中华新文化作出重新阐释并提出了新的倡导性意见,其中的关键词是:"理性民主"、"科学发展"、"文明进步"、"多元和谐"。

这四组词,可以说是并列关系,也可以说成是修饰关系。"民主"是新文化运动举为先导的一面鲜亮的旗帜,当时有一个高雅而十分富有美誉度的名字"德先生",几乎所有积极的现代理念,如自由与平等、正义与公平等等,都可以在"民主"的理论框架内进行定位。但必须承认,民主的实践在不同的区域、不同的文化语境中有着千差万别的形态与体态,它们即便处在相互矛盾甚至相互对立的状态下,也可能都以"民主"的面目出现。五四时代的"民主"精神,应该是一种时代的理性精神,用陈独秀在《敬告青年》中的话说,是"诉之主观理性"的精神,它所吁求的是一种"自崇所信"的主体理性,是一种"自主的而非奴隶的"精神。即便是在现代民主体制已经基本建立的社会秩序中,这样的理性精神仍然是值得尊崇和倡导的。科学发展是一种当代文明的发展观,历史要前进,时代要发展,但这样的前进与发展不应该像陈独秀所痛心疾首指出的"恶流奔进",而应该是带着科学精神

---

[1] 参加本次会议并达成"澳门共识"的,来自海峡两岸暨香港、澳门以及海外的著名人文学者有许明、汪荣祖、杨义、林岗、龚显宗、张福贵、李继凯、朱寿桐、胡志毅、汤哲声、栾梅健、孔庆东、王性初、白杨、徐晋如、张志庆、崔明芬、周仁政、曾一果、龚刚等。
[2] 分别见香港《文汇报》,2015年11月23日;《澳门日报》,2015年11月18日;《社会科学辑刊》,2015年第6期。

和科学态度的良性发展。于是，即便是在历史的理念展开中，"科学发展观"也是对中华新文化作出的一个重大的时代性贡献。文明进步的关键是要义明地对待各种文化传统和思想资源。我们今天常用的一个词是"与时俱进"，在新文化倡导者那里所用的一个词是"日新求进"，不进则退，事关民族的生死存亡。但我们的进步必须是有传承、有秩序的文明的进步，必须是在继承和发扬优秀文化传统的前提下所取得的时代性进步。那种以偏激的态度否定和背叛传统而硬性推进的进步，实践证明有碍于文明的提升。文明的态度既然是以克服偏激为前提，则在对待异族文明和他国文化的意义上也同样应取尊重和科学的精神，实事求是的精神，吸取其优良精华，剔除其恶俗糟粕。多元和谐是指新文化的活力在于它的多元性，在于它拥有开放、包容的文明范式，并通向和谐、协同发展的内在机制。不同背景、不同基质、不同资源和不同地区的文化，都能够在中华新文化的时代平台上协调发展，从而构成了中华文明新的发展秩序[1]。

  有关中华新文化的"澳门共识"体现出一种敢于对历史和现实负责的文化精神。从历史维度而言，"澳门共识"当然是以"民主"、"科学"为核心的五四新文化精神，这是新文化的理性类型的表达。在这样的理念基调下，结合新文化百年来在不同地区的实践经验和教训，从正反两方面总结、提炼、补缀而形成了四个概念，八个关键词，十六个字。从空间维度而言，"澳门共识"的现实文化基础，就是不同区域的中华文明在新文化语境下的发展态势所构成的趋势。不同的政治区块，经过新文化的淘洗、炼冶，都能够在理性民主、科学发展、文明进步、多元和谐的意义上趋于和洽，这是民族之幸，文化之幸。从现实层面而言，各地区的社会发展都取得了相当的成就，也都面临着这样那样的一些问题，而"澳门共识"都能对这些突出的社会发展问题有所回应。

  新文化发展拥有一个辉煌壮丽的开端，以《新青年》为核心叫喊出了时

---

[1] 参见朱寿桐：《新文化的反思与前瞻——新文化"澳门共识"略解》，《明报月刊》，2015年第11期。

代的绝响。在它完成了百年历史的流转之后,应该具有本着时代立场发出的对于先贤哲言与功业的某种回声,尽管这回声可能非常微弱,但只要符合时代的理念,只要能得到不同地域不同背景的文化研究者的共鸣,就应该被理解为是新文化倡导之声在历史另一端的一种回声。历史也许会记录这样的回声,哪怕是作为对新文化倡导作出正面响应的一种努力与尝试,都应该为文化史研究者所关注。毕竟,这是一种有意义的努力,毕竟,这样的回声具有这个时代跨越地域、跨越政治的代表性价值,更重要的是,它已成为海内外纪念新文化百年活动的一个绝响,因而其对于中国新文化发展史应具有一定的标识性。

简约列之,新文化百年的历史可分为六大阶段,每个阶段都有突出的时代主题:

阶段	大致时段	时代主题
第一阶段	1915—1926	民主与科学
第二阶段	1927—1936	革命与自由
第三阶段	1937—1949	民族与民主
第四阶段	1950—1977	理想与斗争
第五阶段	1978—1992	改革与开放
第六阶段	1992—现在	多元与和谐[1]

文化的发展是非常复杂的历史过程。一方面,一种文化主流并不能取代甚至有时都无法掩盖这一时段同时存在的文化支脉。有时候,处在文化支脉上的文化运作可能比文化主流更具活力和影响力。另一方面,也需要克服那种僵硬的思维方法:以为与文化发展主流相对立的就一定是逆

---

[1] 这里所列的具体年份都有一定的标志性事件作为支撑,但只是一种大致的时间范围的框定,因为文化的潮汐是流动的。另外,文化的发展与政治历史的进程未必完全同步,1931年我国已经进入抗日战争时期,但在全面抗战爆发之前,那个时代的文化除了日益高涨的民族与民主文化而外,主要还是革命与自由文化的延续。

历史潮流而动的"反动"思潮。文化需要更多的理解与宽容,新文化的宽容姿态和海纳百川的气概须经过相当长的历史历练才能形成,而一旦形成往往就是其健康、成熟的标志。有关新文化的学术研究也需要带着这样的姿态与气概。

总之,声势浩大的五四新文化运动催生了五四新文学,传播了民主与科学,并且直接促进了共产主义思潮的中国化和中国共产党的成立。新文化的百年发展,使得中国社会从思想上、文化上、政治上和生活上走出了古老的中国传统,并在西方"民主与科学"的现代价值观的引领下,特别是在马克思主义的指引下,建构了自己的新文化传统。蔡元培等认为五四新文化运动就是中国的文艺复兴,毛泽东等革命领袖充分评价五四新文化运动对于现当代中国的巨大意义。值此"五四"一百周年纪念之际,我们的研究便能凸显出以下的意义:

全面总结新文化运动的成功经验,以便在今天社会主义建设新常态的情势下,尊崇新文化的伟大传统,分析和开发新文化的伟大传统,加深对社会主义核心价值观的理解与认识;对于新文化运动中的某些偏颇及其所遗留的问题,进行学理的解释和理性的检讨,使得新形势下的社会主义核心价值观的建构更加科学。特别是如何面对优良的文化传统,如何理解西方价值观念的现代性与中国社会实际的适应性,我们须有清醒的认知。

合理地开发优秀的历史文化资源,建构新的文化品牌。以民主、科学为核心的新文化运动为中国现当代历史积累了优秀的文化资源,这种资源在不同时期的开发利用,体现着中国文化现代化历程的重要规律。对这一规律的把握和描述,足以建立一种新的文化品牌,科学地整合现当代文化研究的优秀成果,打造当代文化最优范本。我们将广泛吸收新世纪以来文化研究的优秀成果,力图在文化的理解以及现代中国文化的历史认知及其当代意义的认知方面有所成就。

将中国现代的政法、思想、学术、教育、传媒、文学、艺术等等置于文化分析的学术框架之下,有助于认清现代中国和当代中国的发展节奏与规律,为更好地建设社会主义当代文化提供足资借鉴的学术成果。文化是人类文明与开化的所有痕迹的总和。文化的核心层次,是在思想、学术、文学艺术及其承载传播层面的创造性继承与发展的文明形态。中国新文化是在与传统文化的复杂联系与挣脱中显现的历史形态,分别在思想、学术等创思文化类,文学、艺术等创作文化类,以及设计、传媒等创意文化类呈现出时代的风采。新文化的百年历程经过了"民主与科学"、"革命与自由"、"民族与民主"、"理想与斗争"、"改革与开放"、"多元与和谐"等六大阶段的时代主题。本丛书将从上述三大门类,以及纵向的六个阶段总结中国新文化百年的成就与局限,以及历史节奏与规律。

四、关于《中国传媒文化百年史》

梁启超在戊戌维新失败后热心于办报编刊物,从《万国公报》《中外纪闻》》到《时务报》《清议报》《新民丛报》,再到澳门的《广时务报》,乃至《时报》《政论》《国风报》《新小说》《庸言》《大中华》《解放与改造》等等,乃是百多年来主办或主笔报刊最多的人。他处身的那时代,报刊是最先进的传媒,是最快捷和最有效的大众媒体。他立志于改良国家,立志于新民,立志于实现自己的政治抱负,首先想到的就是办媒体,而且是办新潮的传播媒体。他在致汪穰卿函中表示,文人要做一些事情往往想到的就是开办学会,开学会才有"应者",然而"其数甚微","欲开学会,非有报馆不可。报馆之议论,既浸渍于人心,则风气之成不远矣"。这位习惯于故纸堆的文人和政治家,已经清楚地意识到,欲造成风气就需要借助现代传播媒体。

这是属于过去这个世纪的一条真理。这条真理的另外一种表述,就是类似于"凡是要推翻一个政权,总要先造成舆论,总要先做意识形态方面的工作"的著名论断,造成舆论必须有有效的舆论工具,而舆论工具的物质形态就是传播媒体。这一百年社会政治运作异常频繁,政治变化乃至政权更迭也相当频繁,恰逢传播技术突飞猛进,于是,传媒文化的发展拥有厚重而扎实的政治和社会内容，政治文化、社会文化的繁盛也包含着浓厚的传媒文化因素。

一百年的风云诡谲，一百年的沧海桑田，不仅深刻地记录在这一百年的大众媒体之中，而且也融入了这一百年传媒文化飞速发展的因素。没有传媒文化介入并起关键作用的中国现代文化是难以想象的。因此，总结这一百年的传媒文化，就是从一个关键的角度和领域取视并领悟这一百年的中国新文化。

承担《中国传媒文化百年史》研究和撰著任务的主要是曾一果教授。他在博士研究生阶段研究的是中国现代文学，毕业后长期从事大众传媒的教学和研究，著述颇丰，卓有建树。他有着扎实的传媒文化和理论的修养，也有着丰富的传媒工作经验，这些都足以使得他能够胜任愉快地完成这项开拓性的研究工作。

人类传播媒介的强大有着诸多表现，但有一种表现是十分突出的，那就是它在由初级状态向高级状态发展的过程中，高级状态的媒介仍然离不开初级状态的媒介，高级状态的媒介实际上是继承了初级状态媒介的所有发展成果而形成的优势形态。这其实是传媒文化历史发展的一个很重要的特征。如果说文字媒介、印刷媒介和电子媒介构成了现代传媒文化的三个重要阶段，那么，文字媒介的几乎所有发展成果都无一遗漏地为印刷媒介所沿用，而印刷媒介的几乎所有重要成就也都成为电子媒介的发展基础。这种良性继承的发展模式意味着其文化成果越来越厚实，越来越厚重，内涵也越来越丰满，影响力自然会越来越强大。这正是人类和中国都将 20 世纪发展为传媒世纪的成因，这一时代的传媒文化无疑是最重要的、影响力最大的文化现象，它甚至已经决定了人们的生活方式、行为方式、语言方式和思维方式。

在一个向往文化、向往文明的时代，传媒的作用始终会引人瞩目。过去的一百年，几乎每一个历史时期以及这个历史时期的每一波社会运作都会以传媒的名字作为标志性的关键词，一如《新青年》之于"五四"时代，"两报一刊"之于社会主义革命时代，中央电视台以及《新闻联播》之于改革开放时代,还有互联网之于"多元与和谐"的当代。代表性的传播媒体塑造了那个时代,参与并引领了那个时代,在历史的记忆中又足以标志着那个时代的音色与形象,因而成为一个时代文化的象征和表征。即便是在没有如此集中、如此典型的代表性媒体的时代,也同样是各种各样的媒体勾连起了这个时代此起彼伏的文化发展线路图。自由与革命时代,特别是在左翼文化时期,不断变换刊名与当局越来越严格的检查制度周旋的左翼人士,与当时政府打的就是传媒之仗,左翼文艺家以艺术、文学的强势占据20世纪30年代的电影产业和电影市场,同样是为了与对手抢媒介,争夺舆论控制权。没有媒介的争夺以及在媒体上的争持,左翼文艺运动就可能只剩下空壳。

传媒技术发展到5G革命的时代,网络以及它所代表的电子传媒不仅丰富了人们的精神生活内容,提高了人们的精神生活水准,方便了人们的相互联系与沟通,而且改变了人们的生存方式和生活方式,甚至重新安排了人们的精神结构和思维惯性。网络传媒和电子传媒时代,人们的精神结构和思维惯性在技术意义上发生重要变化的关头,传媒文化之于社会文化的巨大影响力便得到了不言而喻的显现。这个时代所有的文化新创及其实现都可能会借助于电子传媒和网络传媒,所有新产生的文化现象都可能归趣为传媒文化的新态。这是一个令人振奋的电子传媒和网络传媒时代,"互联网+"和"大数据"等等新潮语汇给人们的文化生活和物质生活带来了太多的机遇与挑战,注入了太多的活力与憧憬。这样的情形清楚地说明,传媒文化不仅渗透到几乎一切社会文化形态之中,而且还直接与物质生产和生产创新的意义密切相关。正像某种意义上互联网无所不能、无处不在一样,传媒文化在我们这个时代早已是无从躲避、无可抗拒。

刻意躲避和抗拒电子传媒的行为当然存在,这是传媒文化面临的一种很独特的现象。但任何这样的躲避与抗拒都是给予一定的层次的,而它们固守的那个层次也还是注册了电子或网络传媒技术的某个阶段。而且,这种可敬的躲避和抗拒其实也意味着对当代传媒力量的一种确认:当这一群人拿着不能拍照不能美图不能上网不能看视频的老掉牙的翻盖手机打电话的时候,他们应该清楚地知道,一百年前的"无绳电话"还只是幻想小说的题目。

即便是刻意躲避或抗拒电子传媒,也是在确认了电子传媒威力之大和影响力之大以后。这种躲避与抗拒本身就是当代传媒文化的重要现象。

朱寿桐

2018年10月22日改定

目　录

序　言　朱寿桐｜1

导　言｜1

　　第一节　传媒与社会发展｜1
　　第二节　大众媒介与百年中国｜6

第一章　新与旧的时代｜21

　　第一节　《新青年》《东方杂志》的新文化传播｜24
　　第二节　文化保守主义对新文化运动的批评｜37
　　第三节　访员与记者：民国早期报人"新闻本位"意识的萌发｜49
　　第四节　资本家与思想家：近代出版转型中的双面陆费逵｜61

第二章　大众媒介的"现代化"｜77

　　第一节　社会新闻比拼的时代｜78
　　第二节　社会动员与政治传播方式的转变｜83
　　第三节　上海近代书业与20世纪30年代中期汉字改革运动｜109
　　第四节　20世纪30年代中期香港《工商日报》中的"上海想象"｜117

第三章　抗日救亡与大众传媒｜132

　　第一节　媒体界的抗日救亡运动｜132
　　第二节　大众刊物的兴起：以《生活》周刊为例｜140

第三节 新闻报道中的"边区形象" | 149

第四节 大众媒介与边区政府的思想改造运动 | 162

第五节 "战国策派"的民族主义 | 168

第四章 抗战胜利后不同的媒介图景 | 194

第一节 抗战胜利后的媒体文化格局 | 194

第二节 拒检运动：以"新闻自由"名义的知识界大联合 | 196

第三节 延安的大众文艺运动 | 203

第四节 媒体界的"第三条道路" | 210

第五节 抗战前后"新闻特写"的发展 | 215

第五章 社会主义新闻事业的建立 | 225

第一节 新政权下的媒体文化政策 | 225

第二节 印刷出版业的新变化——以上海石印书局为例 | 229

第三节 报刊文艺界的"批判运动" | 241

第四节 有线广播和电影电视文化的发展 | 246

第六章 改革开放时代的大众媒介 | 250

第一节 大众媒介与改革开放 | 250

第二节 报纸的企业化与晚报、都市报的繁荣 | 254

第三节 电视的时代 | 264

第四节 改革开放时代的"城市杂志热" | 268

第五节 互联网时代的来临 | 279

结 语 | 283

主要参考文献 | 285

导　言

第一节　传媒与社会发展

　　传播与人类的发展是密切关联的，从口头传播、文字传播，到印刷传播和电子传播，每一种新兴的传播方式都对人类的文明形态和人们的日常生活产生重大影响，报纸、广播、电话、电影、电视和今天的网络，这些媒介时时刻刻地改变着人们的日常生活和交往方式。在电话发明之前，一个身在亚洲的中国人要想和一个居住在美洲的美国人交往是多么困难，但有了电话之后，两人之间的交往就变得简单多了。而电影、电视和互联网出现之后，人们的日常生活和交往方式所发生的变化就更大了。在今天，有一些被称为"御宅一族"的青年群体，他们虽然很少出门，却依然可以通过电影、电视和互联网了解世界，甚至比那些在各国旅行的人还要了解世界。

　　较早意识到传播媒介在人类文化中具有重要作用的是加拿大的两位学者伊尼斯（又译英尼斯）和麦克卢汉。伊尼斯本来是一位经济学历史学家，在其人生最后十年，他出版了两本关于人类传播的著作《传播的偏向》和《帝国与传播》。[1] 在这两本书里，伊尼斯第一次比较详细地讨论了不

---

[1] ［英］尼克·史蒂文森：《认识媒介文化——社会理论与大众传播》，王文斌译，第182页，北京：商务印书馆，2001年。

同传播媒介对于人类文明的意义,他指出不同民族、不同族类对于其他社会文明的了解,在很大程度上"有赖于这些文明所用的媒介的性质","一种媒介经过长期使用之后,可能会在一定程度上决定它传播的知识特征。也许可以说,它无孔不入的影响创造出来的文明,最终难以保存其活力和灵活性"[1]。伊尼斯从媒介历史发展的角度将人类文化分为口头传播时代、文字传播时代、印刷传播时代和电子传播时代等阶段。伊尼斯分析了不同传播媒介的优缺点,例如口头传播代表了一种"灵活的文明",体现在集会和民主生活中,但是口头传播的文明"不可能纪律严明,达不到有效的政治统一"[2]。而文字传播则强化了人类的逻辑思维能力,"简化而灵活的字母表和读书写字的传播,都强化了逻辑,并必然加强广泛的一致性。文字的传播拓宽了可供筛选的范围,使人才的筛选成为可能。对文字的倚重削弱了希腊的封建等级制,文字已经成为对智力的考验。一个倚重书写的时代基本上是自我取向的时代"[3]。人类从集体和公共生活中转向内省和自审,这些变化取决于他们所使用的媒介。伊尼斯还特地赞扬了中国纸张和印刷术媒介的发明对于人类文明发展的重大意义,他认为中国纸张的推广"加速了意大利和北欧商业的发展。它促进了修道院院墙之外的著书立说。穿过穆斯林地区,纸这个媒介把希腊科学、阿拉伯数字和效率更高的计算方法传到欧洲"[4]。而印刷术更是直接动摇了宗教的地位,以致印刷术发展最快的地方,往往是欧洲教堂"不占支配的地区"。不过,虽然伊尼斯介绍了大众媒介的变化与人类文明的关联,肯定了传播技术对于人类文明发展的重要价值和重要意义,但是像绝大部分媒介批评者一样,伊尼斯

---

[1] [加]哈罗德·伊尼斯:《传播的偏向》,何道宽译,第28页,北京:中国人民大学出版社,2003年。
[2] [加]哈罗德·伊尼斯:《传播的偏向》,何道宽译,第7页,北京:中国人民大学出版社,2003年。
[3] [加]哈罗德·伊尼斯:《传播的偏向》,何道宽译,第7页,北京:中国人民大学出版社,2003年。
[4] [加]哈罗德·伊尼斯:《传播的偏向》,何道宽译,第15页,北京:中国人民大学出版社,2003年。

认为传播技术的进步,反而降低了文化标准,削弱了学者的影响,甚至导致社会民众之间的相互不理解。在讨论不同传播媒介时,伊尼斯还根据不同媒介的性质将它们分为两种类型:偏向时间的媒介和偏向空间的媒介。他认为有些知识可能适合在时间上纵向传播,譬如羊皮纸和建筑,这属于"偏向时间的媒介",因为建筑一旦造起来,就很难移动,只适合在时间上传播,现代人兴建各种各样的纪念碑,就是因为建筑是和记忆即时间联系在一起的。而有些知识,譬如草纸这一类文化,比较轻巧,便于运输,适合在空间传播,故而被称为"偏向空间的媒介"。

加拿大传播学者麦克卢汉深受伊尼斯的影响,与伊尼斯一样,他意识到传播媒介对于文化和文明的重大意义。对于媒介,他曾提出了一个重要观念,即"媒介即讯息"。何为"媒介即讯息"呢?麦克卢汉以电灯和铁路作为例子,他认为电灯的作用并不在于它的"内容",铁路也是这样,铁路的作用"并不是把运动、运输、轮子或道路引入人类社会,而是加速并扩大人们过去的功能,创造新型的城市、新型的工作、新型的闲暇。无论铁路是在热带还是在北方寒冷的环境中运转,都发生了这样的变化。这样的变化与铁路媒介所运输的货物或内容是毫无关系的。另一方面,由于飞机加快了运输的速度,它又使铁路塑造的城市、政治和社团的形态趋于瓦解,这个功能与飞机所运载的东西是毫无关系的"[1]。麦克卢汉认为这些都是传播媒介本身带来的社会变革,与传播媒介所包含的内容并无太大关系。也就是说,一种新的媒介技术本身的出现是意义重大的,它可以完全改变人类的生活方式。而且,麦克卢汉还认为,任何一种媒介的"内容"都是另外一种媒介,譬如文字的内容是言语,而文字又是印刷的内容,印刷又是电报的内容,不同媒介和内容之间实际上是在不停地互相转化,而在工业革命之后,这种转化突然加快了,各种各样的"新媒介"迅速涌现,取代了旧媒介。按照麦克卢汉的说法,那是一个"媒介杂交"的时代:

---

[1] [加]马歇尔·麦克卢汉:《理解媒介——论人的延伸》,何道宽译,第34页,北京:商务印书馆,2004年。

电报改造了新闻媒介之后,新闻媒介揭开了"人的兴趣"的键盘。于是报纸就枪毙了剧院,正如电视沉重打击了电影和夜总会一样。肖伯纳足智多谋、富于幻想,他发动了维护戏剧的反攻。他把新闻媒介纳入戏剧,让戏剧舞台接过新闻媒介争论的问题和人的兴趣的大千世界,狄更斯也为小说接过了这些东西。随后,电影又接过小说、报纸和舞台等媒介,一古脑儿全都接过来。继后,电视又渗入电影,把"表现无遗的戏剧"奉还给公众。[1]

新兴媒介不断取代旧媒介,文明也在媒介的更迭中不断转变。新兴媒介让人与人之间的接触变得更加频繁,距离不再是阻隔人们产生联系的障碍,无论相距多么遥远的两个人,只要想联系总会有办法,打电话、发电报,甚至可以通过可视电话进行交流。任何一种媒介都变成了"人体的延伸或自我截除",比如车轮是脚的延伸,收音机是听觉的延伸,它们能重新唤起人们对部落生活的回忆,电视是视觉和听觉的延伸,强化了人的视觉和听觉等,麦克卢汉的这些观念在传播学界引起了广泛关注。但由于麦克卢汉著作语言晦涩难懂,他的一些观念也遭到了批评,例如在麦克卢汉的媒介研究理论里,媒介内容似乎并不重要,重要的是媒介本身。不过,雷蒙·威廉斯认为麦克卢汉的分析脱离了社会和文化语境,忽视了传播媒介内容的重要性,史蒂文森也指出电视传播的特性并不取决于媒介形式,而在于电视节目的内容。

尽管伊尼斯和麦克卢汉关于媒介历史的观念有许多不妥之处,他们夸大了传播技术和媒介本身的力量,但他们深刻地意识到大众传媒对于整个人类文化和文明形态的重大影响,之后关于媒介技术和媒介史的讨论,许多都是从伊尼斯和麦克卢汉这里开始的。

传播与人类文明发展息息相关。因此,关于不同历史时期不同媒介的

---

[1] [加]马歇尔·麦克卢汉:《理解媒介——论人的延伸》,何道宽译,第87页,北京:商务印书馆,2004年。

历史研究也是非常重要的。人们了解了不同媒介的发展历史,从某种意义上来说就可以了解人类的过去。例如,人们如果熟悉了竹简这样的媒介,就能理解为何孔子的《论语》和老子的《道德经》都是片言碎语,这是由当时的媒介所决定的。在今天,一个使用电脑写作的作家,坐在电脑前一天可以洋洋洒洒地写几千字甚至上万字,但在孔子、老子所处的春秋时代这是绝不可能的,春秋战国时期的书写媒介决定了《论语》《道德经》等书只能有那么多的文字和那样的内容。只有在纸张十分普遍和流行的朝代,《红楼梦》《水浒传》和《三国演义》这样的鸿篇巨制才会应运而生。

文字媒介、印刷媒介和电子媒介,每一种媒介本身都是纷繁复杂的,涉及社会的方方面面,既有公共的问题,也有私人的问题,既有政治问题,也有商业问题。人们要全面了解过去,需要通过对不同媒介进行仔细考察,而这一点在过去是被忽视的。让-诺埃尔·让纳内在他的《西方媒介史》的"导言"里就强调:

> 媒介的历史包含了一个广阔的研究领域。其任务是研究在时代进程中,一个社会如何对自身及其他社会加以表现,以及所有涉及这一研究领域的人们是如何努力使这幅画面按照自己的意图而改变的。因此,它涉及有关媒介的各个方面,与大多数的人类活动相关,包括公共的或私人的。
>
> 在每一个时代,每一个国家,一方面是书写媒介历史的人本身的文化所构建的信息,与受众对书写媒介历史的人的影响,构成了一种复杂的辩证法,而媒介史正是以这一辩证法直接涉及集体精神的演变;另一方面,媒介史还涉及政治生活,因为政治生活深受与政府有着千丝万缕联系的书面新闻或视听新闻的影响,同时领导者所关注的"镜子"给他们带来的困扰也影响着这种政治生活。媒介史还直接涉及经济生活,因为报纸、广播、电视机构同时也是一些公司,它们的发展与自由直接依赖于市场规律;直接涉及的还有社会的平衡,因为记者、印刷工人、主持人、技师等职

业每一行都有自己的独创性和传统,各个行业的行为都影响到社会的平衡;此外媒介史还涉及技术的变化,因为技术的变化深刻地影响着信息传播的节奏、信息构成的方式,甚至影响对信息的界定等。[1]

美国著名文化研究学者劳伦斯·格罗斯伯格也强调了研究媒介史的重要性。他指出,人们努力研究媒介的历史,其实不仅仅是为了了解过去的媒介,熟悉各种媒介变迁的历史,更主要的是为了认识当下和未来:"当我们今天在现代生活中讨论当下媒介的影响和力量的时候,我们应该记住这些叙事,因为探讨媒介的力量经常就是探讨我们自己的未来——那些令人恐惧和渴望的未来。每一种新传播形式都会导致关于未来悲观或乐观的看法。关于媒介——什么是重要而什么是微不足道的?关于社会生活——什么是不可或缺而什么仅仅只是昙花一现的?这些彼此冲突的判断经常能帮助我们得出结论。我们需要记住,小到日常事件大到时代变迁,变化的规模各有不同,而在不同的叙事中,我们对这些变化的描述也不一样。我们也需要记住,未来无论是令人恐惧还是充满希望,我们对它的认识都根植于关于过去岁月的讲述中。"[2]在某种意义上,历史存在于媒介的记忆、叙述和呈现中,没有媒介就没有历史。

第二节　大众媒介与百年中国

每一次媒介技术的变革都推动了历史进程。与世界上其他国家一样,在中国,大众传媒与国家发展密切相关。例如,在明清时代,纸张和印刷术

---

[1] [法]让-诺埃尔·让纳内:《西方媒介史》,段慧敏译,第1—2页,桂林:广西师范大学出版社,2005年。
[2] [美]劳伦斯·格罗斯伯格等:《媒介建构:流行文化中的大众媒介》,祁林译,第62页,南京:南京大学出版社,2014年。

是推动城市和国家发展的重要媒介,当时以苏州、杭州为中心的地区印刷业异常发达,全国各种各样的出版物多出于这些地区。明代著名的小说家冯梦龙就是大书商。由于印刷出版业的繁荣,当时在苏州等城市还产生了一种特别的"造假职业",一些民间出版商人利用发达的出版技术制造各种各样的假画,在景区兜售和贩卖,甚至连一些著名的文人学士为了谋求高额利润,也加入了这个行当。例如,台湾学者王正华在《过眼繁华——晚明城市图、城市观与文化消费的研究》中就叙述了明代的苏州文人们如何仿制北宋张择端的名画《清明上河图》:

> 苏州伪画制作与其绘画艺术发展相终始,明代中期第一代吴派画家沈周时已多有传闻,至十六世纪中以后更为兴盛,多位赫赫名士以此求财,并形成作坊,俨然有分工合作、大量生产的态势。上言之黄彪,应为王彪之误,其人即为苏州书画伪作中之佼佼者,以细笔工致的设色山水人物画取胜,专攻仇英等同类风格的画家。这些苏州伪作在古董圈称之为"苏州片",尤以假冒唐代李思训、昭道父子,南北宋之交赵伯驹、伯骕兄弟,以及仇英者最多。这些画家皆以青绿设色画见长于世,作品多为手卷。苏州当地或由于仇英的成名与风格的可及性,不断生产这些风格的作品,并于其后假冒苏州名人题上长跋,盖上印章。[1]

这样的"苏州片"多出自山塘、桃花坞一带,这一带是苏州印刷、出版业比较集中的地方,生产桃花坞年画。方汉奇教授在《中国新闻传播史》中也记载了清朝时期各地流行的"辕门抄"——一种以报道地方官场为主的非官方的报纸,这种报纸"以苏州出版的一种最为典型。这种辕门抄每两三天或四五天才出一期,每期一个单页,用连史纸木活字印刷。纸高23厘米,纸宽

---

[1] 王正华:《过眼繁华——晚明城市图、城市观与文化消费的研究》,见李孝悌编:《中国的城市生活》,第45页,台北:联经出版事业股份有限公司,2005年。

自20厘米至70余厘米不等,以每期篇幅的多少为定。直行竖排,每行24个字。篇幅少的一期仅15行,约360字;篇幅多的一期可达50余行,约1 200字。末署出版人的姓名,出版人自编的期号和报房的堂号。但无报头及年号。内容包括上谕、江藩牌示和出版者自行采写的官场消息"[1]。

而1840年之后,在西方列强入侵之下,大众报纸、照相机、无线电报、电影和广播通讯社等现代意义上的大众传媒迅速发展起来,并对中国的政治、文化和社会产生了巨大影响,成为推动中国现代转型的重要力量。其中,报纸的作用是最大的,戈公振在他的《中国报学史》中上来就谈到报纸在近代社会中的巨大作用,他认为报纸是"人类思想交通"的媒介,有了报纸,人们才会有"公共意识":

> 欧美人有不读书者,无不读报者。盖报纸者,人类思想交通之媒介也。夫社会为有机体之组织,报纸之于社会,犹人类维持生命之血,血行停滞,则立陷于死状;思想不交通,则公共意识无由见,而社会不能存在。有报纸,则各个分子之意见与消息,可以互换而融化,而后能共同动作,如身之使臂,臂之使指然。报纸与人生,其关系之密切如此。故报纸之知识,乃国民所应具。[2]

在中国,现代报纸的兴起与传教士有着密切关系,早期到中国传教的传教士如马礼逊、郭实腊和林乐知等人为了更好地传播基督教,都先后投身新闻媒体行业,在南洋各地和中国内地创办了《察世俗每月统记传》《东西洋考每月统记传》《教会新报》等中文报纸,企图借助于所创办的中文报纸宣传西方文化和思想,影响和改变中国人。在这些传教士中,有的是借中国人的帮助创办了一些中文报纸,例如《察世俗每月统记传》的米怜就雇了一位中国的刻工梁发帮助他一起编撰和印刷报纸,在米怜的影响下,梁

---

[1] 方汉奇主编:《中国新闻传播史》,第41页,北京:中国人民大学出版社,2002年。
[2] 戈公振:《中国报学史》,自序第1—2页,北京:生活·读书·新知三联书店,2011年。

发还受洗加入了基督教。有一些传教士则是"中国通",例如在广州创办《东西洋考每月统记传》的郭实腊。"郭实腊对中国人与中国文化了解颇深。他为了得到中国人的信任,以'归化华人'的身份进入广州,身穿中国人服装,取中国人名字,讲中国人的话。为了使自己更像中国人,还认一郭姓华侨为义父。除了能讲中国普通话,他还能讲闽、粤方言,能够'像一个中国人'一样在中国人中间活动。他对中国传统文化与习俗十分了解。"[1]美国传教士林乐知也是一个西方的"中国通"。1859年,他携妻子不远万里来到中国,从此他的一生和中国紧密联系在一起。林乐知在中国整整生活了四十年。1868年,他便创办了《教会新报》,向中国人宣传基督教教义,介绍西方文化,后来这份报纸更名为《万国公报》,更强调介绍西方的地理、历史和宗教等文化。"新报名提醒中国读者,他们文化自足的古老思想已失去根基。"[2]除了创办报纸,林乐知还在中国创办了按照西方学制办学的现代大学"中西书院"。

《万国公报》

---

[1] 赵晓兰、吴潮:《传教士中文报刊史》,第58页,上海:复旦大学出版社,2011年。
[2] [美]杰罗姆·B.格里德尔:《知识分子与现代中国》,单正平译,第107页,天津:南开大学出版社,2002年。

与此同时,一大批中国传统知识分子也放弃了对传统功名仕途的追求,进入新闻媒体行业,并成为鼓吹中国政治和社会变革的先行者。在这些人中,苏州人王韬的人生经历最具有典型性。据格里德尔在《知识分子与现代中国》一书中的介绍,王韬出身于苏州的一个书香世家,早年他也曾努力追求传统功名,希望通过科举进入政府的官僚体系,但是这种愿望最终落空,"1846 年到金陵应闱试失败,使他极为失望,并为此痛苦了好长一段时间,这可能影响到他后来的批判性思想特征"[1]。心灰意冷的王韬后来便在上海、香港以及广州等地游荡,最终在 1874 年成为创刊于香港的《循环日报》的主笔。王韬担任《循环日报》主笔后,积极利用报纸宣传和鼓吹中国变法图强,主张向西方人学习。他还出版了《漫游随录》,记载他在金陵、上海、香港、锡兰、巴黎、伦敦等地的游记见闻。例如,在有一章中,他盛赞上海开埠后的变化,并记叙了在上海看到西方活字印刷的情形:

  上海自与泰西通商,时局一变。丁未仲夏,先君子饥驱作客,小住沪北。戊申正月,余以省亲来游。一入黄歇浦中,气象顿异。从舟中遥望之,烟水苍茫,帆樯历乱,浦滨一带,率皆西人舍宇,楼阁峥嵘,缥缈云外,飞甍画栋,碧槛珠帘。此中有人,呼之欲出;然幾[2]如海外三神山,可望而不可即也。

  时西士麦都思主持"墨海书馆",以活字板机器印书,竟谓创见。余特往访之,竹篱花架,菊圃兰畦,颇有野外风趣。入其室中,缥缃插架,满目琳琅。麦君有二女,长曰玛梨,幼曰琊瑚,皆出相见。坐甫定,即以晶杯注葡萄酒殷勤相劝,味甘色红,不啻公瑾醇醪也。又为鼓琴一曲,抗坠抑扬,咸中音节,虽曰异方之乐,殊令人之意也消。

---

[1] [美]杰罗姆·B.格里德尔:《知识分子与现代中国》,单正平译,第 113 页,天津:南开大学出版社,2002 年。
[2] 原出处如此,即几。——编者注

导　言

后导观印书,车床以牛曳之,车轴旋转如飞,云一日可印数千番,诚巧而捷矣。书楼俱以玻黎作窗牖,光明无纤翳,洵属琉璃世界。字架东西排列,位置悉依字典,不容紊乱分毫。[1]

在这几段文字中,王韬真实详细地描述了他游览上海的所见所闻,记载了他和英国人麦都思交往的情形,并记录了他在英国人麦都思家里见到活字印刷机的情况,西方活字印刷机的神奇功能令他十分吃惊。

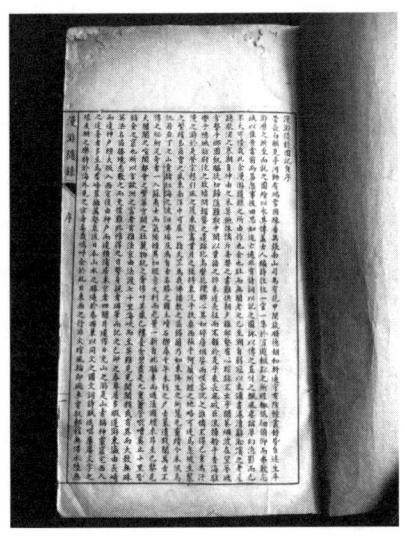

《漫游随录》

晚清之后,随着中外形势的变化,由官方掌控的"官报"和民间出资创办的"民报"都发展起来了。戈公振指出,正是由于"庚子一役"的重创,清廷开始重视报纸的作用,创办了《政治官报》,要让人民通过官报"明悉国政",而"一切新法令,以报到之日起发生效力"[2]。报纸媒介在政治和日常生活中渐渐崭露头角,发挥重要作用。民间的报纸也纷纷创立。戈公振认为我国最早出版的一批民报是同治十二年(1873)在汉口出版的《昭文新报》,同

---

[1] 王韬:《漫游随录》,第58—59页,长沙:岳麓书社,1985年。
[2] 戈公振:《中国报学史》,第47页,北京:生活·读书·新知三联书店,2011年。

治十三年(1874)在上海出版的《汇报》和在香港出版的《循环日报》,以及光绪二年(1876)在上海出版的《新报》,还有光绪十二年(1886)在广州出版的《广报》,[1]这些报纸都是较早的"民报",由那些通晓国外形势的人创办。

在各种民报中,《申报》显然具有无可替代的重要地位。《申报》创办于1872年,虽然由外国人创办,"但从一开始,《申报》就一直由中国人采写编辑并面向中国读者。它在上海以外如苏州、杭州等地扩大发行,而且建立了报道及时可靠的声誉,中法战争期间甚至不惜冒险激怒读者而及时报道坏消息。到90年代中期,《申报》发行量达15 000份,在上海各报中名列前茅"[2]。《申报》是市民化的报纸,对于老百姓的影响是巨大的,包天笑在他的《钏影楼回忆录》中说,上海的《申报》报纸经由"小火轮",一般第二天就到苏州了。到了19世纪末20世纪初,报纸已经成为中国人获取信息的最重要的大众媒介,几乎重大的社会和政治事件都是通过报纸这种大众媒介来传达的。1911年的辛亥革命犹如欧洲1848年的"传单革命"一样,甚至被一些人认为是"报纸革命":"辛亥年间,革命党人通过办报纸、写文章,散播革命思想,策动反清起义。'辛亥革命是报馆鼓吹起来的',并非虚言。"[3]报业史学家戈公振也说:"武昌起义,全国景从,报纸鼓吹之功,不可没也。'人民有言论著作刊行之自由',即载诸临时约法中,一时报纸,风起云涌,蔚为大观。"[4]1919年五四运动爆发也与报纸有着直接关系,热血沸腾的爱国青年是从报纸上首先获得了巴黎和会的消息,进而掀起轰轰烈烈的爱国运动,胡政之在天津《大公报》上所发的"巴黎来电"被人们竞相阅读。民国时期报纸的繁荣催生了《大公报》《益世报》和《世界日报》等著名报纸,涌现了一大批杰出的办报人,如邵飘萍、胡政之、张季鸾、成舍我、章太炎、周瘦鹃等。在民国初期,除了大量提供政治和社会新闻的"大报"纷

---

[1] 戈公振:《中国报学史》,第113—115页,北京:生活·读书·新知三联书店,2011年。
[2] [美]杰罗姆·B.格里德尔:《知识分子与现代中国》,单正平译,第109页,天津:南开大学出版社,2002年。
[3] 张功臣:《民国报人——新闻史上的隐秘一页》,第1页,济南:山东画报出版社,2010年。
[4] 戈公振:《中国报学史》,第167页,北京:生活·读书·新知三联书店,2011年。

纷涌现之外,在上海、北京和天津等城市还出现了无数专门供大众茶余饭后消遣的娱乐性小报,"据不完全统计,至辛亥革命前,上海出版过40种左右小报。寿命短的只出版一两年,但出了十来年的也有好几种"[1]。

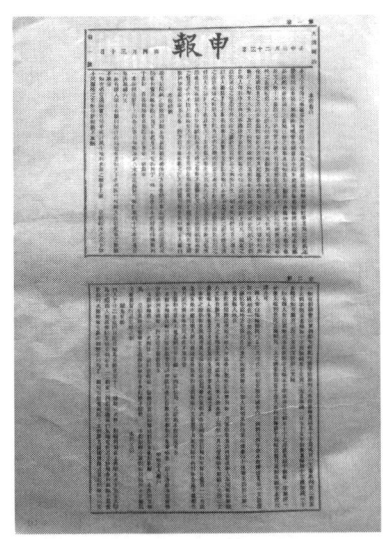

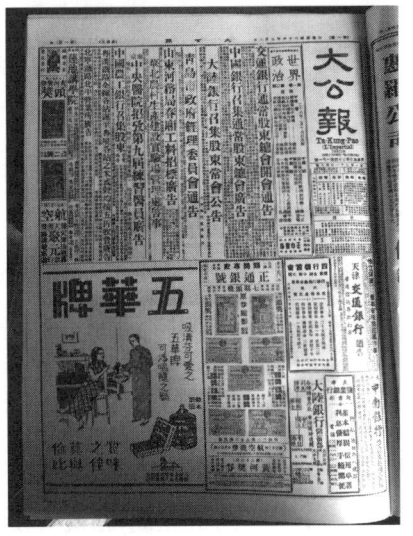

民国时期的《申报》《晨报》《大公报》

---

[1] 范伯群:《中国现代通俗文学史》,第55页,北京:北京大学出版社,2007年。

印刷技术的发展还推动了图书、杂志和大众画报事业的发展,上海、北京和天津成为全国出版业的中心。到了民国时期,出现了商务印书馆、中华书局、大东书局、开明书店、正中书局、交通书局、北新书局、良友图书印刷公司、文化生活出版社等图书出版公司。在李欧梵看来,《东方杂志》《妇女杂志》《点石斋画报》《上海画报》《良友》等著名的图书杂志和期刊画报,为当代中国建构了一个"现代性主题"。

除了大众报纸之外,电报、照相机、电影和留声机等在近代也迅速传播到中国,逐渐成为官方和民众离不开的媒介。周永明在《中国网络政治的历史考察:电报与清末时政》中就考察了电报在晚清时政中所扮演的重要角色。在他的记述中,大约在19世纪70年代末80年代初期,为了应对迅速变化的时局,福建巡抚丁日昌于1877年在福州和厦门之间架设了中国第一条电报线,并且随即开办了第一所电报学校。紧接着,李鸿章等人也开始在天津等地架设电报线:

> 1879年,为了便利军事通讯,李鸿章架设了一条大沽口炮台和天津之间的短线。进一步确信电报的用处,1880年9月16日,李鸿章向皇帝奏请架设一条天津到上海的电报线。在奏请中,他强调快捷通讯在军事和外交事务中的重要作用。同时,还提出一份远见卓识的计划:先用军费架设津沪线,然后再将其私有化转为官督商办的企业。为了让国人自己能够运营这条线路,他还提出在天津设立电报学校训练中国学生。……
>
> 清廷这次反应迅速,仅用两天就批准了李鸿章的计划。以同样的速度,李鸿章于次月在天津设立了电报总局以及电报学堂并订购设备和材料。这条全长1 537公里的津沪线于1881年4月开工,同年12月完成,沿线共设7个电报分局。12月28日,津沪线开始拍发和接收官方及私人电报。自此,中国进入到一个电报快速发展的时期。1884年前,中国已建成5 030公里长的陆线;1884年至1899年间,另增了27 750公里;到1908年,包括商用和

官用在内,电报线总长达 45 448 公里,一个完备的电报网络就此形成。[1]

电报大大改变了中国的通信方式,在很长一段时间内,家里有事拍电报已成为当时中国人日常生活里的一件重要事情。在政治和军事方面,电报更是发挥了重要作用,"通电全国"往往成为政治和军事行动的重要前奏。不过,到了20世纪末21世纪初,随着手机、互联网等通信工具兴起,曾经风光无限的电报逐渐淡出了人们的视野。

摄影术1839年诞生于欧洲,这一技术诞生后在欧洲社会中迅速风靡,是欧洲上流阶层特别喜欢的新事物。本雅明在《摄影小史》里概述了摄影在西方的发展历史,指出了摄影这种媒介出现的重要意义:

> 摄影则凭借它的辅助手段——快速摄影、放大拍摄——将那些一般情况下无从获知的瞬间和微小事件展现在人们面前。通过摄影人们才了解这种日常视觉无法看到的东西,就像通过心理分析人们才了解无意识本能一样。摄影机原本更得心应手的是技术和医学所关注的事物结构特性、细胞组织等所有诸如此类的东西,而不是令人心旷神怡的风景或灵气盈然的人像,但是,摄影在这样的题材中同时又拓开了那些面貌层,那些若隐若现地栖居于最微小物中而只能在梦幻中去想见的图像世界。如今,通过摄影它们变得大而可见并能不断被再现。这样,技术与魔力间的界限就一步一步呈现为历史性地可变的东西。[2]

本雅明描述了神奇的摄影术在当时对人们心理所产生的巨大冲击。

---

[1] [美]周永明:《中国网络政治的历史考察:电报与清末时政》,尹松波、石琳译,第47—48页,北京:商务印书馆,2013年。
[2] [德]瓦尔特·本雅明:《摄影小史+机械复制时代的艺术作品》,王才勇译,第12页,南京:江苏人民出版社,2006年。

照相机展现了一个神奇的世界,让人们看到了许多只有在梦中才能见到的"图像世界",他认为这是技术和魔力的结合,因而在摄影术中也始终有一种让人惊讶和迷狂的特殊"魔性",正是这种"魔性",使得在照相技术刚刚发展的年代里,有许多人甚至"不敢长时间地观望他最初所拍的一些照片,面对照片所展示之人像的清晰度人们感到不好意思,并以为照片上那些人的微小面孔能看到自己"[1]。摄影术大概在19世纪60年代前后开始传入中国,英国人汤普森和密勒将这一技术带到了香港,密勒在香港街头开了一家很有名的照相馆。据曾佩琳的记叙,"第一家由中国人设立经营的照相馆,是一个名叫赖阿丰的人在香港于1859年开设的,该店持续半个世纪之久"[2]。而上海的照相馆出现得可能比香港还要早:"中国第一家照相馆极有可能是赫门·赫斯本(Herman Husband)在1852年于上海福州路开设的,并且迅速地被其他人仿效。到了1907年,整个上海已有十家以上的照相馆。上海蓬勃发展的肖像照生意,主要顾客当然是对于让自己不朽感兴趣的文人及其家人、政治人物、国家的杰出人士和城市的寻欢者。例如妓女,亦即1920和1930年代电影明星的先驱,在摄影肖像照发现了一个可以用来推销给顾客的广告'商品',以及提供纪念物给情人的好方法。不久,摄影肖像照伴随着许多其他商品,在上海变成了追求时髦的消费物品。"[3]当然,像欧洲人一样,摄影术传入中国后的很长一段时间,许多人都对这种媒介产生一种畏惧心理,因为不少中国人相信随着照相机"咔嚓"一声,人的魂魄也会飞离身体。因此,直到20世纪六七十年代还有许多中国人都不愿意到照相馆拍照。最早接触摄影和照相技术的自然不是文化保守主义者,而是那些喜欢玩弄新技术和追逐时尚的文化先锋人士。

1895年,卢米埃尔兄弟在巴黎放映了《工厂大门》《火车进站》和《教练

---

[1] [德]瓦尔特·本雅明:《摄影小史+机械复制时代的艺术作品》,王才勇译,第15页,南京:江苏人民出版社,2006年。
[2] 曾佩琳:《完美图像——晚清小说中的摄影、欲望与都市现代性》,见李孝悌编:《中国的城市生活》,第452页,台北:联经出版事业股份有限公司,2005年。
[3] 曾佩琳:《完美图像——晚清小说中的摄影、欲望与都市现代性》,见李孝悌编:《中国的城市生活》,第453页,台北:联经出版事业股份有限公司,2005年。

导 言

场的士兵》等影片,电影从此登上了历史舞台。考克尔在论述电影出现的意义时强调:"与20年代出现的大众文化的滚滚波涛相比,电影作为大众的、商业化的艺术的出现几乎是无声无息的。电影是伴随着19世纪的大量科技发明(如电报、铁路等)而产生的。它在早期与报纸的出现和报纸的大众化发展同步。报纸在20世纪完全发展成为一种大众媒介,同一时期,广播也流行起来。然而,电影比19世纪的任何发明都具有想象力和创造力,因为它通过影像讲故事,而且它使讲故事的人致富了。"[1]电影发明后,这种新兴的媒介第二年便传入中国来了。"中国人最早看到的电影是由外国人带来上海放映的,1896年8月11日(光绪二十二年中秋节),上海徐园的杂耍游乐场中推出一种舶来的新鲜玩意,当时的人们称之为'西洋影戏'。这是有关电影在中国放映的第一次记录,此时,离卢米埃尔兄弟在巴黎第一次公开放映《工厂大门》(电影史以此日期作为电影诞生之日)仅半年之隔。""1899年,西班牙人雷玛斯首先将一些有简单情节的故事短片拿到上海来放,后来他即成为第一个经营电影院的商人,并于1909年在上海建起了中国第一座专业影院——虹口大戏院。"[2]而中国最早的一部电影《定军山》则是在北京拍摄的。到了20世纪20年代末,看电影在中国的都市里已经是一种十分流行的娱乐文化。据楼嘉军在《上海城市娱乐研究:1930—1939》中描述,从20世纪初期到20世纪30年代,电影院在上海以井喷的方式发展了起来:

> 从20世纪00年代上海电影院的诞生至30年代,上海电影院的建设几乎是以完美的跳跃式姿态谱写了自己辉煌的发展历程。在1908年和1909年两年间,上海仅仅各自建造了1座电影院。到了1910年代,先后建造了8座电影院,在数量上比1900年代增

---

[1] [美]罗伯特·考克尔:《电影的形式与文化》,郭青春译,第21页,北京:北京大学出版社,2004年。
[2] 崔辰:《"上海"与电影》,见孙逊主编:《都市文化研究》(第一辑),第227页,上海:上海三联书店,2005年。

长了300%。进入20年代,建成了15座电影院,又比10年代增长了87.5%。而步入30年代,更是出现了井喷式的发展高潮,连续建成了33座电影院,且比20年代增长了120%。[1]

好莱坞的电影和新兴的国产电影都通过这些电影院放映出来,看电影成为阅读报纸之外最重要的娱乐活动之一。在李欧梵看来,新兴的电影业与新兴的出版行业这两种媒介很快结合到一起,共同形塑当时中国都市民众的文化口味和生活方式,好莱坞和中国本土的电影明星则随着电影的放映而进入千家万户,成为人们追逐模仿的对象。

佐藤卓己在《现代传媒史》里从传播学和市民社会的视角对报纸出版、广播、电影、电视和计算机通信的媒介史进行了整体性的描述,他认为出版与报纸阶段反映了市民启蒙的乐观主义精神,广播、电影阶段则是"大众操作的悲观主义",而电视代表了一种"文化的消费和再生产"。[2]他的说法当然有点绝对,不过,电视的出现确实是人类历史上一件大事,意味着一个消费社会时代的来临。在今天,虽然计算机网络已经取代了电视的许多功能,但是电视在大众心目中的影响力依然不可忽略。"在20世纪40年代末,电影的观众人数达到了最高峰,但由于电视的出现,电影便很快就受到了毁灭性的打击。不久,电视台通过购买电影的播映权,成了'电影的资助者'。人们接触媒介的空间由电影院变成了有电视的起居室,这意味着在媒介中的个人的空间越来越具有重要性。电视的成功也带来了马戏和在热闹的公共场所举办的民众娱乐活动的衰落,在20世纪50年代后期,各国影剧院的观众都在减少,而且,'电视名人'才能把人们招回到影剧院。或者说所有的名人都成了电视上的名人。电视从根本上改变了电影放映和戏剧业界。"[3]电视对社会特别是青少年群体所产生的巨大影响也一直

---

[1] 楼嘉军:《上海城市娱乐研究:1930—1939》,第86页,上海:文汇出版社,2008年。
[2] [日]佐藤卓己:《现代传媒史》,诸葛蔚东译,第1—19页,北京:北京大学出版社,2004年。
[3] [日]佐藤卓己:《现代传媒史》,诸葛蔚东译,第201页,北京:北京大学出版社,2004年。

引发社会和传媒学者的批判性思考。

在中国,电视普及之前,广播是许多中国人最喜欢的大众媒介,它受欢迎的程度甚至要超过报纸,因为要读懂报纸首先要识字,但广播靠的是听觉。对于政治家和大部分民众而言,广播在日常的个人和集体生活中扮演了重要的角色。在第二次国内革命战争期间,国民党和共产党双方都尽最大可能地动用广播宣传自己的主张;在"文化大革命"年代,伟大领袖的最高指示通常是通过广播这种形式传播到千家万户;而在20世纪80年代,诸如路遥的《人生》这样的小说因为被改编为广播剧而家喻户晓。

近年来,互联网等新兴媒体发展汹涌,已经对电视、报纸和广播等传统媒体均造成了巨大冲击,这种冲击可以说是前所未有的。在互联网时代,电视、报纸和广播等传统媒体行业正在冲击中不断变革创新。

上面从整体上简要介绍了大众传媒与百年中国的关系。在这一节里面,我们试图对本书的章节做一个说明——根据报纸、期刊、电报和电影等媒体的发展情况,结合中国百年来的历史演进,本书将中国媒介百年发展历程分为六个阶段加以描述。第一个阶段是1915—1927年。这个时期大众传媒的整体特点是围绕着"新"与"旧"、"传统"与"现代"、"东方"与"西方"、"科学"与"民主"等问题展开,针对这些议题,不同政治和文化派别在不同报纸上进行了激烈论战,论战的双方主要有两股力量:一方面,一大批新兴的现代知识分子和传媒人开始登上历史舞台,他们意识到现代报纸、杂志的重要启蒙作用,开始利用报纸、杂志等大众媒介对中国的传统文化和精英阶层展开了强烈批判;另一方面,一批传统知识分子和文化保守主义者以《甲寅》《学衡》《国学丛刊》《国学季刊》《孔教会杂志》等杂志为阵营,对新文化运动展开了反击。这场新旧大战持续了很长时间,影响深远。第二个阶段是1927—1937年。1927年是一个具有象征意义的年份,这一年国民党在南京建立了国民政府,翌年完成了中国名义上的统一,开始着手"国家建设",大众媒介也从政党报纸、娱乐小报转变为日益关注国家和公共事务的"国民媒介"。第三个阶段是1937—1945年。1937年抗日战争全面爆发,在战争爆发之前,世界和中国的形势都发生了重大变化,世界性的经济危机也影响了日本和中国。费正清在《剑桥中华民国史》中指出,在20世纪30年代有三个事件影响了中国历史进程:第一是世界性的经济危机,第二是日本在1931年发动了"九一八"事变,第三是中国共产党1931年初在江西成立了苏维埃政权。随着"九一八"事变爆发,民族危机加深,中国国内的抗战情绪日益高涨,报纸等大众媒体也积极投身抗战,"抗敌救国"成为各大媒体的主题。例如,报纸界就提出了"报纸救国"的口号,提出这一口号的成舍我认为在民族危机的时刻,"报纸救国"是"中国眼前的对症良药"。第四个阶段是1945—1949年。这个阶段抗日战争取得了胜利,但随即第二次国共内战再次爆发,报纸、杂志等大众媒体自然无法避免卷入这场政治和军事冲突中,它们被迫进行"站队"。第五个阶段是1949—1978年。随着新政权的建立和巩固,新闻媒体也迅速纳入新的社会体制中,尽管在有些地方,媒体的改造和转型十分复杂且充满矛盾冲突,但最终各种各样的媒体都被收归"国有",由党统一领导和指挥。方汉奇在《中国新闻传播史》里就简明扼要地指出:"新中国一成立,中共中央和中央人民政府迅即对在革命战争中发展起来的党的新闻事业进行调整与充实,建立起一个以北京为中心、遍布全国各地的公营新闻事业网。这个公营新闻事业网,包括以《人民日报》为中心、以党报为主体的公营报刊网,以新华通讯社为主体的国家通讯社网和以中央人民广播电台为中心的国营人民广播电台网。"[1]第六个阶段是1978年至今。这个阶段的特点是随着我国实行改革开放政策,媒体的性质、内容都发生了很大变化。传统的报业和广播依然具有重要力量,但以电视和互联网为代表的大众传媒在国家政治和民众社会生活中的作用越来越明显,大众传媒的多元化时代来临了。

---

[1] 方汉奇主编:《中国新闻传播史》,第331页,北京:中国人民大学出版社,2002年。

第一章
新与旧的时代

"没有晚清,何来五四?"

王德威的这句名言在近二十年的中国文化界甚为流行,然而这个问题还有另一个提法:"转折为何在五四?"

在新文化运动和"五四"之前,中国近代都市中荡漾着以大众传媒为媒介的文化与政治浪潮。19世纪最后二十年,聚集在张园中的上海士绅慷慨演讲,寂静天空却暗涌着无数繁忙的电波,《申报》《中国日报》等报刊的集会号召一呼百应,从政治传播史的角度来说,似乎不必"五四",晚清就已经足够了。

然而,从晚清到"五四"的短短几十年间,整个中国的文化生态却发生了重大的变化,"五四"的政治街头运动和张园的士绅集会有着完全不同的文化内核,而这实际上也标志着中国近代文化逻辑发生了重大的变化。

首先,文化的参与者发生了变化。

晚清时期的文化先行者们以士绅为主,或多或少拥有一定的功名。洋务官员们如郭嵩焘、徐继畬之辈都具有高级官员的身份,康有为为进士,梁启超为举人,王韬乃秀才,郑观应和经元善则是商人出身。他们的文化背景还是传统式的,"都市"在他们的眼中更是一种实用的物资汇通、商贸起兴、便利生活的所在,在文化上并没有旨归。在他们看来,附着都市发展而来的媒介只有宣传功能,生活服务业很容易腐蚀百姓的精神,田园与故乡才是自己的真正归宿。

论者往往关注1905年废科举,新式学堂培养的一代年轻人成为新文化运动的接受者和五四运动的主要参与者,但是却忽视了这群年轻人成长于1904年开启的晚清新政大潮中,他们不是都市的建立者,而是新的都市原生一代,就如同当今的90后是互联网原生一代。他们对于西学的感受,并不像老一辈的学者往往是从书中得知,而是亲身在物质生活中感受而来,他们没有梁启超"器物、制度、文化"三阶段的区别,而是直接将三者混在一起感受,所以这些年轻人已经成为所谓的"都市动物"。他们的习惯、组织、运动方式也都和都市息息相关。

其次,文化的诉求发生变化。

如果单纯对比张园和"五四",两者的诉求差异不大,都是对国家命运的关注。然而,"五四"本身不过是一个短期的政治和媒介事件,和张园等晚清城市政治文化运动更适合类比的,应该是新文化运动。在清末的各种运动潮流中,"求强""求富"的主题极为鲜明,到20世纪初的军国民运动中,更是把哪怕在封建时代也不完全从属于国家的个人身体(有家族和家庭作为抵御国家意志的避风港),变成了国家意志的附庸。在他们的诉求中,充满了主旋律道德感,也就是说,个人化的追求是不符合道德、不能说的,哪怕自己过的是锦衣玉食的日子,也不可以拿出来进行夸耀。

而新文化运动的核心,就是对"人"的再发现。无论是《新青年》对传统文化的批判,还是问题小说对"走出家庭"的推崇,都是将人从家族的羁绊中解脱出来,从而可以在社会中自由流动、择业、婚恋,乃至选择与坚持自己的政治信仰。但对于抽象意义上的国家来讲,这是一场在文化上的"圈地运动",一大批"自由人"可以为国而战。

在承认"精神"自由的同时,免不了可以重视"物质"的自由,这本是一体两面的事情。新的青年人不仅仅接受的是西方学术、政治方面的理念,更是一路从西式的生活方式成长而来。他们除了是青年学生,还是市民阶层,一手翻着《理想国》,一手拿着冰淇淋,骑着自行车,看着洋画报,这些对他们来说并不稀奇。这些新一代的年轻人正是新式都市生活的消费者和践行者,同时也是都市大众媒介的阅读者和接受者。他们对于文化的追求和自己从晚清走来的师长们完全不同,在他们的心中,没有一个以田园和乡野构建的"故乡",活在当下,繁华也许是种罪恶,可这就是他们的故乡!

最后,文化的表现形式和内容发生了变化。

文化潮流的演变非常迅速,随着新技术、新媒介的引进,不同时代人的喜好对象也在发生着变化。晚清的士人们相对来说喜好还是偏向古典一点儿,诗词唱和、传统的戏曲、勾栏瓦舍的吟唱、阅读古籍以及翻览报刊是他们的日常文化活动。这些活动和大众传媒的确也有关系,但不是那么密切。而作为读书文化原生一代的新文化运动年轻人,则相对来说对画报、摄影和刚刚兴起的电影更加感兴趣。包天笑、周瘦鹃这些人都积极投身到电影编剧和拍摄事业中。

此外,新的平台讲述的也是新的故事。新文化运动的各种文本自然是偏重于思想的阐发,构成严肃文本的一脉潮流(表现在文学上就是严肃文学),而另一脉则是以往被学界所忽视的通俗文本的一面(如鸳鸯蝴蝶派的通俗小说、娱乐小报和都市画报等)。在以往的叙述中,学界更多关注严肃文本,忽视了近代都市文化对于现代人思想的养成与培育。

要之,新文化运动和"五四"是一个分界点。在此前,都市更加具有经济意义上的作用,而此后在文化上则越来越显示出其重要性。大众传媒在这个过程中起到了重要的引导、展现、总结的作用,而百年大众媒介史也因此呈现出都市文化的亮丽色彩。

本章切入的视角为"解构中的不平衡性"——众所周知,风云激荡的近代是中国社会大转型的时期,千年的传统在崩溃和痛楚中走向新生与希望。然而,这一个弯转得太急又太烈,硬着陆中不可能达到两全其美。有所求索,亦必然有所舍弃。符合价值理性的,未必在工具理性上获得认可,反之亦然。大变革时代往往无法实现二者的统一,而舍弃的大多是价值理性。在"五四"和之后的燃情岁月中,有很多相对而出的概念,如科学与民主、思想家与资本家、访员与记者。近代的知识分子们往往需要扮演多种角色,秉持多种立场,而当诸立场产生矛盾与取舍的时候,他们内心的痛苦与悲情更加让后人慨叹。这里有陈独秀与杜亚泉关于"民主"与"科学"的纠葛;有黄远生与邵飘萍对于记者和新闻本位的认识,但是却依然在某种程度上受制于传统访员和御史传统的新闻实践;有陆费逵身兼"思想家"与"资本家"的矛盾。我们借这三个案例梳理1915年新文化运动开始后到1927年南京国民政府成立前的城市大众媒介发展的历史,展现民国早期城市大众文化发展的脉络,以及媒介文化成长期中的复杂性与多元性。

第一节 《新青年》《东方杂志》的新文化传播

无疑,"民主"与"科学"是新文化运动时期最为重要的口号,成为质疑和批判传统文化的两面招牌。然而,这两个口号并非新文化运动者的专属。早在晚清,城市大众传媒就已经开始关注此类话题,《申报》《中国时报》《时务报》《民报》等不同政治派别的报刊都在不同程度上讨论过"民主"问题,而《格致汇编》《农学报》等报纸杂志则已大力呼吁"科学"的普及。"民主"与"科学"早就是大众媒介所热炒的话题。《新青年》虽然是"民主"与"科学"口号的提出者,但是其他与《新青年》激进政治理念不同的报刊,如被认为政治观相对保守的《东方杂志》其实也是秉持着"科学"观念的,这些在政治上不同阵营的报刊,使得整个大众传媒业界的理念区别显得并没有那么清晰,体现出一种多样化的传媒生态。

实际上,《新青年》和《东方杂志》本身就是上海都市文化孕育出来的媒介组织,而两者之间的差异,也许和其创办者的独特精神气质和文化个性相关。

《新青年》的创办者陈独秀(1879—1942)身上更多体现了上海都市文化追求多元化、承认多样性的一面。他原名庆同,官名乾生,字仲甫,号实庵,安徽怀宁(今安庆)人。

1901年,因为进行反清宣传活动,陈独秀受清政府通缉,从安庆逃亡日本,入东京高等师范学校速成科学习。1903年7月,在上海协助章士钊主编《国民日报》。1904年初,在芜湖创办《安徽俗话报》,宣传革命思想。1905

年，组织反清秘密革命组织岳王会，任总会长。1907年，入东京正则英语学校，后转入早稻田大学。1909年冬，去浙江陆军学堂任教。1911年，辛亥革命后不久，任安徽省都督府秘书长。1913年，参加讨伐袁世凯的"二次革命"，失败后被捕入狱，出狱后于1914年到日本，协助章士钊创办《甲寅》杂志。

1915年，陈独秀回到上海，在上海群益书社的帮助下，于9月15日创办并主编《青年杂志》（第2卷起改称《新青年》），以6期为一卷。陈独秀所写的发刊词《敬告青年》是该刊的纲领性文章。该文开宗明义地指出"人权说""生物进化论""社会主义"这三事是近代文明的特征，要实现这社会改革的三事，关键在于新一代青年的自身觉悟和观念更新。他勉励青年崇尚自由、进步、科学，要有世界眼光，要讲求实行和进取。他总结近代欧洲强盛的原因，认为"人权"和"科学"是推动社会历史前进的两个车轮，从而首先在中国高举起"科学"与"民主"两面大旗。

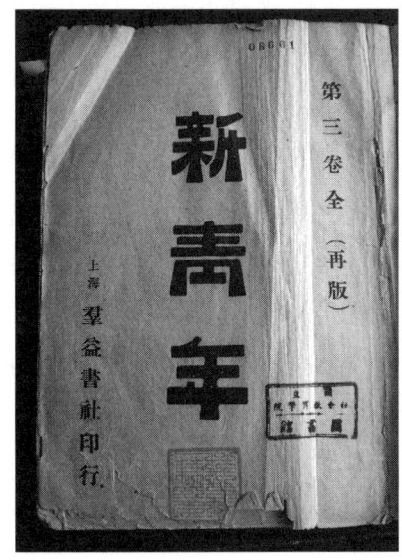
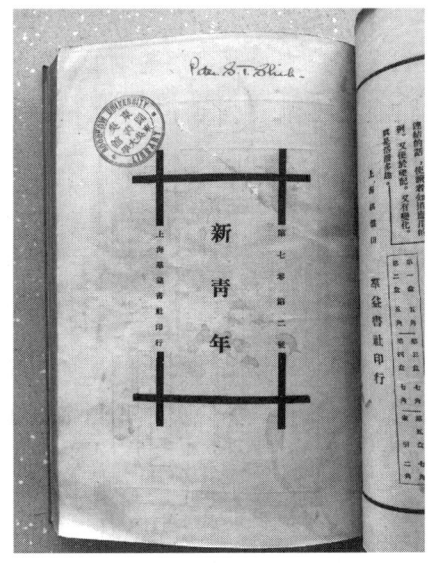

《新青年》

可以说，作为一名安徽人，陈独秀除了在芜湖创办《安徽俗话报》之外，他早期的办报生涯主要是在东京和上海度过的。甲午战后，庞然帝国败于小小岛夷，让大清的士人们不得不睁开眼睛，审视这个原本处于灯下黑的近邻。对新型知识分子而言,学习日本成为一种热潮。此后,赴日留学成为中国新知识阶层的新选择。日本以君主立宪立国,其国内的思想界又是汇聚了欧美各派君主立宪、共和、社会主义等不同制度理念的大旋涡,所以赴日国人在其中找到了各种各样的思想资源。于是,也就有了保皇党的《新民丛报》与革命党的《民报》隔街相望却在报上大打嘴仗的媒介奇景。正是东京的这种文化环境,让原本只存在于国内少数思想家著作中的"民主"意识得以发酵,日后的革命党众人很多都在东京体验过民主的意义和价值。陈独秀对于民主最初的直接观览也是源自于东京的文化环境。

和东京相比,上海也是一个各色思想汇聚之地,但与思想多元杂沓政治却相对统一的东京有所不同,上海在社会制度和城市空间上呈现出三分的状态:华界、公共租界和法租界,各自管辖,各有制度。三组不同的政治力量"三国演义",为政治鼓吹者们撑起了不同的政治、文化和行动的空间,所以在上海谈"民主"并不是什么大逆不道的事情,晚清上海张园的士绅们就在经元善的带领下用通电的方式为皇位继承问题向慈禧提建议,革命党人在租界的长三公寓中谈着反清的大业,邹容和章太炎以《革命军》唱反清大业竟然可以和清政府在会审公廨中对簿公堂。谈民主对于当时上海的报刊来说并不是什么新鲜事儿,甚至和革命党人的报刊相比,陈独秀在《青年杂志》时期谈的民主在制度上还显得比较空洞,只是一种思想,缺乏制度建设的考量。即使在这个时期谈的"社会主义",其实也不过是晚清就从日本翻译进入中国的"泛化"的社会主义思潮,和十月革命后李大钊热情歌颂与宣传的俄国革命以及布尔什维克式的社会主义并不完全类似。

新文化运动后期,《新青年》较早地关注到了劳工的价值,期待发动劳工来参加中国民主革命,发表了百多篇政论、报道和通信,报道中国劳工的生活状况。1920年5月1日,《新青年》推出"劳动节纪念号",开篇为蔡元培所题写的"劳工神圣"四字,刊内介绍了美、英、日、德等各国工人状况,发表了北京、上海、天津、香港、唐山、山西、江都、芜湖等处工人的调查报告。这些调查报告着力书写了工人的困苦与羸弱。南京的机工、手艺人、佣工衣食粗劣,但尚能温饱,而苦力则生计窘迫,如搬运夫子"实在苦得很。住的是茅蓬,龌龊极了。身上撕撕挂挂,没有件完全的衣服。面上污秽,像是没有水洗脸的"。调查者评论道:"南京的劳动界,实在是苦的了不得。若提他们这样辛辛苦苦的作工,目的也无非是藉着有个职业,糊糊口罢了。"[1]唐山的工人住的房子"内容窄狭污秽,臭气蒸人,也有睡在地上的,也有睡在土炕上的,讲究的猪窝,也比他好"[2]。

与工人的困苦相对,工头的日子则好得多。上海香烟业的部长监工"都是广东人,和总协理,非亲即故……三妻四妾的很多,他们的子弟,都有相当教育"[3]。在长沙的报告中,调查者愤怒地控诉:"劳动者为资本势力所屈服,完全处于被压迫的地位。劳动者的生活,为资本家所操纵……受生活压迫的工人,只求活他的生命,不惜为资本家的马牛,他们状况,较农夫更为劳苦。……城市习气,已极奢侈;富商豪客,穷奢极欲,无所不至。奢侈的结果,是使生活增高,一面增加劳动者的痛苦,一面迫劳动者竟趋于无人格的服役,和诈伪。"[4]

当然,作者并没有把一切都归因于老板的压迫,也指出工人思想的后进影响了他们人生的前途:

> 还有的今日赚着几文,就买点肉,打几两酒,香烟抽两枝,把那几文用得精光,再又牛一样的去做。这样的"辛苦赚钱快活用"的法子,到也是一种的风味,连做贼的都望着他们叫"奈何"。若是有了疾病饥寒意外的事,也只好凭自己的命运罢了。[5]

而"在我们国内,要称第一"的上海工业,"女工专门求表上好看。男工专门求片时的快乐"[6],虽有一定的工人组织,亦不求思想上的进步。

---

[1] 莫如:《南京劳动状况》,《新青年》,1920年第7卷第6号。
[2] 无我:《唐山劳动状况》,《新青年》,1920年第7卷第6号。
[3] 李次山:《上海劳动状况》,《新青年》,1920年第7卷第6号。
[4] 野:《长沙劳动状况》,《新青年》,1920年第7卷第6号。
[5] 莫如:《南京劳动状况》,《新青年》,1920年第7卷第6号。
[6] 李次山:《上海劳动状况》,《新青年》,1920年第7卷第6号。

再谈一下"科学"。陈独秀所谓的"科学"并非"science",而是"scientific"。虽然在《青年杂志》时期,也刊发了一些科普性的文章,但这不过是小小的点缀,陈独秀的兴趣还是在于"社会革命"。他认为传统文化很多方面是"不科学的",所以需要批判,在他的心目中,"科学"更像是一个价值判断,是一个标准,而非一整套成熟的科学理论体系。这一点与《东方杂志》的主编杜亚泉正好相反。

早在明末清初,利玛窦、汤若望、金尼阁那一辈传教士来到中国的时候,他们就已经确立了以西学传教的传统,出版了大量的西学著作,而其中最为重要的一部是徐光启和利玛窦合作翻译的欧几里得《几何原本》的前几卷。徐光启被称为"圣教三柱石"之一[1],一生致力于西学在中国的传播,可惜其借用西法改造明代军事的努力因为一场"吴桥兵变"而失败。

清朝入关后,康熙帝非常喜欢西学,很多传教士成了他的私人教师,然而,康熙对待这些传教士的态度与汉武帝对待司马相如、东方朔等人没有什么不同,不过是"倡优蓄之"罢了。除了在钦天监使用泰西算学编订历法,这些舶来的科学主义的天文、算学等西学并没有对中国社会起太大的推动作用。到康熙朝后期,由于清廷采取了禁教和闭关锁国的措施,中西文化交流道路基本断绝,西方的科学思想更难在中国扎根。

进入 19 世纪,马礼逊续接断绝已久的东西文化交流,然而他本身并不具备太高的科学素养,虽然他的文教活动涉及近代文化交流史的诸多"第一",如创办了最早的双语教育机构英华书院,为华语文化圈带来了最早的铅印机和石印机,还出版了第一部中文期刊《察世俗每月统记传》等,但是他并没有什么成体系的西方科学著作。直到马礼逊去世后,继承他巴达维亚印刷所的麦都思终于等到了鸦片战争后五口通商的机会,将印刷所迁往开埠后的上海,建立墨海书馆。在麦都思和其继任者伟烈亚力的努力下,在王韬、李善兰、蒋敦复、管小异等秉笔华士的配合下,墨海书馆翻译出版了大批西学著作,其中大部分属于自然科学门类。

---

[1] 其他两人是李之藻跟杨廷筠。

格里德尔说京师同文馆和上海江南制造总局的出现使得中国的西学得到了进一步传播,"19世纪末的一个调查表明,1850年以后,译书约600种,大约400种属于自然和应用科学,另外约100种则涉及西方历史、地理和社会科学"[1]。在李鸿章创办的江南制造总局翻译馆中主管译事的傅兰雅是这一时期科普事业推广的重要人物,他创办的《格致汇编》为近代第一本科普期刊,在国内拥有广泛的读者,发行量一度达到每月4 000册,还远销至纽约、伦敦、横滨、新加坡等地。[2] 值得注意的是,傅兰雅虽然是《格致汇编》的灵魂人物,但是徐寿、华蘅芳等人也参与其事。这也说明,傅兰雅的科普事业和晚清洋务派中的技术幕僚们有着密切的合作关系,有危机感的中国文人已经有意识地参与开展科普活动。

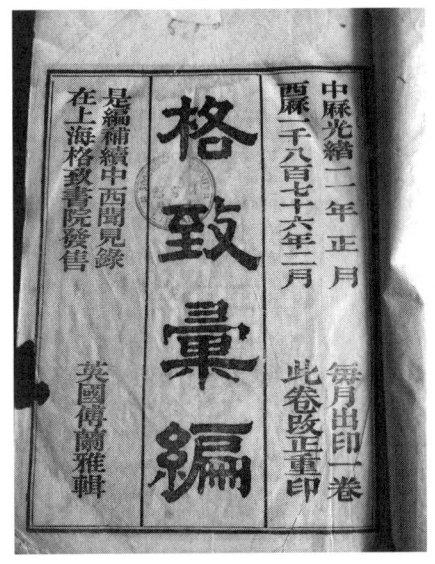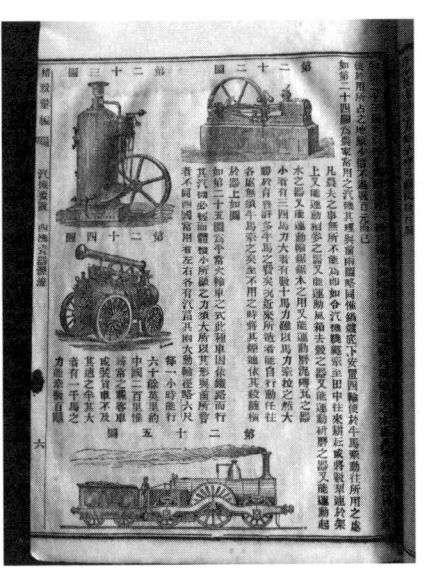

《格致汇编》

《格致汇编》中的"格致"二字,来自于儒家经典《礼记·大学》,是"格致诚正修齐治平"一脉逻辑的起始点,指认知学习的环节。在近代,则用来指

---

[1] [美]杰罗姆·B.格里德尔:《知识分子与现代中国》,单正平译,第99页,天津:南开大学出版社,2002年。
[2] 赵晓兰、吴潮:《传教士中文报刊史》,第223页,上海:复旦大学出版社,2011年。

涉西学中属于自然科学的部分。"格致"的提出,有利于在学术体系中加强自然科学的地位,将传统学术评价机制中的"奇技淫巧"之术上升为可以和社会科学及人文科学比肩的学术门类。但是,"格致"这个中国传统学术话语中的概念,毕竟无法和西方的自然科学相对应,故而1912年,民国政府教育部颁布新学制,将学校中的"格致科"变为"理科","格致"一词从此回归本意,不再指涉西方自然科学。

19世纪后半叶,在西学东渐大潮的引领下,中国出版的自然科学书籍已经为数不少,但是国人自办的科普类报刊却付之阙如。直到世纪之交的1900年,杜亚泉所创办的《亚泉杂志》创刊,才标志着中国人在没有传教士的帮助下自办科学期刊的开始。

杜亚泉(1873—1933),原名炜孙,字秋帆,号亚泉,笔名伧父、高劳,会稽伧塘(今属浙江绍兴上虞)人,为近代著名科普出版家、翻译家。通过自学日语,他能够通读东洋典籍了无障碍,主编有《植物学大辞典》《动物学大辞典》《小学自然科词书》及大量的各类教科书,创办《亚泉杂志》,并在1911—1920年主持《东方杂志》的编纂工作。

光绪二十四年(1898),受蔡元培之聘,杜亚泉任绍郡中西学堂数学教员。光绪二十六年(1900),在上海创办亚泉学馆,为中国近代首家私立科技大学,同时出版《亚泉杂志》。在创刊首期《亚泉杂志序》中,杜亚泉言道:

> 我国自与欧洲交通以来,士大夫皆称道其艺术。甲午以后,国论一变,讲求政法者渐众。虽然政治与艺术之关系,自其内部言之,则政治之发达,全根于理想,而理想之真际,非艺术不能发现。自其外部观之,则艺术者固握政治之枢纽矣。……今世界之公言曰:二十世纪者,工艺时代。……亚泉学馆辑《亚泉杂志》,揭载格致算化农商工艺诸科学,其目的盖如此。[1]

---

[1] 杜亚泉:《亚泉杂志序》,《亚泉杂志》,1900年第1期。

《亚泉杂志序》中的"艺术"或者"工艺"指的其实就是自然科学,《亚泉杂志》是一本以化学为主,兼刊载各类自然科学知识的科普刊物,其在国内首次刊载了门捷列夫"元素周期表"以及1898年居里夫人向法国科学院报告发现钋、镭两种放射性新元素的新闻。杜亚泉还确定了"元素周期表"中氩、铍、镨、钇、铽、镱六种新元素的中译名。

值得注意的是,杜亚泉也是一位实干家,他认为不用仪器做实验是无法展开科学研究的。1902年,杜亚泉主持浙江吴兴南浔浔溪公学时,就尽力为该校筹划开设了仪器馆,而1910年他在上海创办的中国科学仪器馆则是中国较早经营科学实验和教育仪器的商店。

《亚泉杂志》虽然出版不到一年的时间,但给杜亚泉带来了很高的声誉,使他受到夏粹芳、张元济的邀请,赴任商务印书馆,开始了其在商务印书馆二十八年的出版编辑生涯。杜亚泉于1911—1920年主持《东方杂志》的编纂工作。作为国内出版行业巨无霸级的企业,商务印书馆拥有广泛的读者群和极高的市场关注度。杜亚泉能够主持《东方杂志》,不啻为登上风口,扬帆起航。然而,高处不胜寒,这也让他裹入了新文化运动论战的旋涡之中。

《东方杂志》创刊于1904年3月,终刊于1948年12月,为我国近代期刊史上连续刊行时间最长的一份大型综合性学术期刊。初名《东亚杂志》,后因与德国上海领事馆德文版《东亚杂志》重名而改为《东方杂志》。

《东方杂志》虽历经近代诸多事变,曾因辛亥革命、"一·二八"事变、全面抗战爆发等因素短暂休刊,但都

《东方杂志》

在商务印书馆的大力支持下迅速复刊。除上海棋盘街商务印书馆总发行所

外,全国商务各分馆进行寄售业务,甚至发行到美、日、东南亚等海外国家和地区,发行数量最高可达一万五千份。

早期《东方杂志》是一本文摘类的期刊,从国内外出版的各种报刊里摘取文章编译发行,有社说、谕旨、内务、军事、外交、教育、财政、实业、交通、商务、宗教、杂俎、小说、丛谈、新书介绍、时评、奏牍、行记、新知识等栏目,内容虽然丰富,但没有自己的观点,文化品位和思想深度都不够高。

杜亚泉加盟后逐渐开始对《东方杂志》进行改版,1910年第1期刊发《本社特别广告》《投稿规则》《东方杂志改良序例》等文章,宣扬"代表舆论、主持清议"的理念,第7期刊发《辛亥年东方杂志之大改版》,拟定诸项具体的改革条例。从1911年第8卷第1号开始,《东方杂志》全面实现改版,从原来的文摘汇编转为大量刊发署名文章,并增设名为"科学杂俎"的新栏目。在此栏目中,杜亚泉刊发了大量反映世界科学进步的文章,这也是对《亚泉杂志》的继承。

然而,出于商务印书馆和《东方杂志》的地位,杜亚泉势必不能将《东方杂志》变成第二个《亚泉杂志》。科普也只能是《东方杂志》的一个组成部分而已,更多的篇幅要留给对社会问题、国家命运和文明前路的探讨,这就是所谓的"代表舆论、主持清议"。当杜亚泉主持《亚泉杂志》的时候,但有论战,需要遵循的都是科学逻辑,科学逻辑有一定的门槛,并非好者皆可言,而《东方杂志》的内容更驳杂,知识分子切入讨论的门槛更低,势必带来更多的质疑和批评声音。

杜亚泉在清季主持《东方杂志》,伴随着武昌起义的隆隆炮火,和商务印书馆一起迎接民国的到来。然而,民元之后,军阀混战,你方唱罢我登场,世间反而更加繁乱。故而以陈独秀、胡适、鲁迅、钱玄同、吴虞为主的《新青年》作者群掀起了轰轰烈烈的新文化运动。他们就像是一个引子,引发了全国众多知识分子对于国家命运和文明前途的思考。杜亚泉亦未能独善其身,在《东方杂志》上,他也发表了多篇文章对上述问题进行讨论。

总的来说,杜亚泉的观点主要体现在两个方面。一方面,对于东西方文明的对比,他主要持"动静说"。杜亚泉认为,"文明"为"生活之总称",既有"物质文明",又有"精神文明",而东西文明的差异"乃性质之异,而非程度之差"。也就是说,东西方的文明并不是一个演进脉络上的不同阶段,而是花开两朵,各占一枝。文明起源产生于不同的社会现实,而东西方社会的不同主要体现在:其一,西方是不同时间移居欧洲的多民族杂居,而中国的民族分别则没有那么大,历代兴亡,很少有民族之战,更多是不同势力的更替;其二,西方文明多居住于"地中海岸之河口及半岛间",利于商业,竞争激烈,中国文明则起源在"大陆内地之黄河沿岸",以农业为主,安居乐业。在两者不同的社会历史影响下,社会观念也具有较大的差异,体现在五个方面:其一,西方人"以自然为恶,一切以人力营治之",中国人"以自然为善,一切皆以体天意、遵天命、循天理为主";其二,西方人生活外向,中国人生活内向;其三,西方社会团体多,而中国则阙如;其四,西方社会重竞争轻道德,中国社会重道德轻竞争;其五,西洋"社会之和平,用以构造战争",中国"社会之战争,用以购求和平"。[1]

另一方面,则是关于如何建设新文化的讨论。杜亚泉反对全盘西化,但也并不赞同文化保守者的态度,而是主张以一种"新旧调和"的方式实现"中体西用"。杜亚泉先指出了当下中国文明的困顿之处:物质上,中国人修铁路、造汽船、建工厂、日用起居、饮食衣服等方面亦步亦趋,模仿西方,变成了西方物质文明的"销耗场","而非物质文明之生产地",金钱输出,社会奢华,日益穷困;精神文明上,民主立宪、教育伦理这些新思想都是自外输入,虽然"弥漫全国,然知其当然而不知其所以然者,仍居多数",如果不加思考,择善贯通,那么就只能被西方文明同化,故而需要"裁除其弱点,养助其优点","利用此输入之文明,以形成吾国独立之文明"。[2]由上所述,杜亚泉并非完全的守旧派,他倡导与世界接轨,顺应潮流:

> 夫吾社会不与世界交通则已,既交通矣,物质文明之灌输,实

---

[1] 伧父:《静的文明与动的文明》,《东方杂志》,1916年第13卷第10号。
[2] 高劳:《现代文明之弱点》,《东方杂志》,1913年第9卷第11号。

应乎时势之必要,断非一二限制政策,所能挽回。计惟有顺其潮流,施以救正,使销耗者转而为生产,使用者转而为制造,或则销用产造,各得其平,则文明何害?[1]

杜亚泉认为东西方文明都存在问题,西方社会经济发达,但目的是错误的,为的是"满足其生活所具之欲望",东方社会欠发达,但目标是克制而正确的,为的是"生活所需之资料,充足而无缺乏而已",所以"东洋社会,为全体的贫血症,西洋社会,则局处的充血症"。[2] 在道德上,西洋社会的优点在于具"力行之精神,慈善团体之发达,协同事业之进步",但失之理性,而东洋社会长于理性,"求本心之安,由内出而不由外入",却失之实践。[3]所以,杜亚泉主张东西方文明的调和,但这种调和却是以东方为本位的,"吾人当确信吾社会中固有之道德观念,为最纯粹最中正者",故而"吾人之天职,在实现吾人之理想生活,即以科学的手段,实现吾人经济的目的;以力行的精神,实现吾人理性的道德"[4]。但暴露杜亚泉思想局限的是,他把"社会固有之道德观念"具象化为"以君道臣节名教纲常为基础之固有文明"[5],其核心不过依然是"中体西用"而已。

杜亚泉的这些观点导致了陈独秀的点名批评,陈独秀在1918年9月发表了《质问〈东方杂志〉记者——〈东方杂志〉与复辟问题》一文,直接反驳《东方杂志》上《中西文化之评判》《功利主义与学术》和《迷乱之现代人心》三篇文章。12月,杜亚泉发表《答〈新青年〉杂志记者之质问》以回应。1919年2月,陈独秀再以《再质问〈东方杂志〉记者》逐条驳斥杜亚泉的回应。而杜亚泉未曾再次回应,争论遂终止。

《东方杂志》上的这三篇文章针对刚刚结束的第一次世界大战造成的

---

[1] 高劳:《现代文明之弱点》,《东方杂志》,1913年第9卷第11号。
[2] 伧父:《战后东西文明之调和》,《东方杂志》,1917年第14卷第4号。
[3] 伧父:《战后东西文明之调和》,《东方杂志》,1917年第14卷第4号。
[4] 伧父:《战后东西文明之调和》,《东方杂志》,1917年第14卷第4号。
[5] 伧父:《答〈新青年〉杂志记者之质问》,《东方杂志》,1918年第15卷第12号。

社会动荡与民众疾苦,重新审视西方文明的价值,宣扬中国传统文化的价值。此时的杜亚泉对如何接受西方文明、改造中国社会有了比晚清时期更加保守的想法,他认为:

> 吾人今日在迷途中之救济……决不能希望于自外输入之西洋文明,而当希望于己国固有之文明……盖产生西洋文明之西洋人,方自陷于混乱矛盾之中,而亟亟有待于救济。吾人乃希望藉西洋文明以救济吾人,斯真问道于盲矣。[1]

这些观念在以陈独秀、胡适为首的新文化运动健将的眼中,不啻为一种倒退,是保守主义的表现。陈独秀指出,既然杜亚泉认为西方文明有着"战争与虐杀""混乱矛盾""破坏以后之断片""精神上烦闷"等罪恶,那为什么一再鼓吹欢迎输入呢?[2]而且,杜亚泉所谓"以君道臣节名教纲常为基础之固有文明"可以融入当下民国之国体,可这种以君王社稷为核心的传统民本思想,与以人民为主体的民主政治完全不是一个逻辑,又如何可以互融呢?所以,陈独秀称:

> 以今日名共和而实不至之国体而论,亦与君道臣节名教纲常,绝无融合会通之余地。盖国体既改共和,无君矣,何谓君道?无臣矣,何谓臣节?无君臣矣,何谓君为臣纲?[3]

新文化运动成长于民国初年的政治乱局中,袁世凯称帝、张勋复辟等行径让新文化运动鼓吹者们对以传统文化为幌子行倒退之丑行的现象极为谨慎。从根本上说,杜亚泉是一名温和的改良主义者,而其自我的品行又几乎无可指摘。陈独秀的批判可谓是醉翁之意不在酒,他宁愿成为一名

---

[1] 伧父:《迷乱之现代人心》,《东方杂志》,1918年第15卷第4号。
[2] 陈独秀:《独秀文存》(卷一),第326—327页,上海:亚东图书馆,1922年。
[3] 陈独秀:《独秀文存》(卷一),第329页,上海:亚东图书馆,1922年。

文化激进主义者,也不让国民以调和之名,丧失了前进的锐气,甚至走向倒退。

近代论战多以一方退出战场而结束,如《民报》与《新民丛报》关于革命与改良的讨论,以梁启超不再复文为终止。而《东方杂志》与《新青年》关于东西方文明的争论,则以杜亚泉的息声而结束。虽然我们并不能简单地将谁讲到最后作为评判胜利的标准,但在这场论战之中,的确是陈独秀占据了上风。

其一,杜亚泉专于科学思维,不好为激进之言,论理自有限度,多为调和折中之语,这在研究学理、阐发科学上十分有益,却不是辩论的路数,辩论者当偏于一端,方能让人激发情感,尾随其后,倘若总是担心话说太满,则会使人嫌其踌躇不进,首鼠两端,难以追随其意见。在鼓动性上,杜亚泉差陈独秀远矣!陈独秀步步紧逼,甚至语带挖苦,比如谈到杜亚泉对西方文化认识的矛盾时,他说:

明知"此等主义主张之输入,直与猩红热梅毒等之输入无异",何苦又主张尽力输入而欢迎之?不更使吾思想界混乱矛盾不能统一,使吾精神界破产,使吾国是丧失耶?[1]

这样的反驳听起来,让读者莞尔一笑,却失之刻薄。而杜亚泉的反击则木然无趣,哪怕语带哀怨,也激不起读者的兴趣。

其二,杜亚泉更多是以类比的方法对比中西文化,比如他认为西方文化为酒肉,中国文化为水和蔬菜,多食酒肉有毒,当以水和蔬菜解毒。这些类比相当生硬,显示出他对西方文化的了解还是非常有限的。毕竟杜亚泉终生未曾在海外留学,所以比起曾经负笈东渡日本、开眼看世界的陈独秀来说,很多言论显得并没有足够的说服力。

其三,陈独秀的观念激进偏执,杜亚泉的观念趋于保守,两者各有短

---

[1] 陈独秀:《独秀文存》(卷一),第327页,上海:亚东图书馆,1922年。

长。然而时代却有大势,自甲午战后,对外开放、学习西方已经成为不可逆转的潮流。当时的中国社会已经不能如杜亚泉所愿,建构一个静的社会,而君臣之道更是被扫进了历史垃圾堆里的旧货。躁动与操切诚然会给中国的发展带来隐忧,甚至这种隐忧所附加的痛苦直到今天还依然在缓释,但停滞与束缚更是断绝希望的做法。所以,那个时代希望动起来,也应该动起来。俟河之清,人寿几何?如果把责任全扔给下一代,谁又能以地藏之精神清空地狱之苦呢?

陈杜笔战也给杜亚泉的编辑生涯带来了重大的转折,由于陈独秀在国内学界日益声隆的地位和名望,商务印书馆不得不将杜亚泉调离了《东方杂志》的主编岗位,从此他再也没有机会独立主持一本期刊,发出自己的声音。

其实,陈独秀与杜亚泉之争不过是近代文化激进主义者和文化保守主义者论战的一个小小缩影,从规模和水准上讲都难称高格。然而,他们又是"五四"所鼓吹的"民主"与"科学"两大观念内在不平衡的缩影。

第二节 文化保守主义对新文化运动的批评

杜亚泉的文化观点虽然偏保守,但其仍不失为中国科学启蒙的前行者。而另一批文化保守主义者们,以《甲寅》《学衡》《国学丛刊》《国学季刊》《孔教会杂志》等杂志为阵营,对新文化运动展开了反击。如林纾、刘师培、梅光迪、吴宓坚决抵制《新青年》和《新潮》,费正清将这批人称为"新传统主义者":"五四运动带来的另一后果是'新传统主义'对五四运动'全盘否定传统'的反动。"[1]他们甚至为大学教育中学生们热衷理、工、农、医等实用课程,不愿意投身于传统文化的研究而痛心疾首。

---

[1] [美]费正清主编:《剑桥中华民国史》(第一部),章建刚等译,第465页,上海:上海人民出版社,1991年。

不过,就像新知识群体中有分歧与论争,保守主义者也不是铁板一块,既有林纾、刘师培这样的顽固分子,他们于1919年创办了专门针对《新青年》杂志的《国故》杂志,倡导"昌明中国固有之学术";也有吴宓和梅光迪这样的新保守主义者,他们创办了《学衡》杂志,倡导"昌明国粹,融化新知";还有梁启超这样灵活多变的新保守主义人物。

梅光迪、吴宓等人对西方现代文化并不陌生,梅光迪和胡适还是较早一批考上清华预科班并留学美国的留学生。1909年6月,晚清政府利用美国退还的"庚子赔款"在北京设立了"游美学务处"。同年8月,清华园被清政府作为"游美肄业馆"馆址,并招收了第一批留学美国的学生,当年有47名学生被送到了美国留学。1911年2月,游美学务处和肄业馆全部迁入清华园,清华园改名为清华学堂。1911年4月29日,学校举行了开学典礼,这天也就成为清华的校庆日("国立清华大学"之名在1928年才正式确立)。1912年,更名为清华学校。清华学校的学制为八年,直接从各地小学毕业生中招考,分四年中等科和四年高等科两个阶段学习,毕业后送往美国官费留学,胡适、梅贻琦、梅光迪等人都是较早一批赴美学生。不过,虽然同是留美学生,他们的思想观念却截然不同,胡适深受杜威实用主义哲学影响,还没有回国,就已经加入《新青年》阵营,提倡新文化运动。梅光迪和吴宓则受到了美国新人文主义大师白璧德的影响而成为反新文化运动的新保守主义者。

梅光迪和胡适原本是安徽同乡,同在美国留学的两个人最初是好朋友,不过两人后来在思想上产生了较大分歧,梅光迪坚持认为文言文依然具有生命力,而胡适却宣判了文言文死刑,称文言文是"死的文字",他们由最初的互相辩论终于发展到了势不两立。出生于陕西一个官宦家庭的吴宓,则在出国前已经形成了一套完整的思想和价值体系。1911年,吴宓考入了清华预备学校,但考上时他的年龄已经超过了录取年龄,于是他涂改年龄进入了清华学校。对这件事情,吴宓一直颇为得意,还在日记中记载下来。在清华待了六年之后,1917年吴宓进了美国的弗吉尼亚州立大学学习文学专科,1918年由梅光迪介绍转到了哈佛大学,师从著名的新人文主义思想家白璧德,白璧德的"新人文主义"思想和吴宓所想的一拍即合,吴宓也成了白璧德在中国最得意的门徒。在日记里,吴宓声称他在赴美国留学之前已经想好了自己的职业是做一个"昌明国粹"的报人:"拟他日所办之报,其英文名当定为Renaissance(《文艺复兴》),国粹复光(兴)之意,而西史上时代之名词也。"从一开始就立志做一个报人在现代知识分子中恐怕是比较少见的,吴宓很早就为自己确立了今后的人生目标和价值追求,那就是全身心地维护中国固有的文化传统和价值体系,他确定了自己人生的终

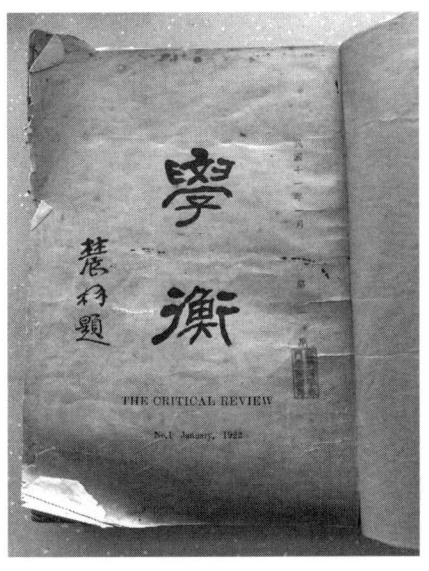

《学衡》

极目标就是反对功利主义思想、维护伟大的文化传统。因为这个缘故,后来他在清华大学任教的时候,在学生之中获得了"圣僧"的称号。而胡适等人把新文化运动也看作"文艺复兴"。吴宓所说的"文艺复兴"和胡适所说的"文艺复兴"显然不是一码事,吴宓的"文艺复兴"要批判的正是胡适的那套"文艺复兴"。出于对新学的厌恶,他和梅光迪等人回国后立刻在东南大学(今天的南京大学)创办了与《新青年》针锋相对的保守主义刊物《学衡》,开始向新文化宣战。早在《学衡》创办之前,吴宓便写了一篇很长的批判文章《论新文化运动》,强烈批评新文化运动破坏了中国固有的"伟大传统":

> 近年国内有所谓新文化运动者焉,其持论,则务为诡激,专图破坏。然粗浅谬误,与古今东西圣贤之所教导,通人哲士之所述作,历史之实迹,典章制度之精神,以及凡人之良知与常识,悉悖逆抵触而不相合。其取材,则惟选西洋晚近一家之思想、一派之文章。在西洋已视为糟粕,为毒鸩者,举以代表西洋文化之全

体……其初为此主张者,本系极少数人,惟以政客之手段,到处鼓吹宣布;又握教育之权柄,值今日中国诸凡变动之秋,群情激扰,少年学子热心西学而苦不得研究之地、传授之人,遂误以此一派之宗师,为惟一之泰山北斗,不暇审辨,无从抉择,尽成盲从,实大可哀矣。[1]

  吴宓特别反感新文化运动的主将胡适,他将这种反感情绪一直带进1927年以后他负责《大公报》"文学副刊"时期。有一次《大公报》的总编张季鸾因为考虑到当时胡适在学术界和社会上如日中天的地位及影响力,准备用四号字将胡适的《胡适评注词选》发表在"文学副刊"第10期上,负责"文学副刊"的吴宓知道后勃然大怒,立刻写了封长函给张季鸾表示抗议。在1928年3月12日的日记中,吴宓愤恨不平地记载了他的心情:"以宓之辛苦劳瘁,而所经营之《文学副刊》乃献媚于胡适氏,宁不为识者齿冷?以是宓愧愤异常,即作长函,致张季鸾,责问之。谓若馆中以捧胡适为正事,宓即请辞职。"[2]足见他对胡适有多么厌恶。而对于新文化运动的另一位文学巨匠鲁迅,吴宓同样也不满意。吴宓后来离开南京到清华大学工作,那时梅光迪、胡先骕等人基本不再参与《学衡》的编辑,吴宓主要依靠陈铨、贺麟等学生继续维持《学衡》的出版。从《吴宓日记》中可以看到吴宓经常召集陈铨、贺麟和张荫麟等人商讨如何在新学的冲击下维持《学衡》的出版。不过,比起吴宓、梅光迪等人对于"伟大传统"的固守和眷念,陈铨等年轻一代对中国的传统文化却没那么执着。陈铨发现在新兴的市场和社会环境中,传统文化已经无法和新文化相抗衡,"新文学"出版物和大众媒介要比宣扬传统文化的书籍和报纸杂志畅销得多。有一次陈铨到吴宓的寓所里玩,他告诉了一件让吴宓非常伤心的事情,吴宓在其著名的日记里做了这样的记载:

---

[1] 吴宓:《论新文化运动》,《留美学生季报》,1920年第8卷第1号。
[2] 吴宓:《吴宓日记》(第4册:1928—1929),吴学昭整理,第34页,北京:生活·读书·新知三联书店,1998年。

> 5-6 陈铨来,为售小说稿与《国闻周报》事。因谈及中国近今新派学者,不特获盛名,且享巨金。如周树人《呐喊》一书,稿费得万元以上。而张资平、郁达夫等,亦月致不赀。所作小说,每千字二十馀元。而一则刻酷之讥讽,一则以情欲之堕落,为其特点。其著作之害世,实非浅鲜。若宓徒抱苦心,自捐赀以印《学衡》,每期费百金。而《大公报》在我已甚努力,所得酬报亦只如此。呜呼,为义为利,取舍报施,乃如斯分判。哀哉![1]

鲁迅小说集《呐喊》的畅销让吴宓很不爽,张资平、郁达夫等人的小说在他看来则更是"著作害世,实非浅鲜"。可见,争夺阅读群体和抢占文化市场是吴宓愤愤不平的重要原因。可不管吴宓如何抱怨,在这场"新旧大战"之中,宣扬"新学"的书籍、杂志和大众报纸显然占了上风,占据了阅读市场和出版界的主导地位,鲁迅、郁达夫的小说销量都很大,读者众多,而《学衡》却没有什么读者群,连维持的经费都不够,为了维持《学衡》杂志的出版,吴宓还拿出了自己的私人积蓄。吴宓虽然厌恶新文化人士,批评胡适的"肤浅浮躁"、鲁迅的"刻酷之讥讽"和郁达夫的"情欲之堕落",但他自己的私人生活比起郁达夫来毫不逊色,十分混乱。他在个体的道德和生活情操上从不遵循儒家传统的道德规范,是一个十足的浪荡子,和多个女学生保持着畸形的恋爱关系,他不断地追求各种女性,为此还赢得了"情圣"的称号。而且,吴宓虽然坚决捍卫伟大的国粹,但他对传统知识的了解并不多,他所具有的国学知识都是在进入清华学校之前由其家庭所传授,在美国他研究的主要是西洋文学,他在自己主编的杂志《学衡》上所发表的文章,绝大部分和西方文化有关。不过,这并没有影响吴宓对中国传统文化的信念,可以说,他对中国传统文化的信念侧重于一种与传统文化的精神联系。

---

[1] 吴宓:《吴宓日记》(第4册:1928—1929),吴学昭整理,第17页,北京:生活·读书·新知三联书店,1998年。

吴宓感到非常悲哀的是陈铨这些喜爱文史学科的学生也准备弃文从事实际的学科,在现代大学中人文学科被看成无用学科。不仅陈铨、张荫麟不愿意学习文史知识,当时几乎所有的知识分子都像现在的社会一样,重视的是医学、矿业和机械这些实用科学。鲁迅、郭沫若到日本都是去学医。鲁迅是后来发现做医生并不能治疗中国人的精神问题,所以转而从事文艺活动,目的是唤起中国人的思想意识。西方社会早也存在着实用科学和人文科学的论争,美国新人文主义的代表人物白璧德曾经专门写了《文学与美国大学》(Literature and the American College)一书,系统考察文学和大学教育之间的关联。而在中国从传统向现代的转变过程中,大学也起着重要的作用。中国现代的知识分子正是依赖于现代大学控制和掌握着学术、思想等多种文化资源,并借助现代大学的特殊机制发表对政府和社会的见解,参与政治和社会活动。当然,由于现代大学并非完全独立的公共机构,知识分子的学术和思想也不能完全独立,它总要受制于某种社会环境,知识分子的话语经常遭到权力机构的约束和控制。中国现代知识分子所走的个体道路都差不多,进入现代学校接受教育,从小学到中学,最终进入大学,在这个过程中逐渐获得思想、科研和学术资源,确定自己的人生目标,知识分子个体的价值取向、社会目标、个体兴趣和思想认同基本上是在学校尤其是在大学期间完成的。但大学和知识分子之间的关系究竟如何,在东西方都一直是个比较复杂的话题。其中人们最关心的是,大学应该培养什么样的人才——是培养符合社会需求的应用型人才,还是培养具有人文气质的文化学者。

近代以来的英国社会也普遍存在着轻视人文科学的实用主义趋向,早在19世纪中后叶著名诗人马修·阿诺德就批评了英国工业革命庸俗的"机械工具信仰"思想,他认为存在着两个英国,一个是晚近二十年的英国,一个是伊丽莎白时期的英国。而晚近二十年的英国是阿诺德所要严厉批评的,因为晚近二十年的英国陷入了机械工具的信仰中,把煤炭、铁路、财富当作信仰对象,这在阿诺德看来是荒谬的。他认为煤炭、铁路和财富是没什么价值可言的,它们与希腊罗马文明相比较只是机械文明,是外在于人的"外部文明",外部文明总是和人的内在精神有冲突的。阿诺德认为必须清除机械至上的思想,将文化看成是人类生活的基础。他主张个体运用文学和哲学抵抗庸俗的机械文明思想,他说:"文化就是如此让我们生出了不满情绪,在富有的工业社会中这种不满足感逆潮流而动,顶住了常人的思想大潮,因而具有至高的价值。尽管它在目前尚不能挽狂澜于既倒,但我们可以期盼它挽救未来,使之不至于变得庸俗不堪。"[1]只有文化才能使得人类避免陷入机械和物质崇拜,只有文化才让人性获得完美。

　　白璧德、阿诺德都是从希腊和东方文化中批判西方现代社会以来过分注重物质和机械文明的实用主义倾向。但是,他们所说的现象在一直重视文学熏陶的中国也已十分明显,实用主义现象在中国现代学校建立之初就已经存在,而且实用主义思想随着五四运动的开展更加全面地渗透到中国的大学教育中。中国古代确实是个重视人文教育尤其是文学训练的国度,具有文学才能被看作是有审美趣味和道德修养,甚至是社会、政治治理才能的体现。马克斯·韦伯说:"中国是一个非常重视文学教育,把它作为社会评价的标准的国家,这种重视远远超过了欧洲人文主义时期或者德国近期。"[2]事实确实如此。综观中国古代,我们可以举出无数的事例说明中国古代非常重视文学训练,文学家也备受重视,在等级观念和秩序严格的中国,文学家有时却能够借助文学而逸出严格的社会规范。在中国古代拥有文学才华多数情况下是受到尊敬的,譬如唐代最著名的诗人李白陷入写诗的癫狂状态时,可以"天子呼来不上船",皇帝请他都没有用,据说他还曾经让权贵高力士为他脱鞋子。不仅儒生们喜欢舞文弄墨,很多帝王也都是有名的才子,曹操父子三人都以文章著名,而像李煜等一些帝王的文学才华要远远大于他们的治国才能,中国古代的公文甚至法律条文都是用富有文学性的语言描述,这种对文学的重视程度在整个世界都颇为罕见。但

---

[1] [英]马修·阿诺德:《文化与无政府状态:政治与社会批评》,韩敏中译,第14页,北京:生活·读书·新知三联书店,2002年。
[2] [德]马克斯·韦伯:《儒教与道教》,王容芬译,第159页,北京:商务印书馆,1995年。

是,这种情况到了近代发生了很大变化,西方列强的经济、文化和军事侵入,使得中国政府不得不开始注重实用学科。晚清之际的大学就已经非常重视实用的而不是人文的学科,人文学科的地位迅速下降。陈君毅、张之洞在为晚清政府制定的《奏定学堂章程》中为大学所规定的学科多为我们现在所说的理工科,譬如医学、法学、理学、工学、农学和商学等。而这个章程遭到了他的幕僚、著名的国学家王国维的强烈批判。王国维指出《奏定学堂章程》过于注重实用学科,而忽视了文学学科,他的言论和白璧德如出一辙。王国维在这篇文章里竭力捍卫人文科学尤其是哲学的地位,他宣称纯粹知识性的人文学科的价值要远远大于实用学科:

> 哲学之所以有价值者,正以其超出乎利用之范围故也。且夫人类岂徒为利用而生活者哉,人于生活之欲外,有知识焉,有感情焉。感情之最高之满足,必求之文学、美术,知识之最高之满足,必求诸哲学。叔本华所以称人为形而上学的动物而有形而上学的需要者,为此故也。故无论古今东西,其国民之文化苟达一定之程度者,无不有一种之哲学。而所谓哲学家者,亦无不受国民之尊敬,而国民亦以是为轻重。光英吉利之历史者,非威灵吞、纳尔孙,而培根、洛克也。大德意志之名誉者,非俾思麦、毛奇,而汗德、叔本华也。即在世界所号为最实际之国民如我中国者,于《易》之太极、《洪范》之五行、《周易》之无极,伊川、晦庵之理气等,每为历代学者研究之题目,足以见形而上学之需要之存在。而人类一日存,此学即不能一日亡也。而中国之有此数人,其为历史上之光,宁他事所可比哉!今若以功用为学问之标准,则经学文学等之无用亦与哲学等,必当在废斥之列。而大学之所授者,非限于物质的应用的科学不可,坐令国家最高之学府与工场阛阓等,此必非国家振兴学术之意也。夫就哲学家言之,固无待于国家之保护。哲学家而仰国家之保护,哲学家之大辱也。又国家即不保护此学,亦无碍于此学之发达。然就国家言之,则提倡最高

之学术,国家最大之名誉也。有腓立大王为之君,有崔特里兹为之相,而后汗德之《纯理批评》得出版而无所惮。故学者之名誉,君与相实共之。今以国家最高之学府,而置此学而不讲,断非所以示世界也。[1]

王国维鄙薄科学,认为最高学府重视应用科学和开工场没什么区别,他认为真正的高等学府首先应该倡导纯粹的人文知识,人文科学尤其是哲学和美术(王国维所说的美术相当于现在的文学艺术)是"天下最神圣和最尊贵"的学问。王国维认为哲学和文学是人类情感和内心世界的体现,科学却不能体现出人类的内在情感,他在《论哲学家与美术家之天职》《文学小言》《文学与教育》等文章中都大力捍卫人文学科的历史和社会价值。然而,尽管王国维等人竭力捍卫人文学科,但人文学科依然无可避免地失落了。所以,吴宓感叹连像陈铨、张荫麟这样的文学爱好者都有了放弃文科的思想。晚清以后,中国派出去留学的知识分子绝大部分都学的是理工科。

20世纪之初中国社会人文主义和实用主义的争论,实际上在更深层次上就是东方文化和西方文化的论争、新旧文化的论争。自从1840年鸦片战争始,关于中西文化之间优劣问题的论争就成了知识分子最重要的问题,争论始终存在。文化激进主义者始终强调西方文明代表了世界文化的趋向,是科学和民主的。中国要摆脱落后的局面,必须从文化上改变自己。早期的激进主义还只是希望通过"中体西用"这种方式改变中国的落后,但到了1919年,新文化运动的代表人物陈独秀、李大钊、胡适和鲁迅都认为,中国的落后不仅是在武器上的,更重要的是它整个的道德和思想观念都是陈旧落后的,因此要改变中国的落后局面,必须推翻自己的文化,采纳西方的文化。1915年,陈独秀创办了《青年杂志》(后改为《新青年》),大力鼓吹

---

[1] 王国维:《奏定经学科大学文学科大学章程书后》,见姚淦铭、王燕编:《王国维文集》(第3卷),第69—70页,北京:中国文史出版社,1997年。

引进西方文化,他在《青年杂志》上发表《敬告青年》《东西民族根本思想之差异》等文章,号召青年向西方学习"德先生"和"赛先生"。陈独秀认为西方人强调好战、健斗、个人和法治,而东方人则重安息、家族和感情,他号召青年们摧毁中国传统,建立一个全新的适应世界潮流的新文化。新文化知识分子鲁迅、刘半农、胡适通过这个刊物把矛头直接对准了整个传统文化,他们把整个传统文化看成是一个"吃人"的文化。

  但是,总有一部分文化保守主义者认为,西方的科学文化是功利主义的,而儒家文化是非功利主义的,丢掉儒家文化趋从西方文明是舍本逐末。所以,1919年"五四"以后,尽管倡导"德先生"和"赛先生"的新文化占据了主流地位,但始终有一批知识分子坚守传统文化,甚至有些更执着的文化保守主义者譬如梁济、王国维等人选择以自杀的极端方式来保卫传统。而第一次世界大战不仅使得西方陷入了一种悲观主义情绪,也使得一部分中国的文化保守主义者更加坚定地认为西方文明并非完美无缺,东方文明也并非一无是处,许多知识分子都开始重新审视起文化传统来。1919年,"百日维新"最著名的改良主义者梁启超游历了欧洲,这次游历使得梁启超对东方文化改变了态度,他看到了世界大战之后欧洲产生了一种浓厚的悲观主义情绪,认为正是科学的发展导致了战争,从而也导致了人的精神危机。世界大战使得不少西方知识分子开始重新认识东方,并试图从东方文化中吸收有用的成分,包括实用主义哲学家杜威开始倡导东西方思想的融合,英国思想家罗素也强调中国应该在保持自己文化传统的基础之上吸收西方文明。1923年初,清华大学的年轻教师,曾经留学德国的张君劢对西方的科学主义发起了全面的质疑,从而挑起了著名的科学主义与玄学主义的论战。张君劢认为,1919年以后,中国的知识分子普遍认为科学可以解决中国的一切问题,但他认为人的灵魂、道德以及审美问题都不是科学主义所能解决的。张君劢的发难引起了广泛的争议,清华大学成为引发争论的文化中心。

  清华大学也是文化保守主义的重镇。1925年以后宣扬国学的几位著名人物王国维、梁启超、陈寅恪和吴宓都云集在清华大学,在传统与现代的论争中,知识分子在很多情况下会如萨义德所说的那样,"知识分子总要有所抉择:不是站在较弱势、代表不足、被遗忘或忽视的一边,就是站在较强势的一边"[1]。知识分子总要选择他们比较认同的文化势力,实际上这种文化的选择、认同有时甚至并不完全和其内心真正的想法相吻合,有些人选择某种文化或许仅仅是出于某种"文化道义"。譬如梁漱溟在1921年的时候,忽然从一个激进的反传统主义者转变成一个坚定的传统主义捍卫者,可能是出于个体情感的需要,他父亲梁济的自杀反而导致了他对传统的缅怀。王国维也明明知道传统文化的衰落是不可避免的,但他还是选择了以自杀的方式捍卫这种文化。所以,尽管1919年以后,倡导白话文运动的"新学"在各个领域都取得了决定性的胜利,但是正如朱寿桐所言,传统因素从没有因此完全消失,现代和传统对抗的文化格局总是时隐时现,"甲寅派""学衡派"前后相继,起着制衡"新学"的历史作用。而且,"新学"的胜利并没有损害某些传统"卫道士"的声誉,相反使得梁漱溟这些维护传统的知识分子声名更加彰显。可以说,论争给"新学"与"国学"都注入了活力,"国学"虽然在"新学"的冲击下几乎荡然无存,但是"新学"的冲击也给国学家们带来了新思考,要想复兴传统,必须考虑在现代文化的时代背景中重新认识和诠释传统,传统必须在现代背景下才有意义。无论是梁启超、王国维,还是陈寅恪、吴宓,都确实是在现代背景下重新认识传统,他们长期在国外求学并从事研究,对西方的政治制度和学术思想都非常精通,汲取了大量的西方知识,梁启超熟悉西方的政治制度,王国维精通西方美学哲学,陈寅恪精通多门语言,吴宓就更不用说了,他完全是从白璧德那里获得了思想启示并开始肩负起批评新文化运动、维护传统文化的使命。所以,他们转而致力和倡导传统之际,他们的思想意识中已经有很多现代因素了,以后"新儒家"的意义也正在于此,以现代人的视野和眼光重新审视和理解文化传统,而且正是在现代性的框架之中,传统才得到了更好的认识。

---

[1] [美]爱德华·W.萨义德:《知识分子论》,单德兴译,第33页,北京:生活·读书·新知三联书店,2002年。

王国维提出的著名的"二重证据法"就是要把传统治学方法和新的思想意识以及考古发现结合起来以达到重释传统的效果。陈寅恪非常推崇王国维的"二重证据法",他还把王国维的"二重证据法"总结为三点加以推广,实际就是要求中西结合:

> 一曰取地下之实物与纸上之遗文互相释证。凡属于考古学及上古史之作,如《殷卜辞中所见先公先王考》及《鬼方昆夷玁狁考》等是也。二曰取异族之故书与吾国之旧籍互相补证。凡属于辽金元史事及边疆地理之作,如《萌古考》及《元朝秘史之主因亦儿坚考》等是也。三曰取外来之观念,与固有之材料互相参证。凡属于文艺批评及小说戏曲之作,如《红楼梦评论》及《宋元戏曲考》《唐宋大曲考》等是也。此三类之著作,其学术性质固有异同,所用方法亦不尽符会,要皆足以转移一时之风气,而示来者以轨则。[1]

要成为大师级别的人物必须有钻研精神和开阔的视野,而"五四"时代这些国学大师既受到了严格的传统规训,熟知大量经典文献,又博闻强识,吸纳了丰富的西方知识,所以传统在他们手里也确实出现了短暂的"回光返照",清华"国学"的昌盛似乎昭示着"伟大传统"的复兴。但是,"传统"毕竟已经衰落,正如波德莱尔所说:"伟大的传统业已消失,而新的传统尚未形成。"[2]所以,传统的捍卫者往往充满了悲剧色彩,王国维、梁济的自杀都意味着真正的"传统"已经一去不返。

总之,在这场"新旧"大战之中,具有新文化倾向的报纸杂志大获全胜,代表传统文化人群的报纸杂志处于下风。以白话文为代表的新报刊纷纷

---

[1] 陈寅恪:《王静安先生遗书序》,《金明馆丛稿二编》,第247—248页,北京:生活·读书·新知三联书店,2001年。(引文中引号改为书名号。——编者注)
[2] [法]波德莱尔:《1846年的沙龙:波德莱尔美学论文选》,郭宏安译,第263页,桂林:广西师范大学出版社,2002年。

创立,"'五四'后,各地爱国学生团体纷纷仿效《新青年》、《每周评论》,创办白话报刊,仅1919年就出版400多种,到1920年,连《东方杂志》、《小说月报》等最持重的大杂志,也都采用了白话文。1920年1月,依当时的教育部颁令,凡国民学校低年级国文课教育也统一运用语体文(白话)"[1]。"新文化运动"影响深远,唐小兵也说:"新文化运动主张新文学、新道德、白话文,反对旧文学、旧道德、文言文,提出'重估一切价值',对中国人的思维结构、语言结构和社会结构都发生了重大影响,而民主与科学更成为五四新文化运动之魂,被反复叙述。"[2]

不过,虽然新文化运动在反传统文化的过程中取得了决定性的胜利,但是随着历史的发展,新文化运动本身的阵营却因为陈独秀、李大钊、胡适和鲁迅等人各自价值观念和所处环境的不同而开始分化,陈独秀、李大钊走向了激进的马克思主义道路,胡适等人则走向了欧美自由主义道路。

第三节 访员与记者:民国早期报人"新闻本位"意识的萌发

武昌起义一声炮响,民国改元,新闻业的发展却没有迎来预料中的自由与开放。民国初年的新闻业可谓是乱象重重:在报社与记者一面,在京报刊接受政府津贴,成为政党理念的传声筒,1925年分300元(超等)、200元(最要)、100元(次要)和50元(普通)四等接受政府和政党津贴,涉及日报47家、晚报17家、通讯社61家,共125家媒体以及14 500元经费。[3]

---

[1] 钱文亮:《都市、群众与新文学的"运动"形式》,见孙逊主编:《都市文化研究》(第一辑),第163页,上海:上海三联书店,2005年。
[2] 唐小兵:《十字街头的知识人》,第151页,北京:中国人民大学出版社,2013年。
[3] 王润泽:《北洋政府时期的新闻业及其现代化(1916—1928)》,第265—266页,北京:中国人民大学出版社,2010年。

记者有偿评论或有偿不评,如林白水是有名的"给钱就不骂,决不恭维"[1]。在政府管理一面,当权者以武力让发声消止,1913年,袁世凯将全国500多家报纸关停为100多家,酿成"癸丑报灾";更为恶劣的是,军阀甚至以夺走报人的生命让批评止步,1926年,邵飘萍和林白水数月之间先后死于张作霖和张宗昌之手,时人称之为"萍水相逢百日间"。可以说,民初的报业浸蕴了鲜血和纸醉金迷,这是一段让人难以忘记的黑暗岁月。

然而,在黑暗之中,也蕴含着希望。民国初年的风云诡谲中,新闻业逐渐找到了自己的价值本位,从晚清早期报业"舆论"为核心,走向"报道"为核心的新闻本位再认识。作为早期传教士报刊的代表,《察世俗每月统记传》以传播西学为主,而主要撰稿人马礼逊和米怜,根本没有精力去采访和报道。华人最早的报刊《循环日报》特点在于论说,王韬自撰雄文冠于头版。李礼就认为,在王韬的脑海里,"报刊最重要的功能却是'上书'给统治者,他所希望的是政治意见抵达当权者,得到认可或采纳。从这个意义上来说,他的言论与体制内的清议有颇多相似之处"[2]。这种政论当先的风格通过王韬的女婿钱昕伯影响到了《申报》的版面安排,甚至影响到了近百年后金庸所创办的《明报》。王韬自然是一位政论家和思想家,但毕竟不能算是一位职业记者。

早期报业的核心人物或者是老板,如早期《申报》虽然有蒋芷湘、钱昕伯、黄协埙等主笔,但无疑整个报纸思想的赋予者当是老板英国人美查;或者是主笔,如蔡尔康之于《新闻报》,梁启超之于《时务报》;或者是兼任两者之人,如傅兰雅之于《格致汇编》,梁启超之于《清议报》《新小说》和《新民丛报》,陈独秀之于《新青年》。而记者,也就是当时的"访员"或者"访友",地位比较低,亦非报馆的正式员工,往往只是兼职。如1886年,《时报》馆曾在《申报》上刊登"延聘采访友人"的告白:

---

[1] 傅国涌:《一代报人林白水之死》,《文史精华》,2004年第4期。
[2] 李礼:《转向大众:晚清报人的兴起与转变(1872—1912)》,第193页,北京:北京师范大学出版社,2017年。

第一章 新与旧的时代

> 时报馆开设天津紫竹林下招商局北栈后,采访中外新闻,延揽士商告白,以供众览。但开创伊始,闻见未周,拟在南北两京、苏杭二州、湖北之汉口、安徽之芜湖、江西之九江、山东之燕台,以及广东、福建省城,延聘采访友人,以资臂助。该处友人如有笔墨高超,世情洞达,愿就此席者,乞先寄示该处新闻数则,并将台衔住址书明,以便覆函延订,信资由本馆发给。此布,时报馆拜白。[1]

正因为访员主要是兼职,也没有什么培训,所以在新闻规范上破绽百出。在《申报》早期报道中,像《天津试行土路火车》这样新闻"5W"要素基本齐备,而且有意或无意使用了"倒金字塔"结构的新闻篇章甚少:

> 天津新置土路火车,已试演数次,甚为合用。先是于八月初七日试演,观者甚多,天津道宪亦在焉。演时,将火车一辆于租界往来数次,乃以载货车一辆接连其后。又令华人五十人坐于火车内,后行数次,观者皆称美。继又加载火车二辆,又绕行租界一转。遂将货车解去,而令人满坐火车内。车分上下二等,天津道宪与英领事坐其上等客位,其一切从人皆坐下等客位。车外四面,则满载中西杂客。又周遍租界,毫无阻滞。天津道宪与众人及观者皆欣喜而散。次日,天津道宪致书英领事。其大意云:此火车之来中国,可谓创观!其制作亦可谓精美之至!至于行动,一切均极便捷,甚为适用之物,但尚无称名,鄙意拟赠以佳号,曰"利用",未知有当尊意否。云云。逾数日,火车又出游都市,则上面已标名"利用"二字焉。伏思此火车为初来中国之始,将来通行无滞,遍及四方,皆此车开其先也,名之曰"利用",不诚然哉?不诚然哉![2]

---

[1]《申报》,1886年5月22日。
[2]《申报》,1872年9月30日。

在报道开头,"天津新置土路火车,已试演数次,甚为合用"一句已经基本将新闻时间(新置)、地点(天津)、事件(试演火车)、结果(甚为合用)表达出来了。而其他信息在随后的细节描述中则一一展现,补充了人物的信息。在报道的结尾,则将后续影响也写了出来。全篇在新闻规范上已经较为完善了。

然而,大多数的访员为了拿到计件的稿酬,不惜写作一些品位不高的稿件,如《花魁辱客》[1],甚至是耸人听闻的灵异事件,如《鬼附女身》[2]。而报馆的主笔为了售卖报纸,也拿着"有闻必录"作为挡箭牌,对访员写来的新闻不实施核查就刊登。这导致访员在报界的地位很低,如邵飘萍所言:"我国旧习,一般人对于报馆之访员,向不重视其地位。即以报馆自身论,亦每视社外之外交记者为系主笔或编辑之从属。"[3]也正是邵飘萍,他和黄远生等民初报人在清末民初新闻业大发展的洗礼中,真正从新闻本位意义上认识到记者价值,且亲自投身到记者实践中,成为新闻思想转型的代表与领袖人物。

邵飘萍1886年生于浙江金华,与黄远生走到传统科举制度的顶点不同,他只有秀才功名,很早就进入浙江高等学堂学习西学,从此不再走时艺一道。辛亥杭州光复,革命党人杭辛斋创办《汉民日报》,聘邵飘萍为主笔,不久杭辛斋位登众议院议员,将该报全权委托邵飘萍。第二年,因"二次革命"牵连,《汉民日报》被查禁,邵飘萍远走东瀛,于法政大学学法律和政治。孤悬海外,无力创办报纸,只能以为国内报纸撰写评论为生,这也让他从原来的"主笔"之路,走向了记者职业。袁世凯称帝后,邵飘萍回国,专门为《申报》《时事新报》与《时报》撰稿。到1916年袁世凯死后,邵飘萍被《申报》聘任为驻京特派记者,他也是中国新闻史上第一个特派记者,两年间写出两百篇《北京特别通讯》,共22万余字。同年,他又开办了新闻编译社,自编国内新闻,编译国外新闻,在每天晚七点发稿。新闻编译社是国内第一个通讯社,而邵飘萍选择开办通讯社编发稿件,也是基于对自身记者定

---

[1]《申报》,1873年9月10日。
[2]《申报》,1876年2月28日。
[3] 邵振青:《实际应用新闻学》,第2页,北京:京报馆,1923年。

位的清醒认识。只是邵飘萍依然怀有独立办报之梦,1918年他辞去《申报》特派记者的职务,创办《京报》,其"铁肩辣手"的办报理念使得《京报》成为那个时期的翘楚,却也由此触怒奉系军阀,最终为他带来了杀身之祸。

表面上看,邵飘萍的一生徘徊在做记者和独立办报的两段征程之中,但实际上他整体的新闻理念还是偏向于"记者"的"新闻报道"一路。其《实际应用新闻学》开篇明言:"报纸之第一任务,在报告读者以最新而又最有兴味、最有关系之各种消息,故构成报纸之最要原料厥惟新闻。"[1]而评判报纸质量最重要的标准,也就是新闻制作的水平,"新闻来源之丰富真确与否,直为新闻社之原力"[2]。所以,他在《新闻学总论》中总结称新闻业已经从过去的"政论本位"发展为"新闻本位":

> 自近年新闻纸愈益进步以来,以新闻消息为本位之潮流已日见其显著,与曩时之以政论为本位者趣味盖完全不同。"新闻纸"之名词,乃自是渐符其实。[3]

邵飘萍非常清醒地认识到了新闻发展的方向,将新闻报道提升到决定报纸成败的关键因素。他虽然以擅长写通讯闻名,是民国初年最为著名的记者,但也有过多次办报的经历,所以对于报纸和新闻发展的方向有自己独特的看法。

在民初众多记者中,官方身份最高的莫过于黄远生。他本名基,字远庸,江西九江人,"远生"为其笔名。他本是封建王朝科举体系中最高的一类人,早在1903年,虚年19岁的他就通过"癸卯恩科"乡试,获得举人功名。接下来再战再捷,1904年他又以弱冠之身获得"甲辰科",也就是千年科举制度最后一科的进士。越明年,清廷废科举,世上再无状元、榜眼、探花之名。

唐代有谣云:"三十老明经,五十少进士。"说的就是进士科获得功名

---

[1] 邵振青:《实际应用新闻学》,第1页,北京:京报馆,1923年。
[2] 邵振青:《新闻学总论》,第92—93页,北京:京报馆,1924年。
[3] 邵振青:《新闻学总论》,第75页,北京:京报馆,1924年。

的艰难程度。而有清以来,满人占据了清廷官僚体系中的大部分,汉人中科举的概率更加微小。所以,像黄远生这样的少年进士简直是凤毛麟角。按照规矩,他本可以外放知县,成为有实权的百里侯。可少年黄远生更想去看看外面的世界,于是前往日本中央大学留学,以翰林之身重为学子的他没有一点儿不适应,学习了日语、英语、法律、政治等学科,也积极参加留学生事务。回国以后,因其在日专攻法政科,故而1910年被邮传部聘任,专门从事日本邮电法律的编译工作,以供中国制定相关法律参考。

  因为法政留学的背景,黄远生不愿只当个编译文件的学究,他积极参与当时的国会请愿运动,与张謇师生关系密切,又加入和梁启超关系密切的"宪友会"。民初则加入共和党,支持尚未显出复辟气象的袁世凯加强中央政府权威。黄远生进入报业的领路人是梁启超。作为由共和、民主、统一三党合并而成的进步党的真正领袖,梁启超延续他一贯以办报促政治理念传播的思想,于1912年12月创办《庸言》报,黄远生是主要的编辑之一。然而,梁启超还是老式的主笔思想,办报以宣讲政治理念为主,这让更加注重世俗实务的黄远生很不适应,他曾经撰文指出政论报人的局限性:

> 以是吾人造言纪事,决不偏于政治一方。以事到今日,吾人已深知一社会之组织美恶,决非一时代一个人一局部之所为,在此大机轴中,一切材料及动静,无不为其因果,而向者之徒恃政论或政治运动以为改革国家之道者,无往而非迷妄,故欲求症结所在,当深察物群,周知利病,譬如吾人自命为医,若于病者之脏腑脉络,不曾一一诊察解剖,徒执局部以概全身,而妄谓吾方实良,罪在病者不治,则世人未有不骇然笑者,故于政治的记述以外,凡社会的理论及潮流,与社会事实,当为此后占有本报篇幅之一大宗也。[1]

---

[1] 黄远庸:《远生遗著》,见《民国丛书》(第二编),第77—78页,上海:上海书店出版社,1990年。

正因如此,早在晚清之时,黄远生就在江西同乡李盛铎的建议之下,[1]开始向《申报》投稿,以驻外记者的身份写作通讯稿件。自1910年8月1日开始,《申报》始见"远生"之通讯,大受欢迎之后,则有了"远生通讯"的专栏。困扰在政治乱局中的黄远生不愿继续蹚这摊浑水,开始主动求变,追逐自己内心的想法,成为一名专业的新闻记者,而他在这场职业转型之中,也获取了成就感与自我价值。李盛铎回忆道:"壬子(指1912——引者注)以后,(交

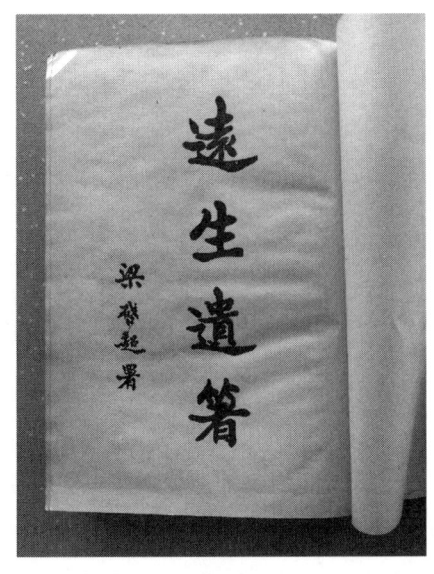

《远生遗著》,梁启超题签封面

通)部长留君任事,而君绝意进取,谢不往,时燕沪诸友,多以新闻论著相属,君亦专以自任。每一草出,都人传观,有纸贵之誉。"[2]

在晚清的新闻业界,访员报道往往依靠人脉,比如中法战争时期,美查前往交战区获取战报,刊登于《申报》,其英国人的身份助益不少。邵飘萍在新闻业的领路人杭辛斋贵为国会议员,为他在京城政局中铺平了人脉之路。而黄远生更是科举翘楚,同年中多有在民初享大名、有大力之辈,他自己实际上也一直没有脱离北京的政治圈。所以,时人认为他们广泛的人脉是其成功的基础,如民初教育界闻人汤尔和曾谈到黄远生的采访之法:

> 昔远生操新闻事业,而举世忌之,非忌远生,忌远生之才而操

---

[1] 李盛铎曾对黄远生说:"西人谙近世掌故者,多为新闻撰述家。"所以,他认为黄远生"从事新闻记者之业,实基于此"。见李盛铎:《黄君远庸小传》,《东方杂志》,1916年第13卷第5号。

[2] 李盛铎:《黄君远庸小传》,《东方杂志》,1916年第13卷第5号。

远生之业也。远生之探新闻,几于无孔不入,常人所不能到之地,远生无往勿届,寻常所不能见之人,见亦不得其要领者,远生必有术焉,使之不能拒绝,非营不拒绝而已,且使之不能敷衍,而又乐与为缘,虽立谈之顷,必得其纲要而去。其文浩瀚,又足以发挥所见而有余,此其所以死也。[1]

邵飘萍和黄远生不仅仅是从理论上认识到了新闻的重要性,更加值得关注的是,他们也从实际操作层面上谈到了新闻实务之法,从而让他们的新闻本位观不再只是坐而论道,汤尔和口中的"术"才是其立身的根本。

黄远生对新闻业务的认识集中在其"四能"之说上,即"脑筋能想""腿脚能奔走""耳能听"与"手能写"。所谓能想,乃"调查研究,有种种素养"。在此项讨论中,黄远生其实已经认识到进行新闻写作需要进行多方面资料的收集,尽可能保证新闻的客观性,林志钧曾谈黄远生采写新闻时要"一一搜集材料。差不多要直接由本人得来的消息,才去评论他。换句话说,就是要和事主对证明白的,总肯相信,然后就这个事情上加以评论……他对于职务的忠实,真有不可及的地方。这也是远庸人格表现之一端"[2]。可见,黄远生的"想"并非仅仅是脑筋游戏,而是要有亲自动手搜集、分析材料的意识。"想"在"四能"中居于总纲地位,如果没有这样的意识和素养,那记者还是在报馆中坐而论道的主笔,而并非现代意义上的新闻报道者。

"能想"的素养体现在实践中就是后三项"奔走""听"和"写"了。所谓能奔走,乃"交游肆应,能深知各方面势力之所存,以时访接",这里的奔走不是瞎奔乱走,而是善于和人沟通,取得别人信任,否则连受访人面都见不到,又哪里可以完成采访呢?所谓能听,乃"闻一知十,闻此知彼,由显达隐,由旁得通",这里的"听"更多说的是主动性采访,不仅仅是受访人说什么,记者就听什么,记者要学会从受访人的话中发现更深的东西,触类旁

---

[1] 《"不世之材"的黄远生》,《生力》,1936年创刊号。
[2] 黄远庸:《远生遗著》,见《民国丛书》(第二编),第4—5页,上海:上海书店出版社,1990年。

通,甚至可以发现受访人掩盖和歪曲的内容。所谓能写,"刻画叙述,不溢不漏,尊重彼此之人格,力守绅士之态度,是谓能写"[1],是以公允之态度来书写新闻作品,就事论事,而非以评论犀利狠辣惹人眼球。其实,这也是黄远生一直以来的政治态度。早在1912年共和党本部大会上,他就提出政党不可陷入意气与利益之争:

> 政党有三要素:第一要有研究心,须研究政策之为何物,不可徒以意见相持,对于他党尤须以政策为前提,不可徒图党见;第二要有自警心,党员须时时互相警策,尊重人格,不可贻人口实,以招他党之攻击;第三要为政治上之活动,不可为权利上之竞争,党员对于自己之党,尤须有爱护之心,爱他即是爱党,爱党即是爱国。[2]

邵飘萍则明确表达了对晚清"有闻必录"新闻观的反对。他认为所谓的"有闻必录"不过是逃避记者对社会应有之责任,是不自重人格的体现,他要求新闻记者必须讲求真实,不能欺罔读者:

> 社会所以不重视访员之故,半由无对于新闻事业重视之观念,半由为访员者于上述弱点之外,更多不健全之分子,不能自重其人格,对于新闻材料不求实际之真相以忠实态度取舍之,或受目前小利之诱惑,或以个人意气泯没其良知,视他人名誉为无足重轻,逞其造谣之技,一旦被人指摘,则以"有闻必录"一语自逃其责任……愿有志于新闻事业者,振起其责任心,凡事必力求实际真相,以"探究事实不欺阅者"为第一信条。[3]

---

[1] 黄远庸:《远生遗著》,见《民国丛书》(第二编),第102页,上海:上海书店出版社,1990年。
[2] 《共和党本部大会情形》,《申报》,1912年6月30日。
[3] 邵振青:《实际应用新闻学》,第3—4页,北京:京报馆,1923年。

在具体操作方法上来说,邵飘萍认为记者需要能够察觉采访中何为要点,不能胡子眉毛一把抓,这样反而迷失在采访中,"认识新闻价值者能使重要之点毫无遗漏,否则仅记谈话糟粕而反遗漏重要之新闻,不啻虚此一谈矣"[1]。作为记者,应能迅速找准记录下新闻的各项要素,"外交记者之观察、推理、联想,固为探索新闻真相之利器,但此际有不可忘者,则细密与注意,尤为探索无论何种新闻皆不宜或缺者……如新闻中之人名、地名、数目、时间,皆为构成新闻材料之要素"[2]。这种说法已经初步有了新闻"5W"或者"6W"的雏形。而在写作的过程中,"最要紧的就是'简单明了'四字,其实能做到这四字实不容易。有时简单就不明了,有时明了又难简单。要想简单,就别说废话,别说废话,自然就简单。要想明了,不要去掉了重要,不去掉了重要,自然就明了。再以'真'字做资格,'兴味'做血液,定是很好的稿子"[3]。按理说,新闻作品中最为重要的元素是"真实",可邵飘萍为什么在这里要特别强调"简单明了"呢?民初报界还摆脱不了文人炫文的习气,总是以写得花团锦簇为美,却如七宝楼台,拆将下来,不成片段。[4] 所以,邵飘萍还是建议记者们老实作文,别说废话,这样反而更能抓住读者的心。

相对于天不假年的黄远生,寿数更长的邵飘萍则有机会将自己新闻业务的理念传播开来。1918年,邵飘萍和蔡元培、徐宝璜创办"北京大学新闻学研究会",专门培养新闻人才。值得注意的是,听课的学生中有不少是后来中共组织和新闻战线的重要人物,比如当时在北大图书馆工作的毛泽东、中共早期的党员罗章龙和早期党报《向导》的编辑高君宇。邵飘萍重视新闻实务的理念对中共早期新闻思想有一定的影响。

民国初年,革命胜利,政局日趋复杂,报业迎来大发展时期。除了如《礼拜六》《红玫瑰》等纯文学杂志外,即使《申报》这样偏保守的商业报刊也在关

---

[1] 邵振青:《实际应用新闻学》,第10页,北京:京报馆,1923年。
[2] 邵振青:《实际应用新闻学》,第14页,北京:京报馆,1923年。
[3] 邵飘萍:《中国新闻学不发达之原因及其事业之要点》,见黄天鹏编:《新闻学名论集》,第77—78页,上海:上海联合书店,1929年。
[4] 宋代张炎《词源》评吴梦窗词:"如七宝楼台,眩人眼目,碎拆下来,不成片段。"

注政局的变化和时事的风云。这批对新闻本位价值有着清醒认识,又切实了解新闻实务的民初记者很快成为报业的宠儿,黄远生被称为中国第一个真正的记者,而邵飘萍担任《申报》驻京特派记者的薪金等同于报馆主笔。要之,民初的新闻界与记者们共同认识到了新闻报道的意义,在理论和实践上推动了新闻报道者从地位较低的"访员"转变为专业化、现代化的"记者"。

当然,转变并非一蹴而就,在理念上和技术上认识到新闻报道的意义,在实践上未必就能够做到。民国初年的新闻业浸润着利益、政争和意气,初步规范化之中也存在着众多显而易见的问题。

中国近代新闻的历史毕竟浅短,民初的记者本身就是历史滥觞期的创造者,在没有足够的当代资源可以借鉴的情况下,他们把目光投向了具有丰富资源和高度成就的古代文学。民初报业写作新闻的手法借鉴了众多古代传记和小说的笔意,如黄远生在写通讯时常点评北京政界人物,手法夹叙夹议,时有妙语,比如说民国第一任国务总理唐绍仪"纨绔公子之略有气度者耳"[1],此语虽称颂一时,但细品此作文法,其实不出《世说新语》之藩篱。而在思想上,民初记者对于新闻与自身社会意义的定位,也有很大一部分是借鉴了传统御史的遗产。两汉张苍、鲍宣,明代杨涟、海瑞等人都以强项敢言为特色,这些前辈鼓舞了民初记者为民请命的使命感,但是古代御史"风闻言事",即可将未经证实的证据作为弹劾检举证据的传统也部分导致了这些记者对信源公平的不够重视与价值中立的缺憾。

民初新闻业重视为社会与民生发声,这本是记者的担当之所在。邵飘萍将之提升到新闻记者"人品"的高度,其"铁肩辣手"的格言也为后世所敬重。黄远生亦重视记者对于政治和社会的革新作用:

> 吾等生今之世,实以旦夕间粉骨碎身,令我皮骨为灰、为土、为飞尘、为野马为快,幸及未死,得倾心沥血,以吐其积郁,以冀幸

---

[1] 云彬:《民初名记者黄远生》,见《人物杂志三年选集》,第52页,重庆:人物杂志社,1949年。

当局者,或少数之同志,或异志者之一览而见省焉……今尽吾党良心之所欲言者,以一新政治或社会之空气,其他则让之世之能建功名而立大业者。斯同人等固定之宗旨也。[1]

然而,在具体的写作规范上,民初新闻记者们虽然号称写的是"时事通讯",但是在写作过程中往往不能集中在事件本身上,时常荡开一笔,臧否人物。黄远生通讯名作《外交部之厨子》写陆征祥罢免在外交部盘根错节一厨子的时事,在整部通讯作品中,前三分之二的篇幅都在写此厨子在前清是如何嚣张,这些情节不能说和厨子的形象没有关系,但对陆征祥罢免厨子这样一个核心事件来说反而是冲弱了主题。在民初记者所习惯的文化语境中,他们更多是汲取传统社会为民请命式的御史资源,而不是以调查事实为前提的记者本位,这导致他们的作品多注重揭露,而不注重尺度把握,有的时候只求批判得痛快,却往往陷入言过其实的境地。比如导致林白水被北洋军阀杀害的《官僚之运气》一文中,他形容潘复为张宗昌的肾囊(睾丸):

狗有狗运,猪有猪运,督办亦有督运,苟运气未到,不怕你有大来头,终难如愿也。某君者,人皆号为某军阀之肾囊,因其终日系在某军阀之袴下,亦步亦趋,不离晷刻,有类于肾囊之累赘,终日悬于袴间也。此君热心做官,热心刮地皮,固是有口皆碑,而此次既不能得优缺总长,乃并一优缺督办亦不能得……运气之不能不讲也。[2]

这样的文字看起来痛快,但实际上对于新闻价值来说没有意义。作为一名记者当严守价值中立的原则,就事件本身发表意见,邵飘萍称"新闻记者第一层之觉悟,即知自身无论处于何种境遇,皆当确守第三者之高垒而

---

[1] 黄远庸:《远生遗著》,见《民国丛书》(第二编),第8—9页,上海:上海书店出版社,1990年。
[2] 白水:《官僚之运气》,见林伟功主编:《林白水文集》,第1179页,福州:福州市新闻出版局,2006年[榕新书(2006)内书第053号]。

勿失。故惟以真理与事实为标准,不知有友亦不知有敌"[1],这体现在两个方面:其一,事件本身需要集中,不可过度蔓延;其二,就事件而进行评价,对人则不必做攻击性评价。林白水作为民初记者的代表,在这两方面做得都不够好,他特别喜欢给人起侮辱性的外号,因当时的国会议长吴景濂头大称其为"吴大头",又因其为吴三桂后代称一门为"塞外的流氓,关东的蛮种"。所以,时人称林白水"议论个人长短,或揭人隐事,'涉及权贵私德问题,形容备至,不留余地'"[2],这其实也是时人对于新闻自由的误解,绝对的自由亦是新闻业的大敌。

民初的记者常追求真实,只是这种真实往往和"为民发声"融合在一起,成为新闻人风骨的体现,而没有落脚在新闻的客观性上。即使以"通讯"为名的新闻报道也往往落入人物论,没有集中在具体的事件上,漫而不当。所以,在报道中,看起来信源似乎很多,但仔细分析往往是单方面的信源,而"报纸上所发表之评论,乃依据新闻中之事实而加以批判者,新闻不真确则评论亦自难期公平与适当"[3]。在某种意义上,民初很多的报道更像是站队,却没有做到客观性,而缺乏了客观性的真实性,成色又有几何呢?

第四节 资本家与思想家:近代出版转型中的双面陆费逵

同为民国最负盛名出版机构的领导者,学界对于中华书局掌门人陆费逵的研究远远少于商务印书馆领袖张元济,[4]其中最典型的体现就是目

---

[1] 邵振青:《新闻学总论》,第39页,北京:京报馆,1924年。
[2] 傅国涌:《一代报人林白水之死》,《文史精华》,2004年第4期。
[3] 邵振青:《实际应用新闻学》,第1页,北京:京报馆,1923年。
[4] 学界对张元济的研究有整理全集,如十卷本的《张元济全集》(张元济著,北京:商务印书馆,2007—2010年);有多部传记,如《近代出版家张元济》(王绍曾著,北京:商务印书馆,1995年)、《从翰林到出版家——张元济的生平与事业》(叶宋曼瑛著,张人凤、邹振环译,香港:商务印书馆有限公司,1992年)、《张元济传》(柳和城著,南京:南京大学出版社,1996年);有年谱,如《张元济年谱》(张树年主编,柳和城等编著,北京:商务印书馆,1991年)。而在有关商务印书馆史的著作中,也有大量关于张元济的回忆,在此不复赘述。

前尚无获得学界认可的陆费逵评传与全集。关于陆费逵的生平,仅有一部年谱[1]和散见在各回忆文章中的记载,选集也不过《陆费逵文选》[2]《陆费逵教育论著选》[3]等寥寥数种,而在一些关于中华书局的研究中多多少少也涉及了陆费逵先生,如《回忆中华书局》[4]《中华书局与近代文化》[5]《中华书局与中国近现代文化》[6]。为何会有这种学界重视程度上的反差,原因较为复杂,除陆费逵相对早逝外,张元济翰林的身份以及在维新变法与近代教育中的作用也为其加分不少。不过,还有一种反差更加值得我们注意,中华书局的老工人和老编辑对陆费逵的评价截然相反。

在《中华书局总厂职工运动史》[7]中,中华书局印刷所一线生产老员工将陆费逵看成一位竭力压迫工人的罪恶资本家。[8] 具体表现在以下三个方面。

其一,苛对员工。

1921年,中华书局印刷所工人开展罢工,陆费逵劝说工人把精力用在勤俭持家上,但是遭到了工人领袖李启汉的反驳:

> 那天陆费逵也来了,他在大会上吹嘘自己如何勤俭起家,说工人穷,生活苦,是因为吃得太多,把自己吃穷了,还说自己一顿饭只吃两只小面包。李启汉听了上台发言反驳说:"一顿饭只吃两只面包的人,是因为他坐着不动,工人坐着不动行不行?中华

---

[1] 王震:《陆费逵年谱》(下),《出版史料》,1992年第1期。
[2] 陆费逵:《陆费逵文选》,北京:中华书局,2011年。
[3] 吕达主编:《陆费逵教育论著选》,北京:人民教育出版社,2000年。
[4] 中华书局编辑部编:《回忆中华书局》,北京:中华书局,1987年。
[5] 周其厚:《中华书局与近代文化》,北京:中华书局,2007年。
[6] 复旦大学历史系等编:《中华书局与中国近现代文化》,上海:上海人民出版社,2013年。
[7] 上海市新闻出版局、中华书局总厂职工运动史编写组:《中华书局总厂职工运动史》,北京:中共党史出版社,1991年。
[8] 值得注意的是,毛齐华的个人回忆录中虽然记述当年在中华书局受到的压迫与《中华书局总厂职工运动史》中的口径基本相同,但是并没有直呼陆费逵其名,而是以"老板""资本家""资方"来代替,态度较为温和。见毛齐华:《风雨征程七十春——毛齐华回忆录》,北京:当代中国出版社,1997年。

书局总办事处、编辑部的工作人员,中饭由书局免费供应,为什么不供应工人,这不是存心要工人穷吗?"[1]

值得注意的是,李启汉的反驳透露出当时中华书局印刷所一线操作工人对于书局厚待编辑所的知识分子而自己却所得甚薄多有不满,以至于对陆费逵"文明""进步"的主张深为怀疑。1925年"五卅运动"中,工人们要求中华书局提高待遇,"陆费逵见软的一套不行,又企图以停业相威胁"[2]。工人代表则反驳:

> 工人日夜辛苦,日班连夜班,早上出门要到深夜12点后才赶回家,自己的儿女都要认不得了。即使这么辛苦,还是不能养活一家老小。你陆费逵不是经常标榜中华书局是"东方文化企业""文明工厂"吗?文明工厂的工人生活这么困苦,这个"文明"不是徒有虚名吗?[3]

在印刷所员工的回忆中,陆费逵变成了心机深沉的资本家,极尽威逼利诱、颠倒黑白之能事:

> 总店罢工之后,陆费逵就对报界发表谈话说:"总店同人大罢工,纯出误会。"同时大叹公司财政上的苦衷,继而吹嘘公司对工人行"仁政",说"同人待遇,比上不足,比下有余,迟到早退,概不计时扣薪",并以个别被重用的职工为例,来诱惑工人"安份守己"。印刷所工人罢工后,陆迫不及待地在报上发表谈话,掩饰劳

---

[1] 上海市新闻出版局、中华书局总厂职工运动史编写组:《中华书局总厂职工运动史》,第26页,北京:中共党史出版社,1991年。
[2] 上海市新闻出版局、中华书局总厂职工运动史编写组:《中华书局总厂职工运动史》,第33页,北京:中共党史出版社,1991年。
[3] 上海市新闻出版局、中华书局总厂职工运动史编写组:《中华书局总厂职工运动史》,第35页,北京:中共党史出版社,1991年。

资矛盾,不但称工人罢工是"出于误会",还诬蔑工人罢工是由于少数人要"出风头,年轻无知,为他人所不肯为,行他人所不敢行,此种行动,太无意识"。陆费逵的代理人也加紧了分裂工人队伍的活动。[1]

其二,勾结权贵,镇压工运。

而在1927年"四一二"事变之后,"陆费逵和他的心腹王瑾士……兴冲冲地从日本回到上海"。陆费逵曾扬言"有工会就没有我陆费逵,有我陆费逵就没有工会",并借上海书业商会的名义,宴请军阀白崇禧和杨虎等人。席间,要求他们帮助中华书局清党。[2] 经过一番精心策划,陆费逵召开董事会议,提出全书局停业,要求捕房派来巡捕,荷枪实弹把守总店、总厂大门,禁止职工出入。因为书局突然停业,广大职工生计无法维持。这时陆费逵却躲在虹口一家日本人开的旅馆里,避而不见工人代表。[3]

在香港时期,1938年12月,中华书局资方开除工会代表;1939年8月,资方借口印钞工作结束,解雇1 400名工人,发生震惊一时的中华书局大解雇案。中华书局这两次决策都引发了书局工人停工静坐以绝食相抗争,在香港造成相当大的影响。陆费逵借助杜月笙的势力与港府华民司的帮助,与职工周旋,想结束职工的绝食抗争,并让职工离开厂方,恢复生产。各方势力博弈之下,陆费逵将工人代表告上了法庭,13名工友被驱逐出境并被要求十年内不得入港,才结束了这场两败俱伤的冲突。

其三,禁止工人爱国。

同样是在"五卅运动"中,陆费逵对王鸿昌等几个罢工领导人讲:"你们

---

[1] 上海市新闻出版局、中华书局总厂职工运动史编写组:《中华书局总厂职工运动史》,第36页,北京:中共党史出版社,1991年。
[2] 上海市新闻出版局、中华书局总厂职工运动史编写组:《中华书局总厂职工运动史》,第55页,北京:中共党史出版社,1991年。
[3] 上海市新闻出版局、中华书局总厂职工运动史编写组:《中华书局总厂职工运动史》,第56—57页,北京:中共党史出版社,1991年。

自己罢工不算,还要强迫别人罢工,这种行为不好,不符合三民主义。"王鸿昌当即指出:"外国人对我们中国工人讲三民主义吗?日本人打中国工人你不心痛!你的儿子肯让外国人打吗!什么强迫不强迫,大家一道起来爱国。"[1]

上述文字展现出的陆费逵形象无疑是贪婪狡诈、玩弄花招的资本家,借助无良工头、上海黑帮与国民党势力对工人进行残酷剥削,侵吞剩余劳动成果,不断推翻和工会达成的劳资协定,不愿意给予工人稍好的待遇。

相对于工人们的负面看法,中华书局的老编辑群体对于陆费逵先生的回忆却深刻而温馨,如《陆费逵与中华书局》一书[2]收录了亲友、同事与学界二十余篇回忆、研究陆费逵的相关论文,部分篇名使用了诸如"雄才大略""开拓者""先驱"之类的词语,褒颂之意鲜明可见。

部分回忆、研究陆费逵的相关论文

序号	篇名	作者	身份
1	《怀念雄才大略的出版家陆费逵先生》	赵俊	陆时期中华书局总厂雕刻课主任
2	《我国近代教育和出版业的开拓者——回忆我的父亲陆费伯鸿》	陆费铭琇	陆费逵之女
3	《缅怀文化出版事业的先驱者陆费伯鸿先生》	沈谷身	陆时期香港中华书局印钞部副部长兼检查课长
4	《出版印刷事业的开拓者陆费伯鸿先生》	李湘波	陆时期中华书局总厂检查课职员
5	《爱国教育家和出版家陆费伯鸿》	俞筱尧	该书编者,新中国成立后中华书局编辑
6	《我国著名出版家陆费逵先生》	熊尚厚	当代学者
7	《近代出版业的开拓者陆费逵》	吴中	当代学者

---

[1] 上海市新闻出版局、中华书局总厂职工运动史编写组:《中华书局总厂职工运动史》,第32页,北京:中共党史出版社,1991年。
[2] 俞筱尧、刘彦捷编:《陆费逵与中华书局》,北京:中华书局,2002年。

续表

序号	篇名	作者	身份
8	《怀念出版界先驱陆费逵》	叶瑜荪	当代艺术家
9	《刻苦勤奋　顽强奋斗——记陆费伯鸿先生》	张会文	当代学者
10	《近代文教事业的先驱陆费逵》	瞿立鹤	当代学者
11	《陆费逵与中华书局对中国文化的贡献》	吴永贵	当代学者

除此之外，还有黎锦晖（陆时期中华教科书出版负责人）、钱歌川（陆时期中华书局编辑）、周宪文（陆时期中华书局编辑）等人亦强烈推崇陆费逵的人格魅力与职业操守。在他们的回忆中，勾勒出如下一副陆费逵形象。

其一，提携后进。

后来成为著名翻译家和散文家的中华书局编辑钱歌川欲往英国留学，陆费逵专门给编辑部批下一手条："钱歌川去英，事为公司撰文购书，自二十五年（1936）九月起，一年为限，薪水照送。"[1]"八一三"事变后，中华书局大力开拓香港业务，赴港的雕刻课负责人赵俊月薪虽然只有一百二十元，但陆费逵为其提供了海边风景区的住宅、园丁、杂役、厨师。赵俊一家和雕刻课同人的三餐伙食也都由公司提供，此外雕刻师的课外工作津贴和特别奖也极为丰厚。[2]

其二，自奉甚简。

陆费逵一生虽居中华书局高位，但是自己不设秘书、厨师、司机，草创时期即与同人同吃同住。月薪大多数只有百元，最多不过四百元，虽有红利，也存放局中，以备不时之需。身故之后，除中华书局股份之外，资产甚至连普通商人亦不如。[3]

---

[1] 王震：《陆费逵年谱》（下），《出版史料》，1992年第1期。
[2] 赵俊：《怀念雄才大略的出版家陆费逵先生》，见俞筱尧、刘彦捷编：《陆费逵与中华书局》，第17页，北京：中华书局，2002年。
[3] 金兆梓：《追忆陆费伯鸿先生》，见俞筱尧、刘彦捷编：《陆费逵与中华书局》，第366—367页，北京：中华书局，2002年。

其三,爱国抗日。

面对"九一八"和"一·二八"之后日益加深的民族危机,陆费逵忧心忡忡。他在1933年1月《新中华》杂志的创刊号上发表《备战》一文,主张"一致对外","长期抵抗","将整个的财力、人才,准备作战"。[1] 1937年,陆费逵发起组建保安实业公司,制造防毒面具、药品、药罐、桅灯、登陆艇等,可供军需。[2]

"自奉薄、责己厚、知人明、任事专,智察千里而外,虑周百年之远"[3],作为中国近代出版业的先驱,陆费逵先生敏锐的商业眼光、传播西学与继承古典的文化理念自不必说,中华书局当年的职员们更加津津乐道与陆费逵和谐的相处与浓重的情谊,正如曾任中华书局新书编辑与《新中华》编辑的周宪文写道:

> 有人讥笑中华书局的组织欠现代化,欠科学化,有似旧式的家庭,我将大胆的承认,直到我脱离,中华书局还像我的家,中华书局的同事还像我的家人。而先生呢,任何方面都不愧为我们的家长。这原因就在先生不论处事待人,都极爽直和蔼。先生这种爽直和蔼的精神,使一现代企业的中华书局有似和蔼可亲的小家庭。[4]

那么,老工人回忆中狡诈虚伪的"老板"与老编辑回忆中亲切和蔼的"家长",到底谁才是真实的陆费逵呢?

以往学界也曾注意到对陆费逵评价的差异化。孙树纲曾对比了国民

---

[1]《新中华》,1933年第1卷第1期。转引自熊尚厚:《我国著名出版家陆费逵先生》,见俞筱尧、刘彦捷编:《陆费逵与中华书局》,第105页,北京:中华书局,2002年。

[2] 李湘波:《出版印刷事业的开拓者陆费伯鸿先生》,见俞筱尧、刘彦捷编:《陆费逵与中华书局》,第78页,北京:中华书局,2002年。

[3]《中华书局创业总经理陆费伯鸿先生任职二十五周(年)纪念辞(1937)》,见吕达主编:《陆费逵教育论著选》,第410页,北京:人民教育出版社,2000年。

[4] 周宪文:《忆伯鸿先生》,见俞筱尧、刘彦捷编:《陆费逵与中华书局》,第354—355页,北京:中华书局,2002年。

政府1941年11月22日在陆费逵去世后向其颁发的"褒奖令"和《陆费逵与中华书局》的编者们抱怨学界对陆费逵的遗忘,认为陆费逵在1949年后"反面人物化"的原因是蒋维乔对其在道德层面的批评及既往意识形态视陆费逵为"站在工人运动对立面的唯利是图的资本家"。[1]虽然他敏锐地发现了各界对陆费逵评价的差异,但是将其归因于蒋维乔的个人评价和意识形态却过于简单。

诚然,上述中华书局民国时期老员工的回忆中浸蕴着浓厚的革命史观,但是当我们把某些过于主观性的言论消解之后,依然会发现编辑部知识分子和印刷所一线工人对陆费逵的感官差异是客观存在的,也各有其道理。这种多面性中陆费逵真实的形象究竟如何,可谓"陆费逵之谜"。

历史是复杂的,人性也是多样的,近年学者论近代出版,多喜谈"资本家"与"知本家"的结合,就连陆费逵自己也注意到书业的多重属性:

> 语云:"士、农、工、商",我们这行职业,除"农"字之外,已占了"士、工、商"三者的地位:编辑者为士,印刷者为工,发行者为商。[2]

其实,这就是自先秦子贡而下的"儒商"传统的延续,然而"儒"与"商"本身是截然不同的两个职业,一则言"义",一则言"利",两者虽有可联系之处,但并非没有抵牾的地方。如果没有事先预设立场,而是以更加公允的视角来看待"陆费逵之谜"的话,我们会发现所谓客观看来的"陆费逵之谜"实际上就是陆氏自己主观的"陆费逵之惑",即作为思想家陆费逵的"言"和作为资本家陆费逵的"行"双重人格的冲突。

虽然自创始以来,中华书局发展迅速,体量扩张数百倍,但是近代中

---

[1] 孙树纲:《陆费逵1919:婚姻与交游——兼及"陆费逵致胡适"考》,见复旦大学历史系等编:《中华书局与中国近现代文化》,第88—89页,上海:上海人民出版社,2013年。
[2] 陆费逵:《书业商之修养》,见吕达主编:《陆费逵教育论著选》,第314页,北京:人民教育出版社,2000年。

国几乎没有暴利企业,书业更是依靠薄利多销生存。民国教科书之争,虽然中华书局最初占得先机,但是商务印书馆毕竟是业界庞然大物,很快迎头赶上,两者再加上世界书局,三家展开残酷的营销战,往往以薄利对冲,可谓是"杀敌一千,自损八百"。比如商务印书馆曾推行这种促销方式:顾客花一元购买教科书,可获得赠书券五角;一元购买杂志,则得赠书券一元。中华书局也只能跟上。[1] 利润微薄,中华书局又不遗余力地推动设备更新换代和保证重点人才生活水准,那么就只能在一线印刷工人待遇上有所取舍了。

作为思想家的陆费逵非常重视印刷人员的贡献,他说:"印刷者和发行者的功劳较编辑者尤大;因为没有印刷者和发行者,则编辑者无论做成一部什么有价值的书籍,也没有印刷和销售的机会。"[2] 当然,我们也可以理解这个"印刷者"指的是高级技工或者印刷业主,而不是普通的印刷工人,但这段话里还是可以看出陆费逵至少认为印刷不低于编辑工作。可是,现有材料却大多展现了资本家陆费逵善待知识分子编辑,而没有将同样的福利投之于工人身上。

"衣食足而后知礼义,饥寒不免,则道心变为盗心矣。此公民道德主义,必恃乎实利主义者。"[3] 思想家陆费逵期望人民免于饥馑,这样方可维系社会稳定。但是,资本家陆费逵却没有足够的财力,甚至也不准备让所有的工人都过上"衣食足"的日子。在他眼中,只有像沈逢吉、赵俊、王瑾士那样的人才才能获得良好的待遇。

沈逢吉和赵俊师徒可谓是中华书局印刷部门的精英,前者为雕刻印刷在国内的开创者,而后者则是在国际上都享有盛誉的印刷雕刻大师。在中华书局印刷所工人回忆中几乎算得上是"恶行昭彰"的工务部长王瑾士本

---

[1] 吴铁声:《解放前中华书局琐记》,见中华书局编辑部编:《回忆中华书局》,第74页,北京:中华书局,1987年。
[2] 陆费逵:《书业商之修养》,见吕达主编:《陆费逵教育论著选》,第314页,北京:人民教育出版社,2000年。
[3] 陆费逵:《民国教育方针当采实利主义》,见吕达主编:《陆费逵教育论著选》,第119页,北京:人民教育出版社,2000年。

是文明书局的石印技工,来中华书局以后逐步上升,不仅负责生产管理,还承担着印刷揽件的工作,在与商务、大东等书局的竞争中,不避寒暑,不顾病患,四处奔走承揽业务。其中最重要的一次,是在"民六危机"中华书局最危险的时候,王瑾士揽到了为南洋兄弟烟草公司印刷烟草包装及宣传材料的大宗业务,使得中华书局在危机中获得了一剂强心药。所以,陆费逵论功行赏,给王瑾士配备了中华书局所有员工中的第一辆小轿车。在"商人"陆费逵的眼中,能够揽件、管理"双肩挑"的王瑾士自然比经常罢工闹事的工人们更加值得信赖。

中华书局一线印刷工人待遇问题不仅仅源于出版业利润微薄,还有两个重要原因:一则中华书局是上海书业商会和其后(1930年)改组的上海书业同业公会的重要会员,行会各会员对工人薪酬都有所协调,中华书局即使想开出高薪,在行会那边也会遭受相当的压力;二则中华书局印刷所中的操作工除了部分自由工人和学徒外,还有相当一部分来自于包工,中华书局支付薪酬给包工头,包工头再转付包身工,在二次盘剥下的包身工自然收入更加可怜。所以,思想家陆费逵为追求民众觉醒,在中华书局内刊《进德季刊》上撰写了多篇号召读书之文,在中华书局也开办了夜校,希冀于提升工人的文化素养,但有的中华书局普通工人想通过读书提升自己时,却被工头所阻止。"当有的学徒忍受不了资本家经济上的剥削和个别老师傅技术上的垄断,想去夜校学点文化,改变自己的处境时,工头就说:'不加夜班是不行的,你读好了书再来吧!'"[1]

作为一名启蒙思想家,陆费逵非常期待中国民众的觉醒,他为五四运动而欢呼,认为这体现了状如散沙的中国人终于可以团结一致:

> 吾对于此次学界风潮……喜吾国青年及一班国民均能知世界大势,不复如前之视世界之事如隔岸观火。次则喜爱国之心渐

---

[1] 上海市新闻出版局、中华书局总厂职工运动史编写组:《中华书局总厂职工运动史》,第17—18页,北京:中共党史出版社,1991年。

能普及,不复如前之视国家之盛衰如秦人视越人之肥瘠。次则喜合群之力,有秩序之行动,确有进步,不复如前之一盘散沙,矛盾紊乱。此三者,皆国民所亟需之智德,为立国不可少之条件。此次均能为一种之表现,实吾人所最喜慰者也。[1]

甚至他也为上海工商罢市支持北京学生而欣喜:"上海罢市七日,并扒手亦不之见。呜呼!我国民程度竟如是之高,殊出人意料之外。"[2]

民国中叶,工人运动蓬勃发展,这是传统意识形态所认为的"觉醒",或许在思想家陆费逵那里会获得认同,但对于资本家陆费逵来说,却是影响中华书局生产正常进行的"骚乱",自然要打击工人运动。所以,我们可以看到陆费逵一方面号召对日备战,也身体力行让中华书局投资保安用品,但另一方面则不愿意让工人以"罢工"的形式来开展抗日行动。

其实,陆费逵的人文理想与商业决策之抵牾不仅仅发生在他对待工人运动的态度上,在民初书业商会倡议政府"拒绝参加中美版权同盟"案中,陆费逵的态度也颇值得玩味。

1913年6月,美国因当时中国印刷界大量翻印(即盗版)其各种著作,要求我国加入有关两国版权保护的"中美版权同盟"。美国欲借此对我国翻印有所限制,也希望能够获得相应的版权利益。当时中国的印刷出版业主要集中在上海,为了维护业界权益,上海书业商会写出了态度十分鲜明的"请拒绝参加中美版权同盟呈",分别上达教育部、外交部、工商部三部,请求以此据理驳拒。同样的事情在1919年又发生一次,结果都是美国人没有达成所愿,不了了之。[3]

---

[1] 陆费逵:《学界风潮感言》,见吕达主编:《陆费逵教育论著选》,第219页,北京:人民教育出版社,2000年。
[2] 陆费逵:《学界风潮感言》,见吕达主编:《陆费逵教育论著选》,第221页,北京:人民教育出版社,2000年。
[3] 上海档案馆:《书业商会为驳拒美国要求加入版权同盟暨严禁翻版呈请工商部及各省巡按使的批文以及书业公所为修正著作法向众议院请愿和法院要求解释的有关文书》,上海书业同业公会档,档案号:S313-1-139。

在理论上,版权需不需要保护?思想家陆费逵恐怕并无二话,他曾大谈知识分子的责任、著作家的责任,优待编辑等知识分子,这些实际上都是重视版权的需要。1913年反"中美版权同盟"事记载于《书业商会十年概况》一文,然而就在该文的前半部分,书业商会尚津津乐道于其在上海书界内部以及国内书籍市场上坚决执行版权保护的行动。这种同一文章两副面孔实在让人诧异!

新书业出版的主要书籍类型和利润来源是西学书籍。晚清时期,这些书籍经翻译后,由译者寻找书局出版,而民国阶段,则是出版机构的编辑部门主动寻找国外书籍,有计划地进行翻印,实际上也就是以出版社为主体的"盗版"行为。这种"盗版"行为在一定程度上满足了中国社会近代化过程中对于新技术与新知识的需要,绕过了西方国家以版权保护的形式对中国形成的知识壁垒。

陆费逵曾在书业商会中担任要职,1911年他曾任商会书记,并起草了民元版的书业商会章程。[1] 书业商会的决议在某种程度上反映了其意志。资本家陆费逵在内保护中华书局的版权利益,在外则有意忽视国外著作的版权,不啻又是思想与行动矛盾的表现。

思想家看待问题的态度是超越的,脱离实利,从而具有了普遍意义,他可以对苦难深重的"中国民众"抱以深深的同情,但资本家是最讲求实利的,他的眼中只有具体的问题和具体的人,所以当他面对"这一个中国民众"的时候,往往只能公事公办。这种思想家与资本家的纠结并不是一件新鲜事,早在古代,学者与亲民官的身份冲突往往让文人们有"为五斗米折腰"的喟叹。

清康乾以降,在"滋生人丁,永不加赋""摊丁入地"等赋税政策的刺激下,中国人口大量增长,而读书人的数量也相应增加。"仕进"是读书人天然的职业取向,相对于读书人数量的增长,清政府的官员数量和科举名额却没有较大的增长,于是科举登第越来越艰难,而无法获得功名的读书人

---

[1] 原放:《记上海市书业公会》,《出版史料》,1987年第4期。

也越来越多,这便造成了读书人"生产过剩"的现象。但在这种"过剩"面前,"教育制度是专为培养公职人员的",其"价值体系往往禁阻有文化的干才从事其他事业",而"行政机构阻止它自身扩展或重新组成新形式,以适应周围正在变动的社会",[1]传统的官僚体制和教育制度选择了不作为。在这种情况下,"有些善于权变的文人"自主来进行突破,在"幕客""塾师"等原有职业外选择新的行业来作为自己的职业目标,他们在包税人、讼师、买办、医师、画师等行业中寻找新的出路。鸦片战争之后,古老帝国的大门被打开,第二次"西学东渐"大潮涌入,资本家、职业报人、职业作家、律师、会计师等新的职业类型逐渐产生,传统文人以"儒"的背景和这些职业相结合,开启了传统知识分子近代转型的历程。

然而,这种转型和结合并非一蹴而就的,"儒"与职业的两相背离也不是什么新鲜事。晚清墨海书馆的秉笔华士王韬、蒋敦复、李善兰等人可谓是近代第一批转型的知识分子,本为有志于天下的"狂人",历史却不给他们发挥的机会,只让他们在东南一隅的一个小房间里跟着一些他们本来蔑视的蛮夷翻译异教经文。在他们看来,这根本就不是其所认为能够发挥自己能力的地方。但作为传教士译书馆的雇员,靠出卖自己的劳动力获得收入,他们又不得不一忍再忍。管嗣复曾因为"教中书籍大悖儒教,素不愿译,竟辞不往",不想去助译《圣经》。王韬劝他说:"教授西馆,已非自守之道,譬如赁舂负贩,只为衣食计,但求心之所安,勿问其所操何业。"[2]

到了民国时期,大部分的近代职业基本已经建立起来了,知识分子们已经不再纠结于是否要"为稻粱谋"。在陆费逵之前,张謇、张元济都已经成为近代儒商的典范,在他们身上或多或少也存在着"陆费逵之惑"。我们并不能将其简单归结为言行不一,这样不免亵渎了近代文人"实业救国"之心。"立功"之外,几乎每一个由儒入商的近代文人都有"立言"的愿望,只

---

[1] 参见[美]费正清、刘广京编:《剑桥中国晚清史:1800—1911年》(上卷),中国社会科学院历史研究所编译室译,第117—119页,北京:中国社会科学出版社,1985年。
[2] 王韬著,方行、汤志钧整理:《王韬日记》,第92页,北京:中华书局,1987年。

是无论从资本家的身份去追求思想家的超越,还是从思想家的身份去追求资本家的实利,都有不能完全契合之处。

另一方面,就思想家而言,其理念也并非那么纯粹。近代知识分子转型的阵痛有一大部分来自于国家与社会的灾难。积贫积弱的近代中国,自甲午战后,"求强""求富"成为时代的主题。其后兴起的每一次社会思潮,基本都落脚于这两个主题之上。但是,当"求强""求富"成为政治正确之后,反过来又会限制知识分子表达思想的开阔性。新文化运动时期,"劳工神圣"观念兴起,开始出现了大量的书写劳工的小说与诗歌,如鲁迅的《一件小事》,胡适、沈尹默、叶圣陶的同名作《人力车夫》,郁达夫的《春风沉醉的晚上》,徐志摩的《谁知道》《先生!先生!》,闻一多的《天安门》,刘一梦的《沉醉的一夜》,等等,然而细读这些劳工主题文学作品,却可以发现这些文学作品里面的劳工和现实的劳工差距颇大,直到20世纪30年代老舍的《骆驼祥子》出版,才真正将文学中的劳工落到人间。这些劳工主题文学作品的主人公大多是"人力车夫",这也说明作家们并非以"下工厂"的形式关注劳工,关于劳工的印象更多是来自于和自己接触最多的人力车夫。一边端坐在人力车上,一边赞颂着人力车夫的淳朴,民国初、中叶这些书写劳工的作家们真的是认可劳工们的思想么?恐怕未必,他们赞颂劳工,只不过出于唤醒中国大多数民众,以达到救亡图存的目的,他们作为思想家的言论也未必出自于自己的真心。

更为鲜明的例子是比新文化运动更早的清末白话文运动的鼓吹者们,他们以裘廷梁为首,掀起了一场倡导白话文的运动,但是在他们眼中,白话只是将书面书写方式通俗化,让更多的百姓可以阅读,这不过是以文化普及来解决社会政治危机,并未触动到汉字本身。而这些白话文的推广者们,虽然自己鼓吹白话文,也办白话报,但自己私下里却依然使用文言文,甚至形成了愚民用白话文和"我们"用文言文这样的语言阶级观。

1942年,夏衍在山城重庆创作了话剧《法西斯细菌》,剧中讲述了在日本帝国主义侵略下,科学家俞实夫走出书斋,用自己擅长的细菌技术制作武器,打击侵略者的故事。然而,夏衍自己却认为这是一部悲剧:知识分子要求专心致志为人类研究科学,原本是一个无可非议的正当的愿望,帮助知识分子实现这一愿望,正是"民主自由"的现代中国的历史责任与必要标志,但中外法西斯主义的存在,却扼杀了知识分子这一起码的善良美好的愿望,"他们被迫着离开实验室,离开显微镜,而把他们的视线移向到一个满目创痍的世界",这才是真正的"悲剧"所在。[1] 科学家为了抵抗日寇,不得不把科学研究的成果用来杀人,而近代的知识分子为救亡图存,也在鼓吹一些自己并不是十分认同,但是符合"求强""求富"效果的理念。

近代知识分子身上所背负的纠结远远超过古代文人,传统"治国平天下"的儒家思想与追求利润的近代资本家商业选择,内心所坚守的文化之道与为时势不得不鼓吹的权变之策,融汇成"剪不断,理还乱"的矛盾心态,体现为其言其行的抵牾以及性格理念的多样性,这就是所谓的"近代文人之困"! 说到底,近代复杂而险恶的国势,容不得知识分子有选择自己的理念的"自由",他们不得不成为被大势裹挟的一代。那些被认为"疏离"了政治,不为某些先进思想做"图解"的作品就往往被视为落后和腐朽。钱理群在谈到1928年初到1929年底创造社、太阳社对鲁迅的围剿时,曾这样评论那种以"革命、进步"而骄人的态度,可为前人之写照、后世之镜鉴:

> 这样的气势汹汹的"革命话语",看似颇新;开口闭口"历史使命"、历史"必然"性这类时髦词语,但骨子里却是旧的;那以"真理"的垄断者、道德的化身自居,自认能够"解答"一切、"指导"一切的救世主姿态,那以建立和维护"应该如是"的"正轨"秩序为己任,对异己者作苛刻的政治、道德判决的奴隶总管的架势,正是中国传统中道学家的幽灵复活。[2]

---

[1] 夏衍:《法西斯细菌》,第138页,上海:开明书店,1946年。
[2] 钱理群:《与鲁迅相遇:北大演讲录》,第298页,北京:生活·读书·新知三联书店,2003年。

然而,不管如何,也许曾经有过抱怨和争议,但在中国近代出版的历史上,陆费逵是不可忽视的一页,中华书局的老编辑周宪文曾用"恩深似海"一词来表达自己对陆费逵的感情。[1] 随着岁月的逝去,曾经的争议会逐渐淡去,而陆费逵为中国出版与文化做出的重要贡献则必被国人深刻铭记。

---

[1] 周宪文:《我与中华书局》,见俞筱尧、刘彦捷编:《陆费逵与中华书局》,第45页,北京:中华书局,2002年。

第二章
大众媒介的"现代化"

20世纪二三十年代经常被称为民国的"黄金时代"。然而,真实的历史却不像想象中那样浪漫。复杂而多元的社会环境,动荡而纷乱的政治局势,国民政府前十年的历史是在血与火中历劫而行。在这一时期,不平衡和多样性才是时代的主流。

在以往的媒介史叙述中,学者多关注这个时期国共两党党媒的发展,现代文学刊物《语丝》《新月》之类的勃发,黎烈文时期《申报·自由谈》对社会时弊的畅言,然而这些探讨往往止步于近代报业最煊赫的一面。实际上,那十年对于近代报业最为重要的意义是促进了现代大众传媒业的勃兴,整个传媒界的气脉从少数的几个城市、少数的几部报刊扩展到国家的方方面面和媒体的形形色色。只有一枝独秀的媒介环境不能说是现代化的,只有群峰并起才是真正地走出中世纪。

本章展现出1927—1937年中国媒介环境中的多样性。在市场上,商业文化的发展让新闻行业的竞争异常激烈;在政治上,国家意识形态被报纸和新兴的广播媒介输送到了社会的最底层,政治传播的高效化加强了社会组织和动员能力的效果;在文化娱乐上,都市消费主义勃兴,媒介内容与形式多姿多彩,读者从"被启蒙者"成为"消费者";在白话代替文言之后,媒介表现形式依然在不断进行着革新,注音字母的改革与简化汉字运动因为印刷生产的成本问题在上海的出版界引起了轩然大波;各个城市之间的媒体不是独立生长老死不相往来,香港报刊眼中的上海形象展现出了都市文明发展中的多元路径;中国共产党在国统区形象的表达借助第三方媒体展现出了不一样的风采。

这些都是那个时代的繁花,开在传媒现代化的原野中,凝神望去,暗香自来。

第一节　社会新闻比拼的时代

1927年是一个具有象征意义的年份,这一年国民党在南京建立了国民政府,翌年完成了中国名义上的统一,开始着手"国家建设",大众媒介也从政党报纸、娱乐小报转变为日益关注国家和公共事务的"国民媒介"。

从1928年到1937年的十年期间,伴随着统一,国家经济发展迅速。据费正清的《剑桥中华民国史》所描述,1928年到1937年,中国的铁路将近3 400千米,包括完成粤汉线、浙赣线和山西的同蒲线等。关于公路的里程,"在1912年还根本没有适合汽车行驶的道路。1937年7月前,共建了约116 000公里公路,其中40 000公里是铺设路面的。这些公路大部分是1928年后修建的(这之前仅有公路32 000公里),而且是全国经济委员会公路局为商业和军事目的修建的。例如由河南、湖北、安徽、江西、江苏、浙江和湖南合作建设的七省公路工程,就是试图用公路系统将这七个国民党势力最强大的省份连接起来"[1]。铁路和公路将整个中国连成一片,这样的连接意义重大。社会学家费孝通说:"自从铁路建成,把中国南方和北方联系了起来,三个大河流域的自然区域间的距离逐步缩短了。我们相信,中国将很难再次分为南北两方。"[2]一个统一的全国经济委员会也于1931年成立起来,目的是指导"国家的经济重建工作",经过政治上和经济上的

---

[1] [美]费正清主编:《剑桥中华民国史》(第一部),章建刚等译,第110页,上海:上海人民出版社,1991年。
[2] 费孝通:《中国绅士》,惠海鸣译,第84页,北京:中国社会科学出版社,2006年。

努力，国民政府在南京建立之后，中国完成了形式上的统一。政治的统一和经济的发展带动了文化和大众传媒事业的繁荣。20世纪二三十年代，电报、邮政和新闻报纸在中国的政治、文化和日常生活中的角色变得越来越重要。据吉尔伯特·罗兹曼在《中国的现代化》一书中的描述，一战结束时，"中国许多城市已开办了电报业务，一个现代邮政系统提供了广泛的服务，尽管常常是缓慢的。这些逐步的发展，不仅为各省内部的聚合和控制，而且也会为地方的政治鼓动和抵抗提供了基础设施。技术使各个地区权力中心能在转瞬之间相互串通一气，从而改变了行动的速度和范围。过去国内某些在政治上很迟钝的地区现代变得活跃和灵通了。新型领袖人物就慢慢在全国舞台上开始崭露锋芒"[1]。正是借助于电报、邮政和报纸这些新兴媒介，政治人物的活动得到了广泛关注。在书中，罗兹曼还以袁世凯复辟等事件为例，讨论了电报、报纸等大众媒介技术的发展对政治和社会生活的影响。他指出，在1916年袁世凯复辟和1919年五四运动中，电报和大众报纸成为"公众舆论"的发源地，军阀之间爆发战争之前通常是"通电战"或报纸上的"舆论战"——在报纸上相互指责对方行为不端是常见的媒介手段也是政治手段，而电报、邮政和大众报纸在政治生活中的重要性在20世纪20年代后期变得更明显了：

> 技术在政治行为的手段方面所造成的变化在以后的年月里得到了强化。在20年代，城市无产阶级的队伍尚小，但是为了响应关于无产阶级应该充当革命先锋队的大道理，大家就争先恐后地在少数无产者中开展组织工作。它受传播媒介的鼓动而举行罢工和抵制，并成为在全国范围内广受宣传的与帝国主义势力对抗的焦点。1927年以后的国共斗争也包括一场宣传媒介之战，国民党控制着大部分电台和报纸，而共产党则在文学出版物和非正

---

[1] [美]吉尔伯特·罗兹曼：《中国的现代化》，国家社会科学基金"比较现代化"课题组译，第256页，南京：江苏人民出版社，2003年。

式的地下宣传方面势力很强。1936年西安事变之际,蒋介石被捉旋而又获释回到南京,改变中国对日方针,使全国的注意力就集中到这位领导人的身上去了。处于对日交战状态而忐忑不安的民众,通过电台和报纸频繁发布的新闻,及时得到了最新消息。[1]

不同政治力量都依靠电报、报纸等大众媒介宣传自己,加强自身的影响力,刚刚成立的国民政府一上台便着手建立一个辐射全国的电报、电台、报纸和广播体系。在这方面,陈果夫、叶楚伧、程沧波和萧同兹等人是主要推动者。陈果夫认识到大众媒介在社会宣传动员方面的重要性,他强调中国要想赶上西方发达国家,须在三个方面下功夫:一是通讯社,二是广播事业,三是电影。在陈果夫、叶楚伧、程沧波、萧同兹等人的倡议和主导下,国民党中央通讯社(简称"中央社")、《中央日报》和中央广播电台都在20世纪20年代建立起来,一个现代化的、全国性的大众媒介网络体系逐渐形成。这些代表国民党统治阶层声音和利益的主流媒体,在经营方面日益现代化。例如,萧同兹在创办"中央社"的时候提出了社会化、企业化和专业化的办社理念,他提出了创办"中央社"的三个原则:一是成立社会事业,将"中央社"迁出国民党中央宣传部,机构独立,"中央社"地址从管家桥迁往新街口洪武路寿康里。二是自设电台,原来中央广播电台依附于交通部,信息不畅通。三是在不违反"政治正确"的前提下,自由独立处理新闻。这些主张实施后大大加快了新闻的专业化发展。萧同兹在任期间,还着手建立了以南京、北平、上海、香港、天津、西安和汉口等城市为核心的"七大都市通讯网",提出同一天的新闻在全国各个城市都要上。而在以往,南京的新闻到达广州往往是一个星期之后的事情。经过这样大刀阔斧的媒体改革,国民党中央机构的媒体影响力大大增强,不仅垄断了国内新闻来源,而

---

[1] [美]吉尔伯特·罗兹曼:《中国的现代化》,国家社会科学基金"比较现代化"课题组译,第256页,南京:江苏人民出版社,2003年。

且随着国民党统治力量的加强,国民党"中央社"和美联社、路透社等海外大通讯社也建立了联系,签订了互相交换新闻的合同。

当然,除了"中央社"、《中央日报》和中央广播电台等由国民党控制的官方媒体部门迅速发展之外,在1927年到1937年期间,《申报》《新闻报》《时报》《时事新报》《大公报》和《世界日报》等"民营媒体"也发展迅猛。在《世界日报》的创办者成舍我看来,在20世纪30年代前后,中国的报纸新闻水平比第一次世界大战前后已经有了"很大进步"。当然,大部分报纸都集中在上海、天津和北平等沿海开埠以及重要政治城市中,这些报纸注重时事政治和社会新闻,得到了普通市民和社会大众的喜欢。著名报人成舍我这样回忆当时的报业发展情况:

> 民国初年的报纸,即如号称报纸最发达的上海,那时的销数,占第一位的报馆,也最多不过销两三万,现在则最多已有到十四五万份一天的了。那时报纸的新闻,异常陈腐,尤以本埠新闻最腐败,一切消息,均凭所谓跑马路的访员,拉杂撰写,用复写纸一字不改,分投数报。现在则本埠新闻,竞争最烈,每一报馆辄有外勤十余人,一事发生,立时出动。[1]

这当然得益于媒介技术的发展,在成舍我看来,20世纪20年代末30年代初上海、北平等地报纸的"印刷、编辑、新闻来源以及一切的一切,几乎没有一样不是比民国七年时特别进步。单就电报一项而论,一个著名报纸的紧要新闻,平均计算,二分之一,大约都是专电,字数约由三五千字,最多到一万字,这都是从前所梦想不到的"[2]。而为了争取广大的市民读者,在上海、北平和天津等地,各个报馆之间的竞争也比以往更加激烈。例如,1928

---

[1] 成舍我:《中国报纸之将来》,《成舍我先生文集·大陆篇》,第60页,台北:世新大学舍我纪念馆,2013年。
[2] 成舍我:《中国报纸之将来》,《成舍我先生文集·大陆篇》,第60页,台北:世新大学舍我纪念馆,2013年。(民国七年,即1918年)

年围绕着上海滩发生的"马振华与汪世昌的恋爱事件",上海滩的各大报馆为了抢新闻展开了激烈竞争。二流报纸《时报》为了与《申报》《新闻报》等上海滩大报争新闻,不惜采取小报手段,抛出一些耸人听闻的"黄色新闻":

> 按照陈景韩、金剑花的计划——上海的巡捕房、工部局刑事科、救火会、医院、海关、工部局交通处、气象台、领事馆和火车站等地方,汇集着大量社会新闻的线索,在那里,每天发生着千奇百怪的故事,如果把这些停留在街巷里弄,口头传播的鸡零狗碎,经过记者的文字转述而见诸报端,岂不立刻升级为社会话题,吸引读者的注意力?
>
> 1928年3月发生的马振华与汪世昌失恋自杀案,让时报馆一炮打响。从3月中旬到4月初,金雄白一直跟踪采访这条全上海人都在关心的新闻,连篇累牍,前后用了近十万字的篇幅,占据了《时报》的版面。同年6月,黄慧如与陆根荣主仆相恋出走事件,由金雄白首先披露后,又引起各报推波助澜,追逐竞争,一时间,"社会新闻"不仅为同业津津乐道,同时也成了招揽读者的招牌。[1]

时报馆因为此事"一炮打响",《时事新报》《申报》和《新闻报》这些老牌报纸自然也不甘落后,迅速调集媒体力量,深度参与事件的报道:"各报竞争的重点,从以前的重视北京专电而变成争抢社会新闻,形成了一股新的潮流。"[2]社会和市场成为检验办报是否成功的标尺。"马振华与汪世昌的恋爱事件"不仅引发了各家报纸竞相报道的盛况,而且普通市民也在报纸连篇累牍的报道下积极行动,参与到事件的大讨论中。像顾德曼所说的那样,从这一因恋爱而引发的自杀事件可以看出,在20世纪20年代末的中国,报纸真正成为"一场热烈的公众争论的工具",通过给报馆写信,市民们纷纷表达

---

[1] 张功臣:《民国报人——新闻史上的隐秘一页》,第140页,济南:山东画报出版社,2010年。
[2] 张功臣:《民国报人——新闻史上的隐秘一页》,第142页,济南:山东画报出版社,2010年。

对事件的认识和看法,"各个报纸为彼此竞争读者,争相发表关于这段爱情及其背叛的原始资料,以此招徕读者的反应。用这种方式,报纸变成了对感情的公众评判的场所……报纸还成为一种公众记录,既记录了这对恋人之间的文字来往,也记录了公众对他们个人写作证据是否表达了他们之间的诚挚感情的真实状况的分析"[1]。可以说,报纸真正成为"国民媒介"。

上海日益成为报纸刊物抢滩最重要的城市,而传统的文化中心北平则逐渐衰落了。沈从文就曾经比较了这个时期北京和上海报刊市场与文化的变动情况:"新文学运动发生以后,办杂志和出小刊物,北平本是最理想地方。因为北平是全国文化中心地,不特有很多基本作者,而且也有很多基本读者,所以新文学运动基础在北方,新书业发轫也在北方。但这种事到后却有了变迁,从民国十五年起,中国新兴出版业在上海方面打下一个商业基础后,北平这个地方就不大宜于办文学杂志了。"[2]沈从文指出,北平不仅在媒介商业氛围和印刷技术上都渐渐落后上海,而且"读者多是年青人,人人照例活泼跳动,富于情感而容易为有刺激性名词着迷,即或人在北方,需要杂志也常常是南方具商业意味的新刊物,有新插图和新论调刊物。一切要新,要奇,要广告上说明这是如何新如何奇,方能吸引住眼睛和感情"[3]。现代市场成为检验报纸杂志是否成功的最重要标志。

第二节　社会动员与政治传播方式的转变

作为公共生活的重要形式,政治演讲起源很早。原始部落之间征伐时,领袖鼓舞士气之言,就是政治演讲的滥觞,《尚书》多录周王对臣民诰誓

---

[1] [美]顾德曼:《向公众呼吁:1920年代中国报纸对情感的展示和评判》,见姜进主编:《都市文化中的现代中国》,第195—196页,上海:华东师范大学出版社,2007年。
[2] 沈从文:《对于这新刊诞生的颂辞》,《沈从文文集》(第十二卷),第192页,广州:花城出版社,香港:生活·读书·新知三联书店香港分店,1984年。(民国十五年,即1926年)
[3] 沈从文:《对于这新刊诞生的颂辞》,《沈从文文集》(第十二卷),第192页,广州:花城出版社,香港:生活·读书·新知三联书店香港分店,1984年。

之语,亦有箕子对武王演"五行"之事;《国语》则秉持"左史记言,右史记事"传统,著录帝王名臣的政治演讲。然而,其后几千年,在中国文化的评价体系中,文的价值远胜于言,所谓"三不朽"中的"立言"(《左传·襄公二十四年》),指的是文而非言。和《谏逐客书》《过秦论》《阿房宫赋》等历代不可胜数之煌煌政论文相比,政治演讲居于一种相当边缘化的境地,往往沦为流民起事时的登高一呼。

直到近代,政治演讲的价值被重新认识,这主要表现在两个方面:一则是近代政治人物如孙中山、毛泽东、蒋介石等习惯用演讲的方式传播其理念,在其文集中此类作品的比例很高,如收录毛泽东1949年前文章的《毛泽东选集》前四卷共158篇文章,其中可以认定为政治演讲的有45篇,占28%。[1] 会议是现代政党的政治生活核心,与古代垂拱而治的君王、以文论政的名臣不同,现代政治领袖需要善于在各种会议上进行演讲、报告和总结等口语表达。

二则是政治演讲参与阶层大大扩展。按照布赖恩·麦克奈尔的定义,政治传播不仅包括"所有政客及政治行动者为求达到目的而进行的传播活动",也包含着"所有非政治行动者对政治行动者作出的传播活动"。[2] 在近代中国,下层士绅,甚至普通民众也作为演讲者或者听众成为政治演讲活动的一员。由此,士绅与民众对国家政治生活有了更深的介入,但反过来讲,国家意志也更深地影响到了更广阔的社会阶层。参政议政与社会政治动员成为一体两面,而促进这一过程实现的重要因素就是现代电信技术的发展。

电信技术指利用电子技术在不同的地点之间传递信息,包括不同种类的远距离通信方式,如有线/无线电报、广播、电视、电话、数据通信以及计算机网络通信等。近代引入中国的电信技术主要是电报与广播,应用在报刊

---

[1] 参见毛泽东:《毛泽东选集》(第一、二、三、四卷),北京:人民出版社,1951、1952、1953、1960年。
[2] [英]布赖恩·麦克奈尔:《政治传播学引论》,殷祺译,第4页,北京:新华出版社,2005年。

与收音机上。审视自1874年《申报》开始发布电报新闻到1937年全面抗战前南京国民政府利用收音机建立国民广播教育体系的历程,可探讨在大众媒介环境下现代政治演讲如何对社会阶层进行更加有效和深入的打通。

在古代,典型的政治演讲主要有三类:唐宋以来文臣与帝王间的经筵会讲,宋代以降士人阶层的学校议政,清代官方体系化政治宣教的《圣谕广训》。

经筵是指唐宋以来形成的为帝王讲经论史的御前讲席,唐开元十一年(723)夏天,"诏学士侯行果等侍讲《周易》、《老庄》,频赐酒馔"[1],始为君王提供经义训诂咨询,入宋后逐渐制度化,特别是仁宗皇帝少年即位,经筵便具有了承担帝王教育的功能,仁宗前期经筵重要讲经人翰林侍读学士孙奭被尊为"师臣"。经筵本属演讲,而为君王讲解经义,又往往会落笔于现实为佐证,所以也就有了政治演讲的功能,故而"经筵虽然本质是教育机制,但它不可避免地具有政治功能,这让士大夫找到了以学术切入政治的平台"[2],可谓一种"中国本土的政治传播仪式"[3]。

民间文人很早就在私人空间中评点政治得失。东汉末年,汝南郡人许劭兄弟主持对当代人物或诗文字画等品评、褒贬,因为每月一次,被称为"月旦评",其中就有政治演讲的成分,比如对曹操"清平之奸贼,乱世之英雄"的评价(《后汉书·许劭传》)。《世说新语》中亦多见对政治人物的点评。而在太学和私人书院中,以"兼济天下"为己任的士子文人则在治学之余,也对政局时事有所评说。北宋钦宗时太学生陈东能"率其徒"上书请"除六贼"及"用李纲"(《宋史·陈东传》),在太学内部作为运动准备的政治演讲则当不少。《明史》记东林书院称:"当是时,士大夫抱道忤时者,率退处林野,闻风响附,学舍至不能容。宪成尝曰:官辇毂,志不在君父;官封

---

[1] 王应麟撰:《玉海》卷一六七,文渊阁《四库全书》本,见陈谷嘉、邓洪波主编:《中国书院史资料》(上册),第16页,杭州:浙江教育出版社,1998年。
[2] 姜鹏:《观念与制度:北宋经筵"师道"之争的制度史根源》,《学术月刊》,2013年第9期。
[3] 朱鸿军、季诚浩:《经筵会讲:一种中国本土的政治传播仪式及其演变》,《现代传播》,2016年第10期。

疆,志不在民生;居水边林下,志不在世道,君子无取焉。故其讲习之余,往往讽议朝政,裁量人物。朝士慕其风者,多遥向应和。"(《明史·顾宪成传》)所以,有学者认为东林书院催生的"所谓东林运动是通过讲学所产生的乡村评论和舆论集中为主的活动"[1]。虽然樊树志坚持"东林书院力戒议论时政",书院讲会的主题不在政治,而在儒学,对现实政治并没有什么影响,[2]但从院规专门申列"自今谈经论道之外,凡朝廷之上、郡邑之间是非得失,一切有闻不谈,有问不答,一味勤修讲学,以期不负雍熙"[3]来看,当时各书院还是有议政之风,否则东林书院也不会专门列规禁止。

  训谕文的文体诞生很早,《尚书》中即有《伊训》《无逸》等篇目,其后又衍生出臣子规劝帝王的"训体文"和朝廷告知教化民众的"谕体文",后者则在宋代衍生出当众张贴的"告示"。然而,这些政治训谕都是以"文字"作为传播的媒介与手段,对上自无不可,对下却因为民众的识字率和文化水准很难产生预期的效果。清朝入关以后,康熙皇帝推行"尊孔崇儒"的汉化政策,并撰写了大量的训谕文字教化民众,以此树立清朝在民众间的正统地位。而其子雍正则选取其中十六条,集成《圣谕广训》,大量刊印,广为颁发。为了影响到最底层的民众,雍正非常重视《圣谕广训》的口语化传播,"(雍正)二年,御制《圣谕广训》万言,颁发直省督抚学臣,转行该地方文武各官暨教职衙门,晓谕军民生童人等,通行讲读"[4]。为了讲读的效果,陕西盐运使王又仆撰《圣谕广训直解》,以白话解说《圣谕广训》中的条目,而这则为雍正七年(1729)推行《圣谕广训》乡约宣讲奠定了基础。所谓"乡约宣讲"乃是"于朔望日,令有司乡约耆长宣读,以警觉颛蒙。盖所以陶成民俗,祗服训言者,法良意美,洵无以复加云"[5],以每月两次的频率,由地方

---

[1] [韩]吴金成:《明清时期的江南社会——以城市的发展为中心》,见杭州大学韩国研究所编:《中国江南社会与中韩文化交流》,第264页,杭州:杭州出版社,1997年。
[2] 樊树志:《东林书院的实态分析——"东林党"论质疑》,《中国社会科学》,2001年第2期。
[3] 《东林书院志》卷下《院规·申订院规》,清康熙刻本。
[4] 《大清会典》卷七十一,北京:中华书局,1991年。(雍正二年,即1724年)
[5] 纪昀等:《钦定四库全书总目提要》卷九十四,北京:中华书局,1997年。

官安排社会基层管理人员召集百姓学习《圣谕广训》。而整个行为,属于非常典型的政治演讲。

上述三种政治演讲并非中国古代此类型的全部,历代造反起事,如骆宾王撰《代徐敬业讨武曌檄》不过是特例,更多的是些"大楚兴,陈胜王""苍天已死,黄天当立"或"均田免粮"之类的口号,反而更加具有了政治演讲的意味,只是上述三种更加体系化,也更为社会所接受。然而,作为一种政治传播手段,这三类中国古代政治演讲模式也存在诸多问题:评价体制上,言不如文地位更高;演说内容上,政治不过附属于经义,过于哲学化与理论化,对时政没有太直接的影响;传播媒介上,多以书信、掌故、史书的形式对外产生影响,信息多有损耗,语焉不详。这是社会体制的原因,也是传媒技术的限制,更是社会观念的结果。

政治演讲是一种社会动员方式,虽然上述三种也都触及了臣子、士人与民众三个层面,但是动员力度并不强。古代社会没有需要,也没有能力进行全面而深入的社会动员,往往以伦理代替政治,以求管理手段的简化。一方面是士人们高喊着"苟利国家生死以,岂因祸福避趋之"(林则徐《赴戍登程口占示家人》),而另一方面则是普通民众和国家之间除了交粮纳税,并无理念上的认同与联系,所以孙文说"欧洲从前因为太没有自由,所以革命要去争自由。我们是因为自由太多,没有团体,没有抵抗力,成一片散沙。因为是一片散沙,所以受外国帝国主义的侵略,受列强经济商战的压迫,我们现在便不能抵抗。要将来能够抵抗外国的压迫,就要打破各人的自由,结成很坚固的团体"[1]。这种情形甚至也表现在了卡夫卡的小说《中国长城建造时》中:

> 同样,我们的百姓对于皇帝既深怀失望,又充满希望,他们不知道哪个皇帝在当朝,甚至对于朝代的名称都还存在着疑问。

---

[1] 孙文:《三民主义·民权主义》,见广东省社会科学院历史研究所等合编:《孙中山全集》(第九卷),第281页,北京:中华书局,1986年。

在学校里许多这样的朝代一个接一个地都学过,可是在这方面普遍是不清楚的,其程度之严重,连最好的学生都未能避免。在我们的各个村子里,早已死去的皇帝,大家以为他还坐在龙位上;新近牧师在祭坛上宣读了一份诏书,而颁发这诏书的皇帝只活在歌谣里。我们最古老的历史上的许多战役现在才刚刚揭晓,街坊欣喜若狂,带着这新闻奔走相告。那些皇妃们靡费无度,与奸刁廷臣们勾勾搭搭,野心勃勃,贪得无厌,纵欲恣肆,恶德暴行就像家常便饭。年代过得越久远,这一切情形被渲染得越可怕,一旦村民们得知,几千年前一个皇后如何痛吮她丈夫的鲜血,不禁失声悲鸣。[1]

与草原民族相比,中原王朝的社会动员能力往往更强一点儿,所以汉武帝北伐匈奴,唐太宗平定突厥,都是借助于更高效的社会动员能力实现整体国力上的碾压。但是,这种古典式的社会动员在质量上并不高,所以也会有靖康之耻、崖山之变以及明清易代等民富国弱败于野蛮民族的往事。总体上讲,在中国古代的政治逻辑中,并不需要太强的社会动员能力和精细化的社会管理。即使朝代更迭,边夷入主,依然要遵循汉民族的治理逻辑,所谓亡朝不亡国,换代不换种是也。

然而,鸦片战争之后,面对完全陌生的西方文明的冲击,国人不仅有了"三千年未有之大变局"的感慨,更有了亡国亡种的忧虑。在列强主导的国际政治丛林中,洋务思想家们认识到,必须发动更广泛的社会阶层,将其纳入国家的政治生活中,实现更为强大的社会动员能力。他们将"上下断绝,君民不通"作为中国积弱的重要原因,建议引入西方议会制度实现中国社会组织与动员的革新。

1875年,郑观应在《易言》一书中介绍了西方议会两院制度,称其为"泰西

---

[1] [奥]卡夫卡:《中国长城建造时》,见叶廷芳主编:《卡夫卡全集》(第1卷),洪天富、叶廷芳译,第384页,石家庄:河北教育出版社,1996年。

政事,举国咸知,所以通上下之情,期措施之善也",认为与三代之治类似,可为中国仿行。[1] 而王韬亦期待中国组织议会,以成"君民共主"的国家。[2] 其后,早期改良派汤寿潜、邵作舟、陈炽、经元善等人都有过相关的论述。

作为西方议会程序的重要组成部分,政治演讲也就屡屡被早期西学家和这些洋务及改良倡导者所提及。1834年,德国传教士郭实腊在《大英国统志》中谈到英国两院制度,"凡府、州、县、厅、邑,各有其派驻陈明其紧要事务,兼保护其便益也"[3]。1849年,徐继畬亦在谈及英国议会制度时强调了"陈说"的作用,"其民间有利病欲兴除者,先陈说于乡绅房,乡绅酌核,上之爵房,爵房酌议,可行则上之相而闻于王,否则报罢"[4]。

按照我们今日对西方政治体制的理解,这里的"陈说""陈明"都是演讲的意思,但在当时中国人描绘此现象的时候,无论是为郭实腊润色的秉笔华士,还是徐继畬,都是有意无意消除了这种行为的语言属性,而冯桂芬和朱采则直接比作了"复陈诗"[5]"上条陈"[6]这种中国古代的文字表达形式。

这是因为上述思想家(除了本身就是西人的郭实腊)很少有出国的经历,即使像王韬那样曾游历欧陆,但也难得进入西方议会旁观其过程。他们对于西方议会和政治演讲的描绘更多是理念上的推崇,而缺少细节上的认知。在洋务思想家之外,还有一个独特的外交官群体,他们因为有实地考察的经验,所以对于西方政治演讲的描绘更加鲜活。总理衙门规定出使各国大臣需要以日记的形式,定期向政府报告驻在国情形,并及时翻译咨送有关中外交涉事宜的书报议论。[7] 晚清外交名臣郭嵩焘曾记录自己在

---

[1] 郑观应:《论议政》,《易言》上卷,第45页,清光绪十三年(1887)管可寿斋刻本。
[2] 王韬:《重民》下,《弢园文录外编》,第22—23页,北京:中华书局,1959年。
[3] [德]郭实腊:《大英国统志》卷一,清道光甲午年间(1834)刻本。
[4] 徐继畬:《瀛寰志略》卷七,第235页,上海:上海书店出版社,2001年。
[5] 冯桂芬:《复陈诗议》,《校邠庐抗议》卷上,第34页,上海:上海书店出版社,2002年。
[6] 朱采:《海防议》,见中国史学会主编,中国科学院近代史研究所史料编辑室、中央档案馆明清档案部编辑组编:《洋务运动》(第一册),第350—351页,上海:上海人民出版社,1960年。
[7] 《皇朝政典类纂》卷四七四,通史,见王立诚:《中国近代外交制度史》,第130页,兰州:甘肃人民出版社,1991年。

英国下议院观演讲之事：

> 阿什百里邀赴下议院听会议事件，多研诘政府及各部。堂设正坐，若各署堂皇然。前有巨案，上方列坐三人，主记载。左右列长榻五行，上下施榻，容十许人。前廊亦设榻三行。是日集者四百余人。有致诘各部院事，先指名知会，至则相与诘辩，而以土耳其一案为最著。有议院绅阿定敦，先知会政府毕根士由（毕根士由系上议院绅，是日亦至坐听），发论凡数千言。每有中肯綮处，则群高声赞诺。其兵部尚书哈尔谛辩驳其误，亦数千言，语尤畅朗。次议绅阿葛尔得复申阿定敦之说，亦数千言，徒诘政府因循坐视，不能出一计、定一谋，其言颇强坐以无能。[1]

在这段文字中，"土耳其一案"说明是针对外交政治进行的议会辩论，辩论前先阐明自己的观点，"凡数千言"，然后异见者则针锋驳之。描绘演讲过程中，郭嵩焘称"语尤畅朗"，体现了演讲的口语特点，而"群高声赞诺"，则显示了演讲的互动性。此外，郭嵩焘的日记中亦记载了其他观议会政治演讲事，"晚至上议院听其议论教堂葬地诵经事……两人各持论数万言"[2]。总之，郭嵩焘对于政治公开演讲辩论的活动十分赞赏，"西洋议院之有异党相与驳难，以求一是，用意至美。……凡持异议者，先起自陈，愿附众议；既毕，校其人数多寡以定行止"[3]。

川人宋育仁曾出任英、法、意、比四国公使参赞，他的记载也非常有画面感，"适英前首相沙侯与今外部金议一事，持不决。爵首祖金，起代外部

---

[1] 郭嵩焘：《伦敦与巴黎日记》，见郭嵩焘等：《郭嵩焘等使西记六种》，第91页，上海：中西书局，2012年。

[2] 郭嵩焘：《伦敦与巴黎日记》，见郭嵩焘等：《郭嵩焘等使西记六种》，第94页，上海：中西书局，2012年。

[3] 郭嵩焘：《伦敦与巴黎日记》，见郭嵩焘等：《郭嵩焘等使西记六种》，第169页，上海：中西书局，2012年。

争之,手按律例,口讲指画,至声色俱厉,仍不能决"[1]。而随赫德游历欧洲的斌椿则把重点放在了政治演讲的效力上,英国"公议厅"由各乡公举六百人"共议地方公事,意见不合者听其辩论,必俟众论佥同,然后施行,君若相不能强也",正是因为"君若相不能强",议会的演讲才有了效力和意义,反过来也推动了泰西对于演讲的重视。

不管是洋务派、维新派、立宪派,甚至是革命党,晚清各个政治派别一再鼓吹建立议会,但是宪政改革一再遭遇失败,清廷中央层面直到1909年才开始仿行立宪,1911年才建立所谓的皇族内阁。终晚清一世,议会只见纸面,未曾落实。国人又哪里可以得见议会之上政治演讲的胜景呢?

虽然在顶层设计方面,清廷始终无法建立议会,实现对国家强有力的政治动员,政治演讲未能成为一种官方认可的政治传播方式,但是在民间,特别是在开风气之先的上海,政治演讲则借助于爱国集会的形式获得突破和长足的发展。对于上海的士绅来讲,虽然他们也几无机会赴欧美议会亲聆政治演讲,但在日常生活中接触了不少西式演讲。

由于历史原因,基督教在欧洲的传播主要通过教士演讲来进行布道,而来到中国后,由于文字的隔阂和识字率的限制,传教士也以演讲的形式宣教。[2] 王韬曾记载观慕威廉在河边传教的景象,即是以演讲的方式,"口讲指画,娓娓弗倦……见士女如云,观者如堵,皆来听慕君说法也"[3]。除传教士外,在华西方人也将演讲作为重要的日常活动。

主要由在沪外侨组成的皇家亚洲文会北中国支会十分重视演讲活动,早在1882年,该会就将演讲确立为文会的第二大任务。[4] 从1857年10月到1951年2月,该会共演讲700余场,演讲稿刊登在《皇家亚洲文会北中国支会会报》《北华捷报》和《字林西报》等西文刊物上,在后期也有一些中

---

[1] 宋育仁:《泰西各国采风记》,见郭嵩焘等:《郭嵩焘等使西记六种》,第323—324页,上海:中西书局,2012年。
[2] 与此类似,佛教在民间的传播也借助了"宝卷"这种口说佛法故事的形式。
[3] 王韬著,方行、汤志钧整理:《王韬日记》,第95页,北京:中华书局,1987年。
[4] 王毅:《皇家亚洲文会北中国支会研究》,第79页,上海:上海书店出版社,2005年。

国人前往演讲。从标题上看,年度《中国大事回顾》(1858—1860年)、《苏州暴乱记》(艾约瑟演讲于1860年8月28日)、《中国与琉球的政治关系》(卫三畏演讲于1866年10月13日)、《浙江的一个被压迫阶层》(玛高温演讲于1878年2月12日)、《中国古代的宗教、政治和思想》(艾约瑟演讲于1898年5月12日)之类,都明显涉及政治事件。[1] 虽然由于语言的隔阂,大多数国人既无法听懂其现场演讲,又看不懂刊载在报刊上的讲稿,但仅就定期成系统的演讲行为来讲,已经给国人非常大的启迪。

耳濡目染间,上海的爱国士绅们对西方的政治演讲已经有所了解,当他们能够借助报刊上的电报新闻扩展自己政治与影响力的时候,上海爱国集会的政治演讲在议政内容、组织方式与传播范围等方面都呈现出与古代完全不同的面貌。

1837年,英国人库克与惠斯通设计制造了第一个有线电报设备。1844年,美国人莫尔斯发明无线电报,同时也编订了将文字转写为无线电信号的"莫尔斯电码"。早在1863年,英、法等国公使已经向清廷建议铺设电报缆线。1865年,赫德在《局外旁观论》中云:"外国所有之方便,民均可学而得……外国之方便者,不一而足,如水陆舟车、工巧器具、寄信电机、银钱式样、军火兵法等。"[2]此处的"寄信电机"指的就是电报。他建议清廷兴办电信产业,但清廷的态度一直较为暧昧。出于对利润的追求,洋商在没有获得清廷同意的情况下私自铺设电报缆线。1870年,丹麦大北电报公司首先铺设了从日本长崎到中国吴淞的海底电缆。同时,《申报》亦有文科普关于"电报"的知识,如《电机信缘起》解说电报的原理和功能,强调其"虽数千里之程顷刻可达"的便捷与迅速,[3]同时又报道大北铺设海底电缆的进度。[4] 几番铺垫之下,大北瞅准时机,在1873年将路线从吴淞延伸到陆

---

[1] 数据由王毅统计,见王毅:《皇家亚洲文会北中国支会研究》,第182—207页,上海:上海书店出版社,2005年。
[2] [英]赫德:《局外旁观论》,《万国公报》,1875年第359期。
[3] 《申报》,1872年5月8日。
[4] 《申报》,1872年6月4日。

地,在上海租界设立报房,开办电报业务,并登报打广告招揽业务:

> 近年西法之巧,无过于电报者。以重洋数万里,寻常寄信,数月始达,今立时即可飞致。倘千百里之遥,则顷刻便可有回信也。故各国皆设之电信,在朝廷则飞报机密重事,在商贾则飞报货物行情,实为至妙至要之法!现有丹国京师电报公司业经在中国日本通商大口安摆电线,即如吴淞海口、蛇山海岛、厦门、香港、越南、新加坡、新金山、长崎、横滨、神户、箱馆,以至印度、欧罗巴、亚美利加均可通达。本公司已造成华字电报书一本,便于华人通晓。其中用法,以数目字代中国字。此书存于本公司并各处分馆。凡欲寄电信来馆者,即赠书一册,并可详言其妙,另有送信远近价目单,庶可一览而知也。此布。上海大马路电线行内大北电报公司启。[1]

1872年,《申报》在上海创刊,开启了近代中文商业报刊的历史。然而,早期《申报》报道的空间范围比较有限,采写新闻主要集中在江南一带,京城方面的消息则依靠全文转载《京报》。可以说,此时的《申报》是一份纯粹的地域性报纸,影响力并不大。为了扩大消息来源,早期《申报》也曾在外地招收"访事员",这也是通讯员的滥觞,但由于此时的访事员只能用信件和《申报》联络,无法实现即采即刊,导致采写的距离不能太远,否则也就失去了新闻的意义。

1874年1月30日,《申报》刊发国内报纸第一条电报新闻,报道英国议会选举。[2] 由于电报费用昂贵,早期报业并没有立刻采用这项技术进行消息的传递,只是被动地从一些通电中获取消息,但毕竟《申报》已经有意识地使用电报技术扩展自己报道的范围。而1883年中法战争爆发以后,上海因为有法租界的存在,以及沿海战事会影响航运水脚流通,故而沪人对于战事

---

[1]《电报公司》,《申报》,1876年6月10日。
[2]《申报》,1874年1月30日。

新闻甚为关注。《申报》较早意识到此中蕴含的商业机会,雇用西方人前往东南战场搜集情报,并以电报的形式发回总部。1884年8月27日,《申报》刊登《福州确电》,称"昨日本馆接到福州西友晚间六点钟发来电报"讲述中法最新战况。[1] 这也是《申报》所刊登的最早一批由驻外通讯员通过电报发来的消息,后此"福州西友"亦多次用电报告知《申报》战况发展。

对中法战事的报道,是《申报》利用新兴的电报技术和报刊平台结合的产物,扩大了新闻的采写范围,从此该报从地方性报纸一跃具备了全国乃至全球的视野,上海报界也开始了电讯报道的潮流。作为报纸的读者,沪人阅读的视野也随之扩大,他们眼前的空间不再仅仅是地方报道和转载的《京报》消息,而具有了全球性。

自开埠以来,由于租界的存在,上海本身就形成了一个和传统中国异质的文化空间。新式知识分子的诞生与涌入,市民阶层的勃兴,使得上海形成了自己的声音,并且有了倾诉这种声音的欲望。电报技术的应用,电信时代的到来,让读者能从报刊上获取具体而新鲜的时事,而这也为政治演讲提供了相对具体化的主题,不再纠结于古代社会政治演讲偏于哲学性的道的阐述。

1882年,无锡绅商张叔和买下英商和记洋行经理格龙的私人花圃,更名为味莼园,三年后向公众开放,此为上海近代公园之始,而味莼园则被习称为"张园"。戊戌变法时期,谭嗣同、梁启超、唐才常等人在湖南学堂中的演讲,虽引起青年学生的热烈欢迎,却引起湖南卫道士绅的大加讨伐,最后几人被驱逐出湖南。但与此相反,上海张园却成了自由的演讲舞台。

从1897年12月到1913年4月,张园举行的较大的集会有39起,[2] 这些集会中少数有关艺术、体育,主要是以演讲为核心组织的政治活动,蔡元培、邹容、郑孝胥、马相伯、汪康年、吴稚晖等人都曾在张园安垲第楼发表过政治演说。

---

[1] 《申报》,1884年8月27日。
[2] 熊月之:《张园:晚清上海一个公共空间研究》,《档案与史学》,1996年第6期。

部分张园政治演讲发起与响应时间

事件时间	政治事件	召集情况	集会主体	集会时间	集会主题	报道情况
1901年	传《中俄密约》将签订,损害中国利益	1901年3月14日《中外日报》报道,并发传单组织集会	汪康年等二百人集会,汪康年、温宗尧、蒋智由、薛仙舟等发表演说	1901年3月15日	发起拒俄运动	1901年3月16日《中外日报》
1901年	传俄国将于后两日强迫中国签订《中俄密约》	1901年3月24日《中外日报》报道,并发传单组织集会	吴沃尧等千人集会,吴沃尧、蒋智由、陈锦涛、宗仰上人(僧)、薛锦琴(女)等发表演说	1901年3月24日	发起拒俄运动	1901年3月25日《中外日报》
1903年4月18日	俄国向清政府提出七项要求,试图强占东三省	1903年4月27日《苏报》发传单组织集会	到会者千余人,演说者数十人	1903年4月27日	再次拒俄	1903年4月29日《中外日报》
1906年9月1日	清廷宣布预备立宪	1916年9月13日《申报》《同文沪报》《中外日报》《时报》《南方报》	上海道台等地方官员到场,郑孝胥、马相伯发表演说	1903年9月16日	庆祝预备立宪	1903年9月17日《申报》《同文沪报》《中外日报》《时报》《南方报》

资料来源:《拒俄运动1901—1905》(杨天石、王学庄编,北京:中国社会科学院出版社,1979年)

由上述所示,张园的政治演讲在时间、空间和阶层上实现了对古代政治传播的超越。借助于电报的迅捷与高效,上海的报刊很快就可以获取诸如政治核心的北京、边疆地域的东北所发生的时事,然后和相关的士绅领袖沟通,发布集会信息。非紧急事件,如庆祝预备立宪,会有三天广告预告此事,而在《中俄密约》事件中,上午登报发布集会信息,下午就开始集会,恐报刊传播人群有限,还辅助以传单。而关于集会的报道,往往第二天就会登报。可以说,只要有重大关系的国内外政治事件传播到了上海,上海的士绅、报刊就会迅速反应,集会演讲,直接表达自己的立场和意见,并且以报刊发行和通电发送的形式让外界周知。这种速度是古代政治传播无法想象的。

在空间上,张园政治演讲有三重影响空间。

其一,现实的物理空间。在张园安垲第楼举行的政治演讲,有演讲者,有听众,这些听众不管是专门参加演讲的,还是偶然路过而加入进来的,都和演讲者形成了一个声音与形象直观可感的物理空间。这样的物理空间影响和古代政治演讲没有太大的区别。

其二,报刊发行空间。张园的演讲者们一般是从报刊上获取政治消息,而其演讲的报道也随着报刊的发行对外产生了影响。《申报》主要的发行区域是江浙,1893年甚至发行到了浙江绍兴县孙端镇安桥头村这样的偏远村落。[1] 而北方的"清流"官员则为了跟上时事的发展,早在19世纪80年代就已经热衷阅读《申报》。[2] 此外,《申报》的发行亦波及海外,1891年11月1日,清廷驻日本东京使馆书记官郑孝胥即以《申报》得知当年福建乡试放榜。[3] 理论上讲,报刊发行的范围空间,就是这些政治演讲影响范围的空间。海外革命党的声音就是通过《民报》的发行而被国内所知。

其三,电报传播空间。除新闻报道外,政治演讲的影响力亦以"通电"的形式向外传播。所谓通电,指的是以明电码的形式通过电报局发布电报。虽然电文的抬头有明确对象,但其真实目的是给所有能接受到电报的受众来看的。一般来说,通电是用来表达对某政治事件的看法,并以此施加对特定对象的政治压力。戊戌政变之后,传慈禧太后策划废立光绪,另

---

[1] 周作人著,刘应争选编:《知堂小品》,第542—543页,西安:陕西人民出版社,1991年。
[2] 王维江:《"清流"与〈申报〉》,《近代史研究》,2007年第6期。
[3] 中国历史博物馆编,劳祖德整理:《郑孝胥日记》(第一册),第245页,北京:中华书局,1993年。

行建储,上海民声因之沸腾。1900年,电报局总办经元善联合上海各界士绅商民1 231人,联合署名,通电北京,反对建储。许纪霖指出:"通电与集会有着内在的形式联系,张园集会之后,往往会通过一项通电,广发海内。"[1]相对于发行范围有限的报刊,通电影响的空间更为广阔。

在动员和影响的社会阶层方面,张园政治演讲也实现了突破。组织演讲的领袖,少数如蔡元培和汪康年功名在身,经元善有恩赏的虚衔,大部分不过是普通士绅,而参与者多为学生、商人,甚至妇女。这些人在中国古代政治体系中居于边缘地带,然而借助报刊获知时事,以政治演讲组织活动,使用通电向全国表达意见,以此参与到晚清政治传播的历程中,让远离政治中心的他们可以和整个中国政局的脉搏共振,对时政产生影响。

张园政治演讲突破了传统政治演讲时空和阶层的限制,响应问题快速化,针对问题具体化,影响空间多元化,讨论内容更加偏向于具体的政策,而非古典式的政治哲学,从而具有了更加广泛的影响力。然而,报刊的阅读还是有一定的文化门槛,收发电报的费用更非常人可以负担,所以张园演讲之类的民间政治演讲更多还是知识分子和政治精英阶层的互动,哪怕是妇女,也往往是有一定家境基础的女学生,或者其他参与演讲士绅的妻女,社会普通民众参与度较小。

中国传统政治模式往往以"政论文"的形式阐释自己的行政理念与政治诉求,晚清维新派虽然利用了新兴的报刊形式,但是依然走"以文论政"的老路。而革命党以及后起的同盟会、国民党,乃至共产党,则非常注重"以言论政"的方式。1924年5月30日,孙中山在广州休养身体的时候灌制了三张演讲唱片,由中国晚报社向海内外发售,在其全集中亦有大量演讲稿及演讲记录。1937年7月17日,蒋介石在第二次庐山谈话会上发表演讲,宣布准备对日作战。1944年10月21日,蒋介石在知识青年从军大会上,号召知识青年从军,"一寸山河一寸血,十万青年十万军"成为著名

---

[1] 许纪霖:《近代中国的公共领域:形态、功能与自我理解——以上海为例》,《史林》,2003年第2期。

抗战政治口号。1945年8月15日，日本宣布无条件投降，上午10时，国民政府主席兼军事委员会委员长蒋介石亲临重庆中央广播电台，发表了《抗战胜利对全国军民及全世界人士广播演说》，这篇演说稿由蒋介石亲自执笔。

国民政府重视政治演讲，原因是多重的：其一，国民党源于华侨革命组织，众华侨对欧美选举中的政治演讲耳濡目染，自然也就引为圭臬。其二，公众演讲从晚清得到重视，在民国阶段已经获得了较大的发展，形成了学术演讲、政治演讲、科普演讲等不同的体系，民众认可度较高。其三，与传统王朝的"朝会"相比，现代政党形成了以"会议"为核心的政治活动组织形式，政治领导人需要在会议上进行报告和总结，口语政治传播的地位大大提升。作为时代发展的大趋势，不仅仅是国民党，共产党领导人也非常重视政治演讲。其四，无线广播技术的发展已经能够支撑起政治演讲实时传音。电报只是无线通信技术的一种基础应用形式，随着技术的不断进步，实时传播声音的无线广播开始出现。新文化运动对白话文的提倡虽然降低了阅读的门槛，但识字率依然是政府推广政治理念的短板。电台广播的发展，则让政治演讲更加迅速地深入不识字阶层。

1920年，美国匹兹堡KDKA广播电台开始播音，成为世界上第一家广播电台。三年后，美国人奥斯邦即在上海开设中国无线电公司，开展播音业务。1923年1月26日，该公司就曾播发孙文在上海发表的《和平统一宣言》。可以说，无线电台在华滥觞期就和政治传播结了缘。此后，西人不断在华开办广播电台，引起国人效仿。1926年，刘瀚在北洋奉系当局的支持下创办了哈尔滨广播无线电台，是为官营广播电台之始。1927年，上海新新公司开办了第一家民营广播电台。而1928年8月1日创办的中央广播电台，是国民政府在中央通讯社和《中央日报》后的第三个中央宣传机构，并和大批其他官方电台构成了国民政府无线广播体系。20世纪二三十年代，大批各具背景（官、民、洋）的广播电台不断开办。如果说上海的华商无线电经营商设立广播电台，普及推广无线电知识是为了培育市场，推销动辄几百元的收音机设备,[1]那么国民党政府成立之初就大力推广无线广播则是出于政治宣传的考量。

1924年,孙文在《中华民国建国大纲》中提出建国当分为军政、训政、宪政三个时期。1928年12月29日,东北易帜,标志着国民革命胜利,军政结束。1931年5月12日,《训政时期约法》制定完成,同年6月1日开始颁布生效,即进入训政时期。广播教育所推行的正是大纲第三条"对于人民之政治知识、能力,政府当训导之"的规定。然而,如何使训政更加切实有效,是国民政府关心的重要问题。鉴此,从国民政府建立到1937年全面抗战爆发前,国民党政权借助新兴的无线电广播技术,在全国教育系统和党务系统建立起较为完整的广播教育体系。布赖恩·麦克奈尔认为,"传播手段都是为了一个目的:说服;而它们想要说服的对象——受众"[2]。为了达到更好的政治传播效果,以及进入更加深层的民众阶层,国民政府在无线广播的硬件和软件上都下了相当大的功夫。

首先,在辖境各区域大力推广收音机,奠定无线广播政治传播的硬件基础。

国民政府以无线广播进行政治教育的主要对象是社会民众与学校学生。鉴于收音机价格较高,家庭普及率难以保证,为让没有收音机的民众可以收听节目,国民政府在各地公共场合大力设置收音机。1932年10月27日,国民党第四届中央执行委员会第四十四次常务会议通过《各地设置收音机办法》。开宗明义,称以"阐扬党义,宣传政令,发展文化,传递消息"为主要目的,要求"国境以内,以县或市为单位,至少先设收音机一架",设置经费由地方财政划拨,"每县或市应缴经费四百元,以三百元为收音机价款",另一百元则作为收音机的专门维护人员收音员前往中央无线广播电台培训学习的费用,[3]学习内容包括"授以电学及无线电学之大意、收音

---

[1] 姜红、宋钻友:《从小众奢侈品到大众传媒:近代上海收音机市场研究》,《史林》,2012年第2期。
[2] [英]布赖恩·麦克奈尔:《政治传播学引论》,第10页,北京:新华出版社,2005年。
[3] 《各地设置收音机办法》,《南京市政府公报》,1932年第120期。

机之构造装置及修理方法、党义、国语、常识等项,并实习收音及收发电报技能"[1]。1934年,江西南昌在高桥附近、道德观、延庆寺、绳金寺、上牛行修建会堂五处,各设置一台收音机,另有十处公安分局与二十五处派出所亦配给一台,共四十台收音机,以备发布命令,传递消息,改良礼俗,启迪民众。[2]早在1927年,上海收音机保有量已经达到一万架,[3]到了1936年,已经涨到了十万架,[4]一些遥远的边疆地区,也筹划设置收音机[5]。

中小学及各社会教育机构是重要的宣传对象,国民政府教育部第5582号训令规定,从1935年9月开始,"规定时间,分由南京中央广播无线电台及他处电台,播送各项演讲。所有各地公私立中等学校及民众育教馆,均应装设无线电收音机,按时收音"[6]。

收音机由教育部会同中央党部向中央建设委员会上海电机制造厂订制,而所谓规定时间,指的是"二十五年十二月为中等学校装竣期,二十六年六月为民众教育馆装竣期"[7]。然而,构想虽妙,但操作不易。据国民政府教育部第11001号训令内容看,虽然该部大力推行普及收音机,但是由于购机费用和维护人员成本的问题,导致各小学以及民众教育馆积极性不高,对于装设无线电收音机预定表,"各该厅填报到部者寥寥无几"[8]。但教育部长王世杰对此项政策很重视,多次谈话督促各地学校按时设置收音机,为减轻购机及维护成本,教育部甚至给予半价补贴。[9]到了1936年,补助的力度更大,甘肃、新疆、察哈尔、绥远、宁夏、陕西、贵州、云南、青

---

[1]《中央广播无线电台管理处设立收音员训练班办法》,《湖北教育厅公报》,1932年第3卷第14期。
[2]《建筑各区公会堂并装设无线电收音机》,《市政半月刊》,1934年第1卷第2期。
[3]《上海无线电收音机之发展》,《中华全国电政同人公益会会报》,1927年第30期。
[4]《我国收音机进口年在二百万金单位:全国现有广播电台八十九座,沪市收音机约在十万架以上》,《磐石杂志》,1936年第4卷第6期。
[5]《蒙古各盟旗将装设收音机》,《蒙藏月报》,1937年第6卷第6期。
[6]《教育部公报》,1935年第7卷第17—18期合订本。
[7]《全国中等学校及民众教育馆装设无线电收音机办法大纲》,《上海市教育局周报》,1935年第301期。(民国二十五年,即1936年;民国二十六年,即1937年)
[8]《通令各县积极装设无线电收音机》,《江苏教育(苏州)》,1935年第4卷第10期。
[9]《全国中等学校一律装收音机》,《兴华》,1936年第33卷第48期。

海、西康、蒙古、西藏几省给予全额补助,而江苏、浙江、安徽、江西、湖北、湖南、四川、河北、天津、河南、山东、山西、福建、广东、广西、南京、上海、北平、青岛、威海卫等省市则给予半额补助,当年补助费用共计110 991元。[1]

1937年,教育部在向中学和民教馆推广收音机的基础上,亦开始涉及小学和民众学校。由于小学和民众学校数量相对较多,教育部采取选点的形式进行推广,同时鉴于在中学和民教馆推广阶段因设置及维护成本较高造成反响不够积极的问题,教育部决定"以免费发给为原则,其每月所耗电费,应由各该地方政府辅助,此项补助费,并应预先列入地方教育经费预算内"[2]。据教育部测算,"每架收音机,以每日收听三小时之播音为限,计交流机年需维持费二十元,直流机年需维持费一百元"[3]。为维护有效收听,教育部特颁布《保持收音机有效利用办法》,对维护人员培训、障碍报修、机件更换、电池使用及更换方法等方面做了详细的规定,可谓是用心良苦。[4]

据统计,从1935年到1939年,国民政府教育部补助各省市收音机2 663架,大部分由建设委员会出品,而1944年订购的200架,则是中央无线电制造厂出品。[5]抗战胜利后,国民政府教育部又向美国订购收音机千架,分发各省市校馆。[6]

其次,制度化广播收听,针对学校学生设置专门节目,要求其按时按量收听。

国民政府无法限制和规定普通民众的收听,但制度化了学校学生的收听活动,教育部与"中央及其他国内主要电台"商定,专门设置"教育播音"

---

[1]《二十五年度教育部补助各省市装置无线电收音机办法》,《播音教育月刊》,1937年第1卷第3期。
[2]《全国小学及民校装设收音机》,《公教学校》,1937年第3卷第17期。
[3]《各省县市筹集小学及民众学校收音机维持经费办法大纲》,《播音教育月刊》,1937年第1卷第10期。
[4]《教育部公布〈保持收音机有效利用办法〉》,《皖北民教》,1937年第2卷第9—10期合订本。
[5]《教育部历年颁发收音机总数》,《电影与播音》,1945年第4卷第3期。
[6]《教部向美订购收音机千架即将配发》,《教育通讯(汉口)》,1947年复刊第3卷第1期。

节目,邀请"专家及政治上、社会上重要人物"演讲,隔日针对中等学校学生和一般民众播送一次。其中,针对中学生演讲的内容含青年修养、科学问题、国内外重要事项、师范教育及初等教育、职业教育以及其他。而针对一般民众,则有公民训练、科学常识、新生活运动以及国内外重要事项。[1] 1936年度,针对中等学校的播音为周一、三、五、日的18:30—19:00,针对民教馆则是周二、四、六的16:30—17:00。[2]对于中学来讲,收听教育广播是一件甚为严肃的大事。1936年某月4日18点30分,时任国民政府行政院院长蒋介石在南京中央广播电台为全国学生做广播演讲,西安一中打开收音机,召集全体学生,在总理纪念室聆听题为《今日青年的责任》的演讲。[3] 1937年,教育部播音教育委员会又颁布了《改进教育播音节目方案》,对讲题纷杂、选材深奥、讲师方言等问题谋求解决,并将针对中等学校学生的播音整合为国文科、英文科、社会科、自然科、艺术科等内容,针对一般民众则整合为国文科、常识科、技能科等内容,而针对所有学校馆所,每周日播送学术演讲和教育时事演讲。[4]

再次,节目设置风格多样,以娱乐性的方式增强听众黏度。

在硬件设施建设不断推进的同时,国民政府亦力图让广播教育更加深入和有效,中央广播电台的节目就非常鲜明地体现了政治传播的功能。试举1935年2月26日星期二的节目为例。节目中有众多宣教类的内容,如晨起以党歌引领节目,夜半则以《总理纪念歌》结束节目。中间的"现代史要"则从政治的角度论述中国近代经济沉疴的由来,青年讲座、名人演讲、民众教育虽然涉及社会、文化、民俗等多个方面,但价值取向还是为政治宣教而服务。为了方便听众接受,除国语外,新闻还使用闽南语、厦门语、广东话甚至英文来播报,一些歌曲也用方言演唱。在语言类节目之外,中西

---

[1]《全国中等学校及民众教育馆装设无线电收音机办法大纲》,《上海市教育局周报》,1935年第301期。
[2]《教育播音节目一览》,《播音教育月刊》,1936年创刊号。
[3]《蒋院长播音演讲:本校开放收音机召集学生聆训》,《西安一中校刊》,1936年第3卷第1期。
[4]《改进教育播音节目方案》,《播音教育月刊》,1937年第1卷第10期。

方的歌曲音乐和平剧、闽剧等名家选段也穿插其间,有以实验的方式针对儿童的科普节目,也邀请小学生上电台来讲播。节目样式的多元化冲淡了政治演讲的冰冷感。

1935 年 2 月 26 日中央广播电台节目单

07:30 党歌

07:35 健身操

07:55 军乐

Wann wir marschireen, Dentscher weckruf, Stachlhelm bundesmassch, Frauz select

08:05 休息

09:00 国学丛谈

甄屋记

09:05 国乐

阳春曲、醉渔唱晚、阳关三叠、塞上曲、晨钟报晓、忘忧草

10:10 休息

11:30 平剧、气象、报时、商情

卧龙吊孝 B(言)、空城计 B(王)、黄金台、庆顶珠 B(王)、贺后骂殿(言)、辕门射戟、嫦娥奔月 O(梅)、西施 O(梅)、俊袭人 O(梅)

12:25 现代史要

中国商业奔溃之前因后果——由条约而形成商业上之损失

12:35 西乐

Overture 1812 1-2, Dasland des lachelus 1-2, Overture 1-2 teilwihelm tell, You're always in my arms, If you in love you'll waltz

13:00 休息

16:00 闽粤歌曲及杂曲

黄龙痛饮一至四、难中缘、忠岳传结拜入朝、劝人方、小上寿

16:30 儿童节目

新廊小学学生讲:儿童国货年给我们的认识、故事

歌曲:国旗歌、春风、玄武湖梦月

17:00 京沪商情、商业新闻、杂曲

描金凤换盖一至四(弹词)、宁武关、单刀会一至四

17:30 青年讲座

18:00 名人演讲

18:30 民众教育

讲:谈现在的婚丧礼节

歌曲:伯牙操琴、高山流水

19:00 平剧及歌曲

楚汉争、要离刺庆忌B(马)、战北原B(言)、御碑亭、天女散花O(梅)、慈母探监歌、小宝贝、秋闺怨

19:30 儿童教育

讲:碳酸气的性质、音乐故事

歌曲:华夏之胄、吹泡泡

20:00 简明新闻、气象、时报

20:10 国际时事述评

英法协调与欧洲和平

20:20 西乐

Tell me to night,*only my song*,*O solo mio*,*La Donna E Mobile*,春歌、维也纳情歌、*The zephyr*,*Tallahases*

20:40 英语报告新闻

20:55 闽曲

百蝶香柴扇一至六

21:10 厦门语报告新闻

21:25 预报明日节目

21:30 平剧

战长沙、浣纱记 B(贯)、诸葛亮安居平五路、男起解 B(马)、清官册 O(马)

21:50 新闻

22:50 国乐

子夜吟一至二、总理纪念歌

23:00 停止

同样是中央级别的官方宣传平台,《中央日报》就显得崖岸高企。兹选择与上述中央广播电台节目同日之 1935 年 2 月 26 日该报论之。

版面安排,该报以硬新闻和广告为主,体育、文艺等软新闻为辅,副刊类娱乐版面则更少。此日《中央日报》第一张和第三张的第一版全为广告,剩余部分除了第一张和第二张的二、三版不含广告,其他版面含至少三分之一的广告。第一张主要为中央军政新闻,第二张为国际与地方新闻,第三张除地理农业研究的"地政周刊"外,只有"副刊"与"中央公园"两版偏向文艺。"副刊"刊登了李同愈探讨写作技巧的《漫谈灵感与技巧》、路茜的写景散文《薄暮泛思》,翻译散文《西班牙游记》,以及翻译小说连载《灰色狼凯末尔》。"中央公园"版则不负"公园"之名,内容比较庞杂,既有新近去世的诗学宗师黄节的遗诗与学述(吴宓撰)、南京儿童剧社筹备缘起和一些散文、笔记作品,还有张恨水的小说《天明寨》连载以及诃谷(凡·高)的自画像。

在呈现方式上,本日的《中央日报》主要使用文字,摄影都少见,完全墨色印刷,仅有的两张新闻照片一是用来寻找某落水老人尸体的肖像照,二是黄节追悼会合影。此外,电影广告中略微附录了几张剧照。打眼望去,整份报纸排版紧密,宛若墨海,让人望之生畏。

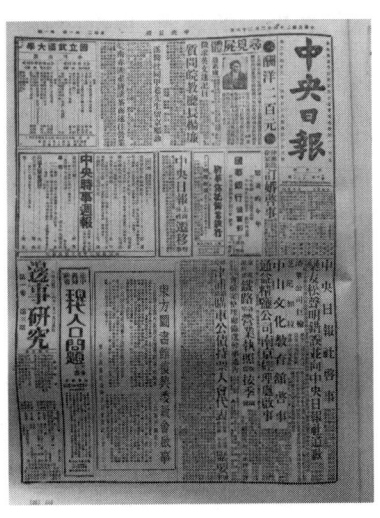

《中央日报》(1935 年 2 月 26 日)

最后,在播讲方式上,多用通俗易懂的方式,注重讲述的故事性,语言白话而活泼。

由中央广播电台在1928年创办的《广播周报》刊登了众多在该台播讲的稿件,可一窥当时政治演讲的面貌。章元玮在演说《农家副业》中,号召百姓以拓展副业的方式,实现"农村的复兴,国家的再造"。其在演讲开头谈到"副业"一词,并不是给出一个概念性的解释,而是用举例子的方式来解释:

> 什么叫做农家副业呢?譬如一个农家的主要事业是种田,那养鸡养猪养蚕的事,就是农家副业了。再如一个农家种植以稻麦为大宗,那他所种的蔬菜,就是他的副业,他所种的棉花,他所长的竹竿,他所栽的树木,也是他的副业。他要把所收的棉花纺成纱,织成布,把他所长的竹竿编成竹篱,做成筐子,把他所栽的树砍下来,打成农具,架成屋子,更是他的副业了。所以在农人主要事业以外的一切生产事业,都算做副业。[1]

章元玮举了以种田为主和种稻麦为主的两个农户的具体例子,和听众解释副业的意思,以此避免学理性的分析。稿中排比句甚多,回环往复,"他所种的棉花,他所长的竹竿,他所栽的树木"之类的语句,在文章中完全可以用"他所种植的棉花、竹竿和树木"来代替,可是作为演讲,排比却有着增强语言力量的作用。在中央广播电台的节目中,特设"儿童教育"专题节目,主播行素绘声绘色地开讲各种历史小故事,以引发儿童的爱国情操。

当然,收录在《广播周报》中的播音演讲稿件语言风格多样化,既有晓畅活泼的,也有文辞艰涩的,这和演讲者本身的演讲技巧有相当关系,善于发挥者自然比照本宣科者在语言上更为生动,而且此刊中收录的大多

---

[1] 章元玮:《农家副业》,《广播周报》,1935年第26期。

数文字是节目录制之前的备忘稿。如黄慕松发表在《广播周报》上的《奉使入藏之感想》[1]约略千字,并分成三天演讲,每次演讲半个小时,此文不过是一个思路提纲,没法呈现出播音时候的语言面貌。但不管怎样,和报刊相比,口语呈现的广播在文盲率甚高的近代中国,更加容易获得听众的认可和青睐。

与之相对,上述该期《中央日报》用词艰涩,标点呆板,行文只有"顿点""句号"两种标点形式,不见文气语韵。如"武汉民情、习于浮华、为政者应注意于转移风气、使养成质朴诚恳之风俗、尤以负警政之责者、最应注意、武汉市容、较前有进步、然偏僻处、仍多不洁、应加注意、吾人要提高民众福利、第一步首应注意卫生、质简而易行、其次应利用人民力量、开发土地、斯方为国家真正之财富"[2],标点断句非常别扭,整篇只有最后一个句号,全用顿号,根本看不出上下文辞之间的逻辑关系,而且用词过于凝练文言,读之让人生厌。

虽然从真正的保有量来说,在民国时期,收音机即使在城市里面也远未达到普及的标准,但在国家权力的强烈推广下,无线广播相对文字传播有着更加丰富的表现形式和更加深入的影响力度,遂成为南京国民政府推行党化宣传的重要工具。

收音机是政治传播的重要工具,又具有改装成无线电收发报机的可能,所以汪伪政府成立后,立即在其控制区内取缔各地收音机,试图断绝国民政府和沦陷区民众的无线电联系。1942年9月29日,汪伪政府颁布《无线电收音机取缔暂行条例》,对"收音范围超出周波数(波长)五五〇千周波(五四五公尺),至一五〇〇千周波(二〇〇尺)以外者"以及"内部装置可任意更改为发报发话用者",除"经请求当地最高行政长官许可者",皆在取缔之列。[3] 所谓"当地最高行政长官"指的是"外省为省政府主席,特别市为

---

[1] 黄慕松:《奉使入藏之感想》,《广播周报》,1935年第26期。
[2] 《全国中心之武汉,应倡导真诚风气:蒋委员长在总部纪念周致训;昨天召见于学忠等垂询要公》,《中央日报》,1935年2月26日。
[3] 《无线电收音机取缔暂行条例》,《实业公报》,1942年第28期。

市长",如果违反则会处以六个月至一年的监禁或两千元至三千元不等的罚金。[1]如果想保留收音机的话,那么在向管理机构登记之后,需要将接收范围更大更广的短波收音机改造成长波之后才能使用,汪伪上海市政府指定大美无线电料行等三十一家单位负责改造业务。[2]作为政治上的敌手,反而是汪伪政府更加认识到国民政府政治传播的意义。

从建立之初到抗战之后,国民政府一直致力于使用广播的形式开展民众教育。虽然论者谈及国民党政权,大多认为其是一个"弱势独裁政党"[3],但不可否认国民党政权为发动基层民众还是做了许多工作。使用无线电广播推行民众教育,可能是来自德国的经验。纳粹宣传被认为是传播学最成功的"魔弹论"的实践。[4]作为纳粹宣传工作的负责人,戈培尔利用无线广播为希特勒政权服务。1941年,德国收音机保有量约为1600万台,遍布所有的家庭,霍克海默和阿多诺称"无线电之于法西斯正如印刷术之于文艺复兴"[5]。国民政府在军事领域和德国多有合作,教育领域有所借鉴也属正常。

在中国,无论古代还是今天,政治演讲都属于被忽视的一种政治传播方式,从传播效果来说,政治演讲无疑具有强烈的震撼力和优异的接近性。只是古代缺乏合适的媒介手段,无法将这种震撼力与接近性实现。

近代国人以书籍这种传统的媒介方式感知了异域空间里的政治演讲,但本土政治演讲的勃兴则诞生在上海租界张园这一传统政治秩序的"法外之地"中。依靠电报技术,张园的政治演讲有了更加"直接"的谈资、更加广阔的视野以及更大的影响空间,只是依然属于精英阶层的抗争,并没有深入

---

[1] 《修正无线电收音机取缔暂行条例(三十一年十二月十七日公布)》,《国民政府公报》,1942年第422期。
[2] 《上海特别市政府布告(沪市五字第一六八六五号)》,《上海市政公报》,1942年第24期。
[3] 王奇生:《党员、党权与党争:1924—1949年中国国民党的组织形态》,自序第2页,上海:上海书店出版社,2003年。
[4] 胡翼青:《对"魔弹论"的再思考》,《国际新闻界》,2009年第8期。
[5] [美]马丁·杰伊:《法兰克福学派史》,单世联译,第249页,广州:广东人民出版社,1996年。

草根民众。如果说张园政治演讲的影响更多是在物理空间上"横向"的视野和影响力,那么国民政府广播教育就是以无线电技术和娱乐化表达方式"纵向"在社会阶层上进行开拓。和各种音乐、戏曲、广播剧等节目相比,广播教育中的政治演讲更像是隐藏在结果中的目的。国民政府播音教育不仅在范围上远达蒙藏等边疆,更是深入了普通社会民众与中小学教育领域。

在此过程中,口语传播拥有了比古典时代更加重要的地位,但并不可能代替文字传播。近代政治传播方式的变革受媒介技术演进推动,也是政权加强社会组织与动员的需要,张园政治演讲加强了士绅阶层的政治参与,而广播教育则深入底层社会民众中。政治传播由古典式的精英传播转向为大众传播,近代国家也就因此具有了比古代国家更强的社会组织方式和动员能力。

第三节　上海近代书业与20世纪30年代中期汉字改革运动

1956年1月28日,中华人民共和国国务院全体会议第二十三次会议通过了《国务院关于公布汉字简化方案的决议》,正式推行简体字,至今已经一个甲子的岁月。几十年的推广与应用,使内地(大陆)与港澳台及海外华人群体在书写文字上产生了鲜明的区别,以至于有人将推广简体字与传统文化沦丧结合在了一起。[1]

然而,新中国推广简体字并非政府一时的心血来潮,早在新文化运动时期,简化汉字与白话文运动都是当时的热门话题。到1935年,国民政府

---

[1] 据说有网友讲:"汉字简化后,親不见,愛无心,產不生,厰空空,麵无麦,運无车,導无道,兒无首,飛单翼,湧无力,有雲无雨,開關无门,鄉里无郎,聖不能听也不能说,買成钩刀下有人头,輪成人下有匕首,進不是越来越佳而往井里走,可魔仍是魔。"虽然此话有诡辩之嫌,但是仍可照见不少反对汉字简化者的态度。参见蒋波:《20世纪汉字简化之路是繁是简,谁说了算?》,"人民网—国家人文历史",http://history.people.com.cn/n/2013/0830/c348600-22748753.html,2013年8月30日。

教育部更是以行政命令通令全国施行注音汉字以及简体字。然而,这两项改革的命运却大相径庭,前者顺利实行,影响至今;后者则在各方的反对下很快夭折。

以往学界对20世纪30年代中期国民政府教育部汉字改革的研究多从思想史的路径入手,[1]而忽视了作为业界领袖的上海书业同业公会与教育部进行的抗争和博弈。如今,爬梳上海档案馆保存的上海书业同业公会呈国民政府诸档案,我们可以看到"成本"二字是如何影响上海书业的决策与选择的。

1935年,国民政府教育部长王世杰相继签发训令,以政府的力量大力推行注音符号和简体字。

其中,注音符号一事早在北洋政府时期就已经启动。1913年,中国读音统一会以章太炎的记音字母做蓝本制定注音字母,并在1918年由时北洋政府教育部正式颁行。1922年,时教育部公布"注音字母书法体式",附有说明六条,规定了字体间架、书画角度、应用变通等内容,但由于仅为"书法"体式,缺少"印刷"规范,所以印刷业界并未执行。[2]进入国民政府时期,1930年,国民党中央执行委员会第八十八次常会决议推行注音符号办法三项,教育部同年详订推行办法二十五项。[3] 1935年3月,教育部"国语统一筹备委员会"推定委员魏建功、黎锦熙、钱玄同草拟《注音符号印刷体式》,并在4月由教育部向全国推行。在详细规定了注音符号印刷体式之后,该文件允许各出版单位在不违反基本笔画结构的前提下,可以自由酌定美观之形体铸造注音符号铜模,但是其底样要先送

---

[1] 参见魏继洲《汉语审美性的断裂与延续———钱玄同废除汉字思想流变考》[《广西大学学报》(哲学社会科学版),2009年第5期],崔明海《文字与国家:近代简体字运动的兴起及其社会纷争》(《史学集刊》,2010年第6期),刘晓明、何林英《民国"简体字运动"的理论建构与历史影响》(《兰台世界》,2015年第16期)等文所追索的近代学界关于简体字问题的种种争议。

[2] 上海档案馆:《注音符号印刷体式》,见《上海市书业同业公会为推行国音注音符号一案要求变通办法及陈述缓行简体字理由向教育局的报批文书》,上海书业同业公会档,档案号:S313-1-163(下皆简称为"见S313-1-163")。

[3] 上海档案馆:《上海市教育局训令(教)字第36236号》,见S313-1-163。

教育部审定。[1]

因为全国各地印刷技术发展不均衡，为推行注音字母，教育部特专门筹款，委托上海中华书局赶铸各号注音汉字铜模，以备全国各书局购买使用，或照样铸造。[2] 更甚，教育部利用这批铜模，编印了《注音汉字字模表》，印发各省市。上海分得其中五十册，由上海市教育局转交上海书业同业公会，再行分发。[3]

上海市教育局要求境内各书坊自当年 8 月 1 日起，"所有印行之小学教科书、儿童读物、民众读物以及各种书籍杂志等均须查照办理，其不合标准国音之出版物，并应停止印行"[4]。

再看简体字一案，推行简体字的《教育部第 13071 号训令》认为"字体繁复"是义务教育不能普及的重要原因，并提出了推行简体字的三原则：一是述而不作；二是择社会上比较通行之简体字，最先采用；三是原字笔画甚简者，不再求简。

其实，这三原则中前两条说的是同一件事情，即简体字从何而来。该训令追溯古代，认为简体字早已有之：

> 我国文字，向苦繁难。数千年来，由图形文字，递改篆隶草书，以迄今之正体字，率皆由繁复而简单，由诘诎而径直，由奇诡而平易，演变之迹，历历可稽。惟所谓正体字者，虽较简于原来之古文篆隶，而认识书写，仍甚艰难。前人有见及此，于公私文书文字，往往改用简体，在章表经典，及通问书札中，简体字数见不鲜。[5]

正因为有这样的简化案例和实践资源，首批 324 个简体字没有生造

---

[1] 上海档案馆：《注音符号印刷体式》，见 S313-1-163。
[2] 上海档案馆：《上海市教育局训令(教)字第 36236 号》，见 S313-1-163。
[3] 上海档案馆：《上海市教育局训令(教)字第 46244 号》，见 S313-1-163。
[4] 上海档案馆：《抄上海市教育局训令□□字第 6735 号》，见 S313-1-163。
[5] 上海档案馆：《教育部廿五年社注一四一第 0112 号批文》，见 S313-1-163。

出来的新字,而是从社会已经在使用的简体字中选拣出来,所以称为"述而不作"。

国民政府教育部通令各地学校及出版机关,一律采用简体字,并给予仅仅一年的调整期,要求从1936年7月起,凡小学、短期小学、民众学校课本,儿童及民众读物,均应一律采用部颁简体字。如不使用,则不予审定,各校亦不得采购。即使是再版课本,亦需要采用部颁简体字。此外,亦通令全国,嗣后各种公牍布告以及公私书据,均得采用。[1]

国民政府教育部政策出台后,函发各地教育局推行。上海一地的学校尚且不论,书业则是上海书业同业公会承函办理。作为上海书业的行会组织,上海书业同业公会的历史并不久远,1930年由上海书业公所、商民协会书业分会与新书业公会合并组成,中华书局总经理陆费逵任公会主席。

书业同业公会包含新书业与旧书业两个系统,新书业可以追溯到1905年成立的上海书业商会,成员以铅印书局为主;旧书业则可以追溯到1886年开始筹建的上海书业公所,成员以石印书局为主。[2]

接函以后,上海书业同业公会对两项改革的意见截然不容,对于注音符号,意见为"变通";对于"简体字",意见为"缓行"。

上海档案馆现存的书业同业公会提请国民政府教育部"变通"注音符号一案意见的呈文蚀蛀过甚,无法得观其全豹,但是从仅存的片羽来看,基本都是言辞上的修补,如"原办法第二条'书'字下应增加'之生字及读音易误之字'十字"。而从现存的半页意见呈文手稿上看,增划之处虽多,但也基本都是诸如"须于名称上加'注音符号'"之类的细节。[3]

---

[1] 上海档案馆:《教育部廿五年社注一四一第0112号批文》《上海市教育局训令50455号》,见S313-1-163。

[2] 参见陈乃乾《上海书业公会史》(《大晚报》,1946年5月)、汪家熔辑注《中国出版史料:近代部分》(第三卷)(武汉,湖北教育出版社,2004年)、许静波《鸿宝斋书局与上海近代石印书籍出版》(《新闻大学》,2012年第3期)、许静波《近代知识生产与传播控制:以上海书业公所为例(1886—1930)》(香港《传播与社会学刊》,2014年第29期)等文的考证。

[3] 上海档案馆:《上海市书业同业公会为推行国音注音符号一案要求变通办法》,见S313-1-163。

1935年11月2日，上海书业同业公会条陈国民政府教育部，请求暂缓实行简体字，其理由有三：其一，分批颁布，导致浪费严重；其二，排版繁难，用工成本上升；其三，易致混乱，读者增加负担。上海书业同业公会亦建议：

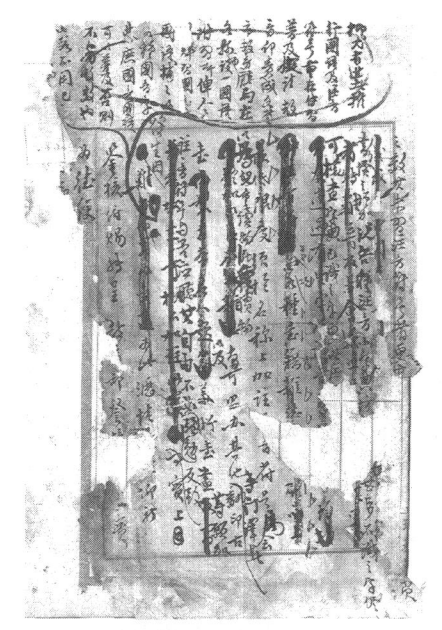

提请国民政府教育部"变通"注音符号一案意见

> 大部推行简体字之初，最好先从教学及应用书写方面入手。在小学、短期小学、民众学校课本，儿童及民众读物上，或将简体字表印入书首，或于书末将本书所用生字，列成总表，在生字之下，注明简体字，以便认识。俟将来全体简体字完全决定，不再增订时，再令遵制模铸字，刊入书册，以免纷更而节经济。[1]

此建议以简体字单列的形式降低排版印刷的成本，由于正体字部分具有相对的独立性，哪怕即使后来再增加新的简体字批次，也不会影响正体字部分的应用价值，从而使其不至于受新批次的影响而完全作废。当然，从实际效果来看，此建议不过是为了给国民政府教育部一个台阶下而已，双方并未当真，故而在教育部最后同意缓行之后，所谓单列简体字也未曾实现。

从根本上讲，注音符号和简体字都是近代西学东渐以来，吾国文化界面对时代大变局所提出的激变之策，两者实际上都是汉字拼音化思潮的组成部分。前者虽然表面上是增添一座便捷识字的桥梁，但其根本却是在仿

---

[1] 上海档案馆：《（上海市书业同业公会）呈教育部文为议缓行简体字》，见 S313-1-163。

照日本的片假名,指向以拼音取代汉字之路;而后者虽然表面上是对汉字体系的大变革,但其根本仍不出表意文字,时人认为其不过是向拼音化的过渡而已。[1]然而,正是因为表面文章的不同,学界对激进的注音符号较少质疑,而对保守的简体字却自始至终争议不断。

与学界落脚点不同,上海书业同业公会作为业界代表,其视角一直不外于"成本"二字。首批简体字表为 324 字,和浩如烟海的汉字相比,实在是沧海一粟,仅为收字 47 035 个的《康熙字典》的千分之七。为保证基本的出版需要,铅活字的字模需要达到一定的数量,传教士早期文辞甚为简易的中文出版还需要数千字模,如 1833 年,德人郭实腊雕刻了 4 000 个字模;1836 年,法人葛兰德的"叠积字"有 3 000 个;1858—1860 年间,姜别利电镀铜模有 6 000 个汉字;更不用说收字量达到 48 200 个的《中华大字典》所需要的字模数了。

上海书业同业公会称"目前印刷上通行之字,计达八千有余",首批 324 个简体字必须和正体字一起使用才能进行出版。然而,当下一批简体字出来之后,前后两批简体字颁布时间内所出版之书籍即成废纸,批次越多,废纸越多,"则凡从事出版印刷业者,必且疲于奔命,旦夕惟范制新模,铸造新字,毁弃旧书,印刷新籍之是务。不但阻碍出版印刷事业一部分之发展,抑且有关全体社会经济之损失"[2]。

从排版上讲,汉字的难度远远大于拼音文字,检字工已经疲于奔命。即使扣除检字工学习简体字的教育成本,由于在未来可期的时间内,简体字与正体字将同时并行,故而铅字数量将倍增于今,检字工的工作难度亦倍增于今。上海书业同业公会表示:"夫近代印刷工业,为普及教育之利器。今为普及教育之故,转使普及教育之利器,感受莫大之影响,似不可

---

[1] 如简体字的编订者之一钱玄同就认为拼音文字未曾实行的时代,有必要对汉字本身进行改革,见钱玄同:《减省汉字笔画底提议》,《新青年》,1920 年第 7 卷第 3 号;胡适也认为减省汉字笔画"虽不是彻底改革,但确然是很需要而且应该有的一桩过渡的改革",见胡适:《卷头言》,《国语月刊》,1923 年第 1 卷第 7 期。
[2] 上海档案馆:《〈上海市书业同业公会〉呈教育部文为议缓行简体字》,见 S313-1-163。

不预为顾及。"[1]

因为国民政府教育部仅将注音符号视为识字的便捷桥梁,所以其目标主要为中小学课本、民众教育读物。民国时期,中小学课本再版更新的速度本来就很快,崇尚锐意求新。一般社会读物因读者已具备一定的识字能力,反而不需要在读物中借助注音符号的桥梁,所以改革的范围不大,阻力也较小。一个识字者,即使不会注音符号,也不影响他的阅读,可是改用简体字,他必须重新学习,简体字改革涉及全社会所有的识字人士,影响面比注音符号大得多。所以,不仅仅是出版企业生产成本高企,全社会的学习成本也大大增加。再加上教育部分批颁布的政策,推广简体字在实际生产层面上的可操作性更是大大不足。

从成本角度分析,作为上海近代书业另一重要组成部分的石印书业本应对简体字改革欢迎有加。因为让铅印书业头疼不已的字模铸造成本对石印书业来说根本不成问题。铅、石印刷有着完全不同的印刷制版思路,前者通过一个个铅字组版,简体字会导致组版的铅字大量更换;后者通过晒图落石制版,简体字不但不会增加制版的成本(除学习简体字的教育成本外),反而会因为笔画的减省而提高制版的效率。石印书业的原行会组织书业公所也是书业同业公会的前身之一,然而在现存资料中,我们并没有发现石印书业在此次改革中的任何意见,似乎其完全跟从铅印书业的步调前行。那么,为什么石印书业不去争取自己的行业利益呢?

首先,行业衰落,石印在上海书业不占主流。

清光绪四年(1878)同文书局成立后,至清光绪三十一年(1905)废科举,上海石印书业利用照相石印技术大量复制古籍以及出版科举书籍,处于行业的黄金时代。[2] 然自科举废除,稳定的利源保证被打破,更加适合

---

[1] 上海档案馆:《〈上海市书业同业公会〉呈教育部文为议缓行简体字》,见 S313-1-163。
[2] 参见叶再生《中国近代现代出版通史》(北京:华文出版社,2002 年);Christopher A. Reed *Gutenberg in Shanghai: Chinese Print Capitalism*, 1876—1937 (Canada: The University of British Columbia Press,2004);张树栋等《中华印刷通史》(北京:印刷工业出版社,1999 年);张秀民著,韩琦增订《中国印刷史》(杭州:浙江古籍出版社,2006 年)等著作;以及许静波《上海近代石印书业的分期问题》(《中国出版》,2014 年第 14 期)。

西学传播的铅印技术也得以成熟,石印沦为上海书业的少数派。行业整体的颓势和技术力量、人才储备、读者审美以及经营管理密切相关,不是简体字一项政策就可以挽救的。

其次,石印书业在公会内部话语权偏弱。

正是由于石印业本身的衰落,废科举后,原本晚清时代崛起的石印书局——衰落,点石斋、同文书局、蜚英馆、文瑞楼、扫叶山房、鸿宝斋等明星企业,或关停,或勉力支持。幸存者实力远远比不上大型综合性书局如商务印书馆、中华书局等附设的石印部,在公会之中就更没有话语权了,亦无法染指公会领袖的职位。这就造成了上海书业同业公会更多为铅印书业的利益考量,石印书业的诉求很难表达。

最后,石印业务主要是复制古籍,而非出版新书,使用简体字会影响古籍的读者。

在其黄金时代,石印书业出版的内容很广泛,不仅是科举用书和古籍翻印,西学著作也曾是其重要的用力方向。而废科举之后,科举用书和西学著作的市场丢失殆尽,仅仅剩下复制古籍一项。晚清的点石斋书局尚且大量招聘文人作为抄书人员参与制版,但是到了民国时期,各大石印书局基本都不怎么需要那些旧学根底深厚的抄书人员,而是把主要精力投入到搜集善本上了。简体字的盛行在某种程度上会缩减古籍阅读和购买的消费群,对于已经沦为墨守成规者的石印书局,实在没有勇气去尝试这柄利弊鲜明的双刃剑。

注音符号和简体字虽然同时被国民政府教育部大力推行,但是两者的命运截然不同。注音符号一案虽然稍有波折,[1]然总体上来讲尚称顺利;而简体字改革则遭到了上至国民党大佬戴季陶、何健,下至知识界的强烈

---

[1] 1947年2月24日,教育部第10720号训令曾称:"小学课程标准规定,各科教学均以国语为教学用语。国语教学应有'读书''说话''作文'及'写字'四项,而现在一般小学往往略去'说话'教学,甚至有不教注音符号而教学用语及读音均仍用方言方音者,殊为不合!"所以,特印发《各省市县推行注音符号办法》《促进注音国字推行办法》200份加强推广工作。参见上海档案馆:《上海市教育局公函教字第03108号》,见S313-1-163。

反对,些许的支持声也旋即淹没,国民党中央政治委员会第五次会议认为简体字一案尚须重加考虑,故于1936年1月17日函请政府令行政院转令教育部暂缓推行。[1]

1952年,国民党政权已偏安台湾,原来极力反对简体字的戴季陶亦已故去。为普及民众教育,蒋介石在台再次提出"简体字"改革,力推者也从王世杰更为罗家伦,然亦遭到胡秋原等百多位"立法委员"的反对,且因为大陆先一步推行简体字,繁简之争被染上了政治因素,故而再次夭折。台湾从此固守注音符号与繁体字,以至于今。

学界习从思想史的角度审视近代媒介的变迁,然而媒介发展虽体现了思想的演进,亦受制于商业的诉求。近代文化变革剧烈,其博弈的因素极为复杂。学界自有其文化理想,而业界亦有商业考量。对于国民政府教育部20世纪30年代中期的注音符号与简体字改革,上海书业同业公会从行业发展的角度分别呈接受与反对的态度无可厚非,而上海石印书业亦因自身的弱势地位无法自由表达其意愿。

但不管如何,把繁简之变等同于文化存续,不过拾前人牙慧,也是误读历史的结果。须知在表面光鲜的鼓吹下面,亦隐含着利益的斤斤计较与苦心博弈。

第四节 20世纪30年代中期香港《工商日报》中的"上海想象"

20世纪30年代是上海在民国时期发展的顶峰,此时的上海不仅为中国最大的城市和经济中心,同时又是都市文化的样板和典范。从本质上来说,现代都市是殖民者从西方"移植"的舶来品,如何在传统农耕文明的背景下建设都市、构建都市文化,国人并没有太多的经验。中国其他的城市

---

[1] 上海档案馆:《上海市教育局训令(教)字第50455号》,见S313-1-163。

都在观察和模仿着上海,以此形成自己对于都市的想象与构建,而报刊则是一种重要的观察渠道。我们不妨以 30 年代中期香港《工商日报》为个案,通过分析其除时政要闻之外[1]的上海报道内容,展示港人对于上海都市形态和文化的想象及其追逐与批判的矛盾心态,并由此体现港人自身对于都市化及其所引发的消费主义、享乐主义等附加影响的复杂心态。

所谓都市想象,包括两个方面:都市形态和都市人的生活方式,即回答都市是什么样子的,都市中的人该怎样生活这两个问题。除了时政要闻和经济信息之外,《工商日报》上刊登的大部分关于上海的消息、特写、人物专号、游记、广告都构成其对于上海的都市想象。在一定程度上,这些想象代表了香港社会对当时处于巅峰的上海都市文明的追逐和仿效,而以高楼、商业街、城市景观为代表的物质文化,以文人、影星为代表的都市名人和以电影、舞厅、新时尚为代表的娱乐文化共同构成这种想象的主体。

现代都市是以街道为网络,由各种景观、建筑和设施组成的复杂区域。作为一个外来者,首先进入其眼帘的必然是这个城市的灯光街巷、楼宇花园、商业广场以及服务设施,它们是都市物质文明最显著的标志。港人对于上海的直观印象即源自于此,如尚豪从上海发回的稿件《香港和上海比较一打》[2]就是从电车、巴士、擦鞋、印度巡警、舞票、影票、车票、洗浴、用水等城市生活服务设施所着眼。《工商日报》的编辑和来稿作者们以最直接的笔触来描写这座城市妖异的繁华:"高耸的,巍峨的立体建筑物——高楼,七层,十层,十三层,十六层,廿四层……窗扃窟窿像蜜蜂窝眼,一个,两

---

[1] 时政要闻较为客观,所以无法体现太多想象的内容,故不取。
[2] 《工商日报》,1936 年 2 月 24 日。这十二项比较为:1. 香港地方开门见山,上海却一片平原。2. 香港的电车分楼上楼下,上海的只有一层。3. 香港的巴士没有楼上,上海的巴士却有。4. 香港的擦鞋营业摆满一街,上海的却只能在几间高贵的旅馆和理发店里有得出现。5. 香港的"印差"瘦的居多,上海的印度阿三肥的不少。6. 香港的舞场要购票入座,上海的无须购票入场。7. 香港的电车和巴士远近一律收费,上海的分站收费,远贵近贱。8. 香港的影院分场售票,对号入座,上海的随到随坐,既不对号又不分场。9. 香港坐汽车按程取值,上海坐汽车起码一块另索酒资。10. 香港多游水棚,上海却多澡堂浴室。11. 香港的报纸禁止污秽的文字,上海的报纸却无奇不有,种种广告随便可登。12. 香港随时会"制水",上海却川流不息一天到晚没有限制。

个,三个,数不清,洁净的玻璃窗上,挂着美丽的帷幔。界街上的电车,一辆辆,像乌黑的长蛇,格隆隆,格隆隆地爬。汽车,四汽缸的,六汽缸的,'雪格莱'的,'奥斯汀'的,代表一九三四年'福特'式的,乌黑、闪亮、崭新,统在这热病式的动脉上流着。"[1]他们惊叹道:"上海,这名词,令人一看了便会羡慕的罢。哪个不知道它是我们大中华民国的大埠,而且是东亚第一商埠?"[2]

《工商日报》

街道是城市的缩影,一些著名的街道甚至是其所在城市的符号性地标,如巴黎的香榭丽舍、纽约的华尔街和第五大道、东京的银座以及香港自己的皇后大道。上海的街道中,被提及最多的是公共租界的南京路和法租界的霞飞路。南京路是商业的中心,这里人来人往,"外国的绅士、中国的

---

[1] 天曼:《"不夜城"大上海景象素描》,《工商日报》,1934年6月11日。
[2] 啸风:《上海一角》,《工商日报》,1936年4月9日。

名流、闻人、洋行买办、公司主管、摩登小姐、放浪学生……匆忙忙地浪潮样荡流进——先施、永安、新新、丽华的大建筑里去,从那里出来,他(她)们的手里拿满纸包:大的,小的,红的,绿的"[1]。霞飞路则是"有着'神秘之街'的别号的,那里的咖啡座,酒排间,按摩院,很多;跳舞场也有几处,电影院也有两三家——是头等的;至于路上来往的人们,实际上也是外人最多;怪不得人们都说:那里是富有'异国情调'的"[2]。

另一类被港人所关注的城市设施是公园,上海的公园景色优美,通过销售门票控制了入园人数,所以十分清幽,是中等人家的乐土,如静安寺旁的兆丰公园"有着广阔整齐的草坡,绿草如茵,真是美丽极了!此外还有花圃、树林、池塘,配置得很雅致。当朝晨,露水未干,红日初上,园中花香扑鼻,清风扫人;薄暮,天空沈暗,景色苍茫,残晖斜照在丛林之上,也别具佳景"[3]。

城市自古以来就是一个名利场,名人是这个名利场中最耀眼的明星,而追逐名人则是都市文化的重要组成部分。作为南国的远观者,《工商日报》所报道的上海都市名人主要集中在文人和影星两个方面。鲁迅是上海文化界的旗帜性人物,1936年10月鲁迅逝世后的第二天,《工商日报》即发表社论高度评价鲁迅的批判精神对于中国文化的意义,[4]并详细报道鲁迅出殡的整个过程,[5]开设"追悼鲁迅先生专号",以及其后陆续发表日人原胜著、苗秀译《隔壁的鲁迅先生》[6],冰谷《鲁迅与中国文学》[7],白鸟《谈鲁迅运动》[8]等文章。当然,在对鲁迅这样的民族脊梁表示崇敬之外,港报更多还是愿意去搜寻一些轻松些的文人趣闻,比如和冰心、庐隐同为笔

---

[1] 天曼:《"不夜城"大上海景象素描》,《工商日报》,1934年6月11日。
[2] 碧玉:《上海霞飞路是神秘之街:充满异国的情调》,《工商日报》,1934年4月28日。
[3] 白露:《上海的公园和游客》,《工商日报》,1934年6月26日。
[4] 《鲁迅死了》,《工商日报》,1936年10月21日。
[5] 《工商日报》,1936年10月23日。
[6] 《工商日报》,1936年11月3、10日。
[7] 《工商日报》,1936年11月2、3日。
[8] 《工商日报》,1936年11月21日。

会成员，出演过《威尼斯商人》女主角的上海小姐虞岫云婚后生活；[1]曾和已故女明星艾霞同居的诗人为她写的千行长诗；[2]等等。

有关电影明星的报道向来是娱乐版的重头戏，港报也不例外，对电影明星生平、行踪、嗜好甚至是私生活细节等问题都倾注特别的关注。报道最多的明星有二，一位是胡蝶[3]，另一位是阮玲玉。阮玲玉自杀事件轰动一时，从其夫唐季珊扣留遗书不允发表到沪舆论界对唐季珊的谴责，从价值千七百两的铜棺大殓到前夫张达民对唐季珊的诉讼，港报以消息、通讯、特写、纪念专号等形式对其做了长达两月的追踪报道，[4]电影公司适时推出阮玲玉最后遗作《国风》，并在报刊头版宣传，[5]"阮玲玉自杀"已经超出娱乐新闻，而成为社会新闻，引发读者对于"自杀"问题的讨论。[6]

相对于乡村周期性的庙会、社戏等娱乐活动，都市的娱乐行业是日常性的，也是都市文化的显著标志之一。"披开（上海的）报纸，足占上一大张纸的娱乐告白——电影啦，唱书啦，评剧啦，京戏啦，跳舞啦……看不胜看。夜神降临了，霓虹电炬，红的，绿的，闪耀着，华丽夺目。那所谓乐园——百货公司的天台花园——就是柳暗花明，莺啼燕婉的场合。"[7]

电影产业是都市文化的标志性产业，上海电影是香港各影院在"荷里活"（即好莱坞）之外的另一大片源地。《工商日报》开设了《电影》半周刊，对上海电影界介绍甚多，如《上海的电影教育》[8]、《上海电影杂志之检讨——依据在港中所见者》（上、下）[9]、《海上国片公司的新阵容》[10]等文，

---

[1] 凯荷：《上海小姐虞岫云嫁后生活》，《工商日报》，1934年5月10日。
[2] 旦：《青年诗人赞美艾霞》，《工商日报》，1934年5月15日。
[3] 参见蔓天《胡蝶回来了！》（《工商日报》，1935年6月29日）、蔓天《胡蝶访问记》（《工商日报》，1935年7月6日）、《庄严中渗透了温柔：影星胡蝶成婚——九江路礼拜堂衣香鬓影，全场来宾视线集中一点》（《工商日报》，1935年11月29日）等文。
[4] 参见《工商日报》，1935年3月9、12、14、16、19，5月22日的诸篇报道。
[5] 《工商日报》，1935年5月5日。
[6] 参见季子：《论自杀》，《工商日报》，1935年3月13日。
[7] 啸风：《上海一角》，《工商日报》，1936年4月9日。
[8] 《工商日报》，1934年9月19日。
[9] 《工商日报》，1935年11月29日、12月7日。
[10] 《工商日报》，1936年2月15日。

并以"专号"的形式对新出影片进行深度报道,如"《姊妹花》专号"[1]、"《暴雨梨花》专号"[2]等。下表为1934—1935年《工商日报》头版版幅过半版的上海电影公司广告,其数量甚至超过了好莱坞进口影片,这些广告丰富了上海"电影之都"的文化形象。

1934—1935年《工商日报》上海电影公司广告(部分)

时间	版幅	名称	公司	主演
1934年6月15日	半版	《渔光曲》	联华	王人美
1934年9月2日	半版	《春潮》	联华	王人美
1934年10月8日	半版	《璇宫艳史》	天一香港分公司	薛觉先、唐雪卿
1934年10月28日	半版	《香雪海》	联华	阮玲玉
1934年11月10日	半版	《花墙柳路》	明星	胡蝶
1934年11月22日	半版	《白云塔》	明星	胡蝶、阮玲玉
1934年11月26日	半版	《白云塔》(下)	明星	胡蝶、阮玲玉
1934年12月11日	半版	《红荆花》	天一香港分公司	胡蝶影[3]
1934年12月12日	整版	《红荆花》	天一香港分公司	胡蝶影
1935年2月14日	整版	《再生花》	明星	胡蝶
1935年3月28日	半版	《空谷兰》	明星	胡蝶
1935年5月19日	整版	《回首当年》	全球	陈波儿

舞业是都市娱乐文化的代表,第一次世界大战期间,跳舞开始进入香港华人社会。1930年,全港第一家舞场银月舞院建立,随后跳舞逐渐制度化。[4] 上海的舞场发展得比香港要早得多,虽然《工商日报》认为舞女将成为一个社会问题,[5]但是这并不妨碍其对上海舞业的报道:"舞场面积大小不一,灯红酒绿,陈设华美;舞女服装,争妍斗丽,素胸紧贴,香泽微闻;星

---

[1] 《工商日报》,1934年5月19日。
[2] 《工商日报》,1934年5月23日。
[3] 胡蝶影,原名胡佩环,原籍广东中山,为美籍粤剧及歌剧演员。与胡蝶非一人。
[4] 鲁言:《香港跳舞制度发展史话》,见鲁言等:《香港掌故》(第九集),第1—17页,香港:广角镜出版社,1985年。
[5] 君:《上海的舞女》,《工商日报》,1943年3月2日。

期六晚通宵达旦,浴衣伴舞轰动一时。"[1]而那些舞艺并非臻佳境却能月入千金的名舞女让其既羡又叹。[2] 上海风尚一直引领着都市潮流的发展,除了上海服饰、上海做派之外,上海的一些新时尚也被《工商日报》所关注。如最先采用女性做导游的上海向导社,[3]新成立的裸体运动组织上海"健康社",[4]等等。这些时尚也属于都市广义的娱乐生活的一部分。

香港地处岭南,其华人多来自广东,次则广西、闽南等地。许多港人对于南岭以北的中国知之甚少。30年代末,有一个长于北平的湖北人来到香港以后就抱怨说:"不拘碰到什么人,他们总都是不称我为'上海人'便是叫我做'山东佬'的;不论我如何对他们解释,告诉他们,湖北并不就是山东,北平也不是上海的一个什么小地名。"[5]港人知道山东,其印象得自于1922年港英政府从威海卫引入警员所形成的一支警员类别"鲁警";熟悉上海,则很大程度上借助于港报为他们所描绘的现代大都市的形象。30年代中期《工商日报》对上海社会的观察与书写,展示了其对都市文明的阐释与想象。而观察对象的选择其实就是一个想象的过程,上海的都市文明显然是走在香港的前面,香港通过对上海的观察,汲取着都市文明的各种要素,以追随上海都市发展的潮流。

1933年10月18日,沈从文在自己主编的《大公报·文艺副刊》上发表《文学者的态度》一文,对上海作家商业化的文学创作倾向进行了批评,"海派"作家杜衡随即反击,战况迅速升级,一时间,京沪两地的众多文人卷入了这场论战之中,形成了轰动一时的"京海"之争。文学上的争论在一年之后逐渐平息,但是其余绪一直延续至今,并传播到文学之外的其他文化领域,最终扩展为"南与北、海与陆、乡与城、中与西、现代与传统,这样一些20世纪中国文化面临的基本命题"[6]。京沪两地迥异的城市风格与文化气

---

[1] 壬:《上海的跳舞场风光》,《工商日报》,1934年7月7日。
[2] 爱德华:《上海名舞女月入千金》,《工商日报》,1934年4月24日。
[3] 《上海向导社采用女向导员》,《工商日报》,1934年10月3日。
[4] 《上海"健康社"是"天体运动的萌芽"》,《工商日报》,1934年7月10日。
[5] 温功义:《"上海人"与"山东佬"》,《星岛日报》,1939年4月20日。
[6] 吴福辉:《都市漩流中的海派小说》,第302—303页,长沙:湖南教育出版社,1995年。

质是产生这场论争的重要原因。李欧梵先生把上海和香港作为现代中国的"双城",在三四十年代的南下潮中,香港是上海的他者;而在80年代的怀乡情结中,老上海是香港的他者,两者互为镜像。[1] 然而,从当时港报对上海的评价上看,三四十年代的香港却并非天然地站在上海的一边。

《工商日报》对上海都市的观察拥有两个不同的视距,一个是其编辑记者在港的视距,另一个是游沪港人的现实视距。他们都把自己看到的上海书写到报纸上,而在书写的过程中形成了不同的上海都市想象。在香港遥望上海,看到的仅仅是一幅繁华现代的图景,而在上海以一个香港人的身份来看这个城市,却在繁华背后看到了种种丑恶。

这些报道对上海的评价是非常清晰的两分法,一方面承认其经济建设的成就,而另一方面则强调其道德上的败坏:"上海是华洋杂处的,商业繁盛,远过于港粤。不过尘俗可厉害得很,一所其间,令人作三日呕,只有法界霞飞环龙一带,还可小住,不过都市的生活总是尔虞我诈,万恶渊源,危险特甚。野鸡遍地,又是上海一种特色。对于礼仪之邦的中华,已经侮辱不堪了!"[2]

白天的上海是一个工业城市,而夜色降临之后,上海揭开了其娱乐之都的面纱,"不夜城"象征了上海的繁华,但夜晚也是滋生罪恶的温床。南京路是上海繁华的象征,而夜晚的南京路是色情买卖的场所,"全是女人的世界,这儿的男人是同样的失去了灵魂,一切的熙熙攘攘全是受着色情的狂态所驱动"[3]。在这里,"年红灯的光,正在闪烁;人肉的市场,正很热闹地营业着。人肉,如百货公司的橱窗般陈列着;人欲横流、不人道的人道,把人的假面具都揭穿了:残酷的人的天性,毫无掩饰的表现着。倘使这还不是世界的末日,那么,人将把人囫囵地吞下肚子去了"[4]。声色犬马的

---

[1] Lee, Leo Ou-fan: *Shanghai Modern: the Flowering of a New Urban Culture in China*, 1930—1945, Cambridge, Mass: Harvard University Press, 1999.
[2] 铁侠:《江浙是中国最富庶的地方:物华天宝人杰地灵》,《工商日报》,1934年5月24日。
[3] 壮游:《上海南京路的夏夜》,《工商日报》,1934年6月14日。
[4] 忆桐:《大上海的夜》,《工商日报》,1934年12月2日。

男男女女仅仅是脂粉香水,就消耗千余万,[1]而穷人却衣不蔽体,滋生了各种社会问题,"上海也是万恶的渊薮,听呀,哪一条马路上没有孤苦伶仃的乞丐的哀号?看呀,哪一条弄堂里不是挤满了赤身露体的穷汉?那□子里的赌场、妓院、旅馆、马路,都会变作杀人、抢劫……的场所。上海的夜,是产生了更大的罪恶,但是都被黑暗掩盖着"[2]。在这种情绪影响下,甚至一些似乎和社会、和时政无关的文字也要加入一些批评的话语。如一篇写到浦东的海水浴场游泳的文字,本来是"洋海浩茫水天一色胸襟开拓其乐无涯;绿波沉浮淋漓尽致沙滩大会日暖风和",可发现该浴场是建于军事要塞附近,原本是我国海军陆战队驻扎,"一·二八"之后"军事重地,现成娱乐之区,真使多愁善感的我,啼笑皆非",两人还要买来酒水,"狂歌当哭,这才重振游兴"。[3]

对于一个外地人来说,上海是一个很容易让人堕落的地方。一位港人到上海去看望一个老朋友,原来在杭州认识的,无不良嗜好,可到了上海之后,每天早上九点睡觉,晚上八点起来,还需要靠抽大烟来振作精神,因为他每天晚上要去舞场。上海使他彻底堕落了。[4] 正因如此,很多港人对上海的态度是负面的:"我讨厌上海:讨厌那碧眼儿的西洋人,讨厌那欺善怕恶的黄包车夫(人力车夫),讨厌那无廉耻的汉奸,讨厌那仗势欺人的劣绅,我更讨厌那面目狰狞的日本人:总之这'生存竞争'冷酷的上海是使我深刻地留着一种不良的印象而使我讨厌!"[5]

30年代中期《工商日报》中的上海都市想象呈现出两个不同的趋向。一方面是对上海繁华的都市文明的追逐,而另一方面则是对文明背后罪恶的警惕和批判。在都市想象中,他们将罪恶的来源归之于都市商业化的发展,呈现在他们面前的上海都市化之路是走向繁荣的必由之路,但会带来

---

[1]《骄奢淫乐之上海士女:"声色犬马"消耗千余万——脂粉香水九个月一百二十五万,进口均有增无减使人黯然销魂》,《工商日报》,1934年10月25日。
[2] 天曼:《"不夜城"大上海景象素描》,《工商日报》,1934年6月11日。
[3] 九君:《初夏的高桥海滨》,《工商日报》,1934年6月16日。
[4]《如此上海——新鲜的也是平凡的》,《工商日报》,1934年10月24日。
[5] 余质:《将来的上海》,《工商日报》,1934年8月2日。

极大的贫富差距与道德沦丧。面对这种两难,港人对于都市化的心态是非常矛盾的,而这种矛盾也最终反映到其对上海的评价上:

> 上海毕竟是中国唯一的大商埠,是中国的文化中心地,是物质文明最发达的地方。最光明的,最黑暗的,最污浊的,最万恶的,最繁华的,最快乐的,最可爱的,最可怕的……诚不能再说了,总之,上海就是如此的上海吧。[1]

《工商日报》这个时期对上海的都市想象别具特色。30年代中期是上海都市文明较为独立和繁荣的阶段。其后,由于抗战以及内战的影响,上海繁华不再。而《工商日报》对上海报道的核心也变为对其命运的担忧,"江河日下"成为这个时期报道的关键词。上海都市的衰落使得港人的评价不再矛盾,借用当时美联社主任韩普森的一句话就是"由沪抵港有如监禁期满出狱"[2]。横向作比的话,30年代众多的上海小报也揭露出上海都市的黑暗,但一方面它们不是有影响的门户大报,多是同人刊物,其所有文字的观点具有统一的趋向性,不够客观;另一方面这种批判更多是吸引读者兴趣的手段。《工商日报》为民国香港三大商业化报纸之一[3],在香港有着极大的影响力,1933年独家报道"闽变"轰动一时,"计当日的《工商日报》《工商晚报》及《天光报》,每日销纸十五万份,那时,香港人口只有八十万"[4],翌年入选上海中山文化教育馆所评的中国十大报。[5]《工商日报》在香港远观上海,其对于上海的都市想象是出于其自身建设都市文明的需要,新闻报道虽然也要吸引读者,但尽量还是从客观的角度来进行,至于批

---

[1] 天曼:《"不夜城"大上海景象素描》,《工商日报》,1934年6月11日。
[2] 《美联社主任韩普森谈"香港上海比较"》,《工商日报》,1937年3月17日。
[3] 另两份为《循环日报》与《华侨日报》。
[4] 李家园:《香港报业杂谈》,第71页,香港:三联书店(香港)有限公司,1989年。
[5] 上海中山文化教育馆编纂《中国日报索引》,将《工商日报》、上海《申报》、《新闻报》、《时事新报》、天津《大公报》、北平《晨报》、南京《中央日报》、汉口《武汉日报》、《广州民国日报》、星加坡《星洲日报》选为中国十大报,见《工商日报》,1934年7月5日。

判的文字主要集中在市民来稿的"市声"版,版面分配的不同也体现了该报的客观性。

香港《工商日报》创刊于 1925 年 7 月,由侨商洪兴锦、王德光等和报人潘惠俦、黎工佽等合力经营,首任总编辑为黎工佽。时值"五卅运动"之高潮,黎工佽称其宗旨为调和工商两界之矛盾,代表工人与资本家共同的利益。[1] 1929 年改组后由著名港商何东接任董事长,则完全偏向商界。何东是英皇赋予爵士衔的香港显赫人物,经营有金融、股票、地产等各种业务,接办《工商日报》可使自己消息灵通,有助于经营业务的发展,又可巩固自己的地位和提高声望。何东为该报投下大量资金,拨出德辅道中四层高的民房一栋做报社新地址,并装置德国 M. A. N 转轮印报机,充实设备,延揽人才,业务日有起色。1931 年,何东中文秘书胡轶五任社长,此后的几十年间一直作为何东家族意志的体现者经营该报,留法学者袁擢英任总编辑,直至 1937 年始离职,是 1941 年香港沦陷前,在任《工商日报》总编辑位最久的一位。[2]

《工商日报》代表了香港报刊发展的一个新阶段,可谓是"'资本家出钱,专家办报'在香港的第一个尝试"[3]。在 30 年代中期《工商日报》的管理层中,体现资本家意志的自然是胡轶五,而专家则指的是袁擢英,他们对于上海都市文明的态度都体现出一种肯定与批判相结合的两分法。胡轶五是何东的代言人,何东作为香港商界巨头,对于工商业的信息和潮流自然是极为关注,这是肯定的一面;但同时何东与国民党政权关系密切,其第三子何世礼(即 1956 年何东逝世之后《工商日报》的掌门人)是国民党党员,为民国军界政要。国民党政权一直鼓吹自己的"革命性",对于上海的民族资产阶级采取利用与打压相结合的政策,而在宣传上着重批判资产阶

---

[1]《工商日报·发刊词》称"工是生产的,商是企业的……顾我国工商两界,往往不互助而互排……本报之设,所以谋工商两界之利益,所以谋工商两界之联合,以达到真正救国之目的",见《工商日报》,1925 年 7 月 8 日。
[2] 1937 年至 1941 年,《工商日报》总编辑依次为胡轶五、袁擢英、李振中、梁宽。
[3] 林友兰:《香港报业发展史》,第 73 页,台北:世界书局,1977 年。

级的道德问题,所以《工商日报》出现批判文字也是非常自然的事情。

除了《工商日报》上编发的文章之外,没有太多的直接证据表明袁擢英对于都市文明的观感,但是可从其经历与家人的风骨立场来加以推测。袁擢英兄弟三人曾于1921年留学法国,对于西方文明有着直观的印象和理解,袁擢英本人晚年亦定居巴黎,故而其思想中对西方文明亦当有肯定的一面;同时,袁擢英的家庭既秉承着严谨正直的道德传统,也受到过共产主义思想的影响。其父名袁厚常,字居敦,曾经多次代人考举人,自己却不愿进入官场。有三子,长子袁拔英,次子袁振英,三子袁擢英。袁振英曾是《新青年》的专栏主持人,上海共产主义小组成员,信仰并致力于研究共产主义和无政府主义,为中国共产党的创立做出过重要贡献,不过在1921年9月三兄弟赴法留学后就脱离了共产党,当然这种脱离只是组织关系上的脱离,而非信仰的改变。袁氏兄弟受其父的影响很大,袁振英曾承认自己的性格深受父亲影响:"我也遗存父亲的性格,一生不肯做贪官污吏、土豪劣绅、奸商市侩,也以教书为职志。"[1]据说,其脱离共产党的原因也极具文人气,是因为看不上陈独秀的人品。[2] 家人如此,袁擢英当亦会直面霓虹灯下的血泪。

正因双方都有着这样的思想基础,故而袁擢英会尽力帮助胡轶五展现上海的都市时尚画卷,而胡轶五也不会干涉袁擢英选取那些批判上海罪恶的读者来稿。

报刊的观点为经营者与编纂者所决定,但是更深层次地说,还是与当时社会整体心态息息相关的。30年代中期《工商日报》对于上海都市文明矛盾的心态,在一定程度上体现了香港华人对于都市化及其所引发的消费主义、享乐主义等附加影响的复杂心态。

作为一份商业性报刊,《工商日报》主要服务于工商业人士,[3]除了固定的"工商界"版之外,亦刊登众多其他有关商业信息。同时,广东人也是上海工商界的重要组成部分,广东商人混迹在上海的名利场,做着娱乐业

---

[1] 转引自李继锋等:《袁振英传》,第3页,北京:中共党史出版社,2009年。
[2] 李继锋、郭彬:《袁振英——陈独秀的得意弟子》,《炎黄春秋》,2008年第3期。
[3] 刘蜀永主编:《简明香港史》,第245页,香港:三联书店(香港)有限公司,2009年。

的恩主。故而,这些《工商日报》主要读者的口味是很偏沪风的。而从香港华人社会的角度来讲,由于两地同为受西方殖民势力影响甚深的沿海城市,城市气质上颇为相似,[1]所以香港华人对上海时尚也多有追逐,李培德谈到20世纪20年代港人好沪风的现象,与30年代中期差别不大:

> 1920年代,香港并没有现代文学,有的只是太史公古老的一套。香港和上海一样,很国际化、西洋化、多元化,还富有殖民地色彩。在香港念英文的所谓"番书仔"、"番书女",觉得不需要太史公,要找另外的学习对象,向北看却看不起广东,一看就看中上海。因香港还对上海有亲切感,那里有咖啡厅、西方电影,谈恋爱时可以跳跳舞,真是一拍即合,所以1920年代香港人都以上海为学习的对象。[2]

港人虽尚沪风,对于都市文明却并非全盘接受。上海是都市文明的代表,但是30年代的香港如20世纪初之前的上海,并没有形成完整的地域文化,即"香港人"的概念在那个时候还没有出现。

20世纪早期的香港市民对都市没有归属感和认同感,很多游沪港人自称为"广东人",经常拿"广东""广州"和"上海"对比,而不是以"香港人"的身份。[3]陈启祥说:"香港原来是一个'过客社会',殖民地都市。原居民只求一宿两餐,对香港缺乏归属感,社会更缺乏凝聚力,也没有香港文化。"[4]如《工商日报》在1941年前的几任总编辑都不是香港本地人,袁擢

---

[1] 新华影业公司影片《六十年后上海滩》的电影海报称"香港有小上海"之称,见《星岛日报》,1939年4月23日。
[2] 转引自李培德:《略论1940年代寓居香港的上海人》,见梁元生、王宏志编:《双龙吐艳:沪港之文化交流与互动》,第66页,香港:香港沪港发展联合研究所、香港中文大学香港亚太研究所,2005年。
[3] 铁侠:《江浙是中国最富庶的地方:物华天宝人杰地灵》,《工商日报》,1934年5月24日。
[4] 陈启祥:《香港本土文化的建立和电视的角色》,见冼玉仪编:《香港文化与社会》,第80页,香港:香港大学亚洲研究中心,1995年。

英是广东东莞温塘人,胡轶五是广东顺德人,李振中为外省人,梁宽原就读于岭南大学医学院,未毕业就来港入报界。很多人只是赴港谋生,逢年过节都要回到广东,并不是天然地认为自己是一个都市人。居住在香港的大多数华人对香港并没有太多的归属感,香港对于他们来说,只是一个工作的地方,而非自己的故乡。每逢重大节日,他们都要设法回乡。《1921年香港人口普查报告》称:"清明时节每一个成年男性华人都要尽量返回乡下祭拜祖先。阴历三月,以佣人、警察等工作为职业的人通常请假十天回乡,商人们回乡的时间更长一些。在此期间,商务要让位于祭祖的职责。"[1]而当他们在其他地方获得工作机会的时候,也会离开香港高就,如袁擢英在1937年即赴中山大学任教授。

30年代中期,沪港两地虽然气质相近,但都具有自己独立的性格。那时的香港社会在消费观念上还是趋向于保守和节俭,"知悭识俭的妇人主持中馈,不只洗净铅华,节衣缩食,不敢过分享用"[2],并不认同当时上海的消费主义狂潮。那时香港的繁华程度,根本无法与"东方的巴黎"上海相比,其繁华只在港岛一隅,而广大的九龙、"新界"都是穷乡僻壤。华人主要是来"混穷"的,富人不多。经济也没有腾飞,社会生产力比较低下,表现在文学里,"香港小说中,直至70年代以前,竟然并未出现《子夜》中的吴荪甫、赵伯韬之类的工商业巨子的形象。80年代以后,这样的人物才在香港小说中大量涌现。70年代以前的香港小说中的香港,似乎并不是一个豪华的国际大都会,而更像一个充满了饥饿和困苦的穷街陋巷"[3]。

直到50年代,英国人还认为"鲜有华人视香港为家"[4],是战争促成

---

[1] 《1921年香港人口普查报告》(Report of the Census of the Colony for 1921),见《香港统计报告,1841—1941》(Hong Kong Census Reports,1841—1941),第155页,香港:政府印务局,1965年。转引自刘蜀永主编:《简明香港史》,第203页,香港:三联书店(香港)有限公司,2009年。
[2] 《贤能主妇其抉择之》,《华侨日报》,1965年9月11日。上引内容为该文中回忆三十年前(即20世纪30年代)香港社会之语。
[3] 袁良骏:《香港小说史》(第一卷),第5页,深圳:海天出版社,1999年。
[4] Harold Ingrams:*Hong Kong*,London:Her Majesty's Stationery Office,1952,p245.

了香港社会的"上海化"。1938年抗战和1947年内战促成了两次沪人赴港的南下潮,他们带来了大量的内地资本,成为当时和以后香港经济发展的中坚力量,但同时也把上海的奢侈风尚与享乐主义带到了香港。1938年4月,萨空了撰文批评"抵港沪人"把"奢侈的生活习惯带到香港,影响实在太深,他们罔顾'祖国在危难中'之现实,将国家的前途置之度外,实在过分"[1]。1949年后,香港与内地由于政治原因隔离开来,在港华人和内地的流动停止,伴随着六七十年代香港经济的腾飞,在港华人才最终形成真正意义上的"香港人","从八十年代初开始,'香港人'这个概念迅速冒升成为一个本地华人统一的籍贯,反映出一个清晰的本地身份认同已经出现"[2],从此也开创了属于自己的都市文化,消费主义与享乐主义兴起。而随着时光的流逝,30年代上海都市文明在港人记忆中逐渐理想化,其丑恶的一面被有意无意地淡化。至此,港人才真正认同那个世纪繁华的代表。

要之,30年代中期《工商日报》对于上海都市文明的矛盾态度虽然有报刊编纂者的影响,但在深层次上则反映了"香港人"形成过程中对都市的向往与疏离、追求与戒备的复杂心态。虽然早在上海都市化初期,上海本地文人和媒体就已经注意到都市化的负面影响,如从《海上花列传》开始,都市文学就一直在讲述外乡人在上海的堕落,但是,近代上海的都市发展在中国是没有其他城市可以与之相参照的,所以上海的文学与报刊更多是一种自省,而《工商日报》中的上海都市想象则体现出了一种对照和思考,所以也就具有特别的地域文化史意义。

---

[1] 李培德:《略论1940年代寓居香港的上海人》,见梁元生、王宏志编:《双龙吐艳:沪港之文化交流与互动》,第62页,香港:香港沪港发展联合研究所、香港中文大学香港亚太研究所,2005年。
[2] 蔡宝琼:《香港文化现象:理论探索的几个方向》,见冼玉仪编:《香港文化与社会》,第51页,香港:香港大学亚洲研究中心,1995年。

第三章
抗日救亡与大众传媒

20世纪30年代是一个危机重重的时代。1929年,欧美和日本等资本主义国家爆发了世界性经济危机;为了转嫁危机,处于东方的日本于1931年挑起了"九一八"事变,中国再一次面临民族存亡危机。1931年,中国大地还发生了一个重要的事件,那就是中国共产党在江西建立了苏维埃政权。经济危机、日本入侵和中国革命,这三个方面交织缠绕,深刻地影响了中国历史和社会的进程。

第一节 媒体界的抗日救亡运动

1931年,日本发动侵华战争。在战争爆发之前,世界和中国的形势都发生了重大变化,世界性的经济危机也影响了日本和中国,日本为了摆脱危机,开始将目光对准我国东北三省乃至整个中国。随着"九一八"事变爆发,民族危机加深,中国国内的抗战情绪日益高涨,报纸等大众媒体也积极投身抗战,"抗敌救国"成为各大媒体的主题。例如,报纸界就提出了"报纸救国"的口号。提出这一口号的成舍我认为,在民族危机时刻,"报纸救国"是"中国眼前的对症良药":

> 我们必须藉着报纸的力量使每一个中国人,都知道国家和个人,是一而二,二而一。贪官污吏侵吞了国家一个小钱,大家心

痛,就等于自己家里辛苦喂成的鸡鸭被扒手偷去一样,纵然不能请求警察作有效的追捕,但是假若知道了这个贼的所在,一定要去和他拼个你死我活。至于国家领土,若是遇到异族的侵略,那么,占去了国家的一寸土,就等于各人自己的一间屋一亩田被人霸据了一样,只要有一分力量,子子孙孙,总不肯善罢甘休。人人如果都有这样国事等于家事的精神,岂但目前的内忧外患,不成问题,就是中华民国,整个被人家征服了,我们也自有光复旧物、还我河山的一日。

所以我们虽然在这"救国"二字极不景气的时候,我们还是要揭起"报纸救国"的大旗。因为我们认定了,只有祷祝这种大众化报纸的兴起,那才是中华民国的根本救星。[1]

日本侵略东北之后,邹韬奋的《生活》周刊立刻发动支持东北马占山将军的捐款运动:"也许诸君里面有许多人还记得,在马占山将军为抗敌救国血战嫩江的时候,《生活》周刊除在言论上大声疾呼,唤起民众共同奋斗外,并承国内外读者的踊跃输将,争先恐后地把捐款交给本刊汇齐汇寄前方。其中有一位'粤东女子'特捐所得遗产两万五千元,亲交给我收转。"[2]许多小商人以及村夫都踊跃捐款,一共筹得款项12万元。为了将捐款尽早交到前线,邹韬奋带领杂志社的人员加班加点,经常工作到深夜。

在上海,1932年"一·二八"战争爆发后,《申报》主人史量才立刻组织成立了"上海市民地方维持会",组织和号召市民为英勇抗战的十九路军捐款捐物。《申报》更是这样,在整个战争期间,停登收入不菲的一切文艺娱乐广告,一日三刊,滚动报道战事动态,发布各种爱国捐助启事……及时发表打击敌人、鼓舞军民士气的'时评'。"[3]

---

[1] 成舍我:《报纸救国》,《成舍我先生文集·大陆篇》,第152—153页,台北:世新大学舍我纪念馆,2013年。
[2] 邹韬奋:《邹韬奋自述》,第86页,合肥:安徽文艺出版社,2013年。
[3] 庞荣棣:《申报魂——中国报业泰斗史量才图文珍集》,第119页,上海:上海远东出版社,2008年。

1937年，抗日战争全面爆发，中日两国媒体也成为总体战体系的一部分，迅速投入到了战争报道中。"为了煽动国家意识，日本政府注重煽动对敌国的民族憎恶的宣传活动；另一方面，进行了削弱敌方国家国民士气，让其形成战败意识的心理战。""其后，日本政府对报纸、广播和杂志等言论、报道机关进行总动员，诱导国内舆论，全面展开了国际性的宣传战、思想战。"[1]

为了对抗日本的侵略，国民党和共产党开始了第二次合作，当然这一过程是戏剧化的，因为如果没有1936年的"西安事变"，第二次国共合作就无法谈起，而"西安事变"爆发也是一场由各种政治和媒介力量操作的"新闻大战"。斯诺认为在这场"新闻大战"中，南京政府的独裁统治令人吃惊，因为所有的信息都被南京政府控制，任何刊载西安传出消息的编辑将"遭到逮捕的危险"："有三天之久，没有人知道蒋介石的生死下落——除了美联社以外，该社断然宣称，张学良已在电台上报告过他如何把蒋介石杀死，以及杀死他的理由。没有人知道叛军究竟打算干什么，很少人充分了解他们的立场的政治意义；甚至一些同情他们的人也因为错误的报道而谴责他们。南京切断了与西北的一切通讯和交通，西北的报纸和宣言都被检查官烧了。西安整天广播，一再声明不向政府军进攻，解释他们的行动，呼吁各方要有理智和要求和平；但是南京的强有力的广播电台进行震耳的干扰，淹没了他们说的每一句话。在中国，独裁政权对于一切公共言论工具的令人吃惊的威力，从来没有这样有力地表现过。"[2]"西安事变"不仅是一场兵变，而且埃德加·斯诺在《西行漫记》中关于"西安事变"的记述也生动显示了当时广播、报纸等媒介在政治、军事和日常生活中的重要性。在这场震惊中外的历史事件中，《大公报》连续发表了《西安事变善后》《再论西安事变》《给西安军界的公开信》《对西安负责者之最后警告》《陕局解决之第一步》，敦促西安军政各界妥善解决问题，广大民众也在焦急地等待媒体所提供的信息。

---

[1] [日]山本文雄编著：《日本大众传媒史》，诸葛蔚东译，第159页，桂林：广西师范大学出版社，2007年。
[2] [美]埃德加·斯诺：《西行漫记》，董乐山译，第421页，北京：东方出版社，2005年。

"西安事变"最终和平解决,国共达成了和平协议,开始对付共同的民族敌人——日本帝国主义。1937年,蒋介石发表了著名的"庐山谈话",表达了捍卫中国领土、誓死抗战到底的决心:

> 政府对于卢沟桥事件,已确定始终一贯的方针和立场,且必以全力固守这个立场。我们希望和平,而不求苟安;准备应战,而决不求战。我们知道全国应战以后之局势,就只有牺牲到底,无丝毫侥幸求免之理。如果战端一开,那就是地无分南北,年无分老幼,无论何人,皆有守土抗战之责,皆应抱定牺牲一切之决心。所以政府必特别谨慎,以临此大事;全国国民亦必须严肃沉着,准备自卫。在此安危绝续之交,唯赖举国一致,服从纪律,严守秩序。希望各位回到各地,将此意转于社会,俾咸能明了局势,效忠国家,这是兄弟所恳切期望的。[1]

"庐山谈话"内容的初稿便是由著名报人程沧波所起草。中国共产党也在"七七事变"之后迅速通电全国,号召全国人民抗击敌寇。在《为动员一切力量争取抗战胜利而斗争》以及《国共合作成立后的迫切任务》中,毛泽东肯定了蒋介石的抗日精神,号召国共合作:"以西安事变和国民党三中全会为起点的国民党政策上的开始转变,以及蒋介石先生七月十七日在庐山关于抗日的谈话,和他在国防上的许多措施,是值得赞许的。所有前线的军队,不论陆军、空军和地方部队,都进行了英勇的抗战,表示了中华民族的英雄气概。"[2]"我们民族已处在存亡绝续的关头,国共两党亲密地团结起来呵!全国一切不愿当亡国奴的同胞在国共两党团结的基础之上亲密地团结起来呵!实行一切必要的改革来战胜一切困难,这是今日中国革命的迫切任务。完成了这个任务,就一定能够打倒日本帝国主义。只要我

---

[1] 蒋介石:《对卢沟桥事件之严正声明》,1937年7月17日。
[2] 毛泽东:《为动员一切力量争取抗战胜利而斗争》,《毛泽东选集》(第二卷),第324页,北京:人民出版社,1952年。

们努力,我们的前途是光明的。"[1]

在日益浓烈的抗战气氛中,不同阶层、不同地域和不同军事力量的人都加入了抗战队伍,而电报、报纸以及电影等大众媒介在提升民族士气、宣传抗战理念方面发挥了重要作用。老牌的报纸《大公报》《申报》在战争爆发后积极号召全民族"抗战",一大批宣传抗日救亡的报纸也纷纷创办,如《救亡日报》《抗战》《文化战线》等等,各种报刊上都发表了大量鼓舞士气和人心的抗战文章,宣扬抗日救国的主张。下面这段文字就是著名报人邹韬奋所写,他大声呼吁全民族团结,共赴国难:

> 在这个时候,我们要积极提倡民族统一阵线来抢救我们的国家,要全国团结御侮,一致对外,我更无须加入任何党派,只须尽我的全力促进民族统一阵线的实现,因为这是抗敌救亡的唯一有效的途径……所谓民族统一阵线是:全国人民,无论什么阶级,无论什么职业,无论什么党派,无论有什么信仰的人们,都须在抗敌救亡这个大目标下,团结起来,一致对付我们民族的最大敌人。在这个民族阵线之下,全国的一切人力、财力、物力,都须集中于抗敌救亡。为保障民族阵线的最后胜利,凡是可以增加全国力量的种种方面,都须千方百计地联合起来;凡是可以减少或分散全国力量的种种方面,都须千方百计地消灭或抑制下去。无论任何个人和个人,任何集团和集团,纵然在已往有过什么深仇宿怨,到了国家民族危亡之祸迫于眉睫的时候,都应该把这深仇宿怨抛弃不顾,联合彼此的力量来抢救这个垂危濒亡的国家民族。[2]

著名报人成舍我直接提出了"报纸救国"的主张,他强调"'纸弹'亦可歼敌",要想让抗日主张为百姓接受,必须借助于报纸等大众媒介,政府要认识到报纸等大众媒介在民众宣传和社会动员方面的重要性。针对抗战

---

[1] 毛泽东:《国共合作成立后的迫切任务》,《毛泽东选集》(第二卷),第342—343页,北京:人民出版社,1952年。
[2] 邹韬奋:《邹韬奋自述》,第88页,合肥:安徽文艺出版社,2013年。

的形势,他还从组织宣传的角度提出了抗日宣传的三个原则——指挥统一,目标集中,对象普及。他说:"我极力呼吁,宣传应以全国军民为对象,最低限度,每团有一阵中版,每县有一地方版。而所有宣传资料,连题目大小,次序先后,都应完全由中央主管宣传之总机构编定播发。"[1]他认为,只有这样,才能将抗战的纲领通过有效的组织宣传传播到每个士兵和全国每个民众心中。他号召报界要降低报纸价格,实行"报纸下乡",让老百姓买得起报纸,看得起报纸,这样才能让报纸的抗日宣传理念为更多的百姓所熟知。[2]不过,成舍我也知道,大众报纸是城市文化的产物,报纸行销集中在都市社会,报纸对象往往也是集中于少数公务员和知识分子,所以"'报纸下乡',仍只被视为一种空泛的理想"[3]。

在各种宣传抗日的报刊中,以1902年创办的《大公报》影响最大。"忘己之为大,无私之为公",《大公报》的报名由此而来,创办人英敛之视报纸为社会公器。1926年,胡政之、吴鼎昌和张季鸾接办《大公报》,将《大公报》办成了一份精英化的高级报纸,以"不党、不卖、不私、不盲"的报道理念引领了民国时期的公共舆论。自"九一八"事变以来,《大公报》一直是一份积极宣传抗战的大报,全国第一个报道1931年"九一八"事变的就是《大公报》。"当报馆接到消息时,已是19日凌晨4点报纸将要付印之际,主持夜班的总编辑张季鸾只好将这条新闻增补在第三版最下位置,标明是'最后消息'。"[4]不过,这条信息虽然很小,却是轰动全世界的一条"独家新闻"。1931年之后,《大公报》发表了大量宣传抗日的政论文章,如《愿日本国民反省》《国家真到严重关头》《中国岂堪被人零割》《中日问题之趋势》《日本之暴力政变》等,呼吁全体国民团结起来,共赴国难。

李金铨认为,《大公报》有四个重要特征:"第一,该报不求权,不求财,

---

[1] 成舍我:《我们需要平价报》,《成舍我先生文集·大陆篇》,第229页,台北:世新大学舍我纪念馆,2013年。
[2] 成舍我:《"纸弹"亦可歼敌》,《成舍我先生文集·大陆篇》,第181页,台北:世新大学舍我纪念馆,2013年。
[3] 成舍我:《我们需要平价报》,《成舍我先生文集·大陆篇》,第230页,台北:世新大学舍我纪念馆,2013年。
[4] 张功臣:《民国报人——新闻史上的隐秘一页》,第216页,济南:山东画报出版社,2010年。

不求名,自许为文人论政、言论报国的工具。""第二,《大公报》提倡的新闻观,在精神上(如果不是在实践上)神似西方专业主义。但西方专业主义在历史上是市场经济勃兴的产物(Schudson,1978);而《大公报》的专业标准则基于儒家知识分子的道德责任,对市场的作用多持疑虑。""第三,《大公报》比梁启超时代甚至同时代的同业更注重新闻报道。""第四,《大公报》和其他自由派知识分子都展现了强烈的国家主义倾向。抗日战争以前,该报时常抨击国民党和蒋介石独裁;在抗战炮声中,张季鸾以国家存亡为念,转任蒋的'诤友',在国家利益高于一切的原则下,该报呼吁全国(包括共产党)团结在蒋介石的身边,为国奋斗。"[1]由此,《大公报》提升了大众报纸在民众中的地位,在抗日战争中发挥了重要作用,并且于1941年获得了美国密苏里大学新闻学院颁发的当年最佳外国报纸荣誉奖章。不过,因为团结抗战需要,《大公报》其实也逐渐偏离了原来"不党、不卖、不私、不盲"的报道精神。1939年,张季鸾在香港《大公报》撰文谈日本侵华战争对中国报纸的巨大影响时指出,由于抗战,民国以来报纸媒体的性质其实发生了转变,开始由信仰"英美自由主义"转向了成为受到政府统制的"公共宣传机关":"所以本来信仰自由主义的报业,到此时乃根本变更了性质。就是,抗战以来的内地报纸,仅为着一种任务而存在,而努力。这就是为抗战建国而宣传,所以现在的报,已不应是具有自由主义色彩的私人言论机关,而都是严格受政府统制的公共宣传机关。国家作战,必需宣传,因为宣传战是作战的一部分,而报纸本是向公众做宣传的,当然义不容辞的要接受这任务。"[2]对于抗战时期的报纸和其他媒体而言,宣传抗战高于一切。

为了更好地抗击日本侵略,国民政府制定了外交、军事、政治、经济、民众运动等纲领,目的是使"全国力量集中团结"。在这个总动员体系中,新闻媒体得到了国民政府的高度重视。1938年11月3日,国民参政会一届二次大会通过了《拥护抗战建国纲领确立战时新闻政策促进新闻事业发展

---

[1] 李金铨:《超越西方霸权——传媒与"文化中国"的现代性》,第67—69页,香港:牛津大学出版社,2004年。
[2] 张季鸾:《抗战与报人》,《张季鸾集》,第362—363页,北京:东方出版社,2011年。

决议案》,这个决议的目的就是加强"战时新闻宣传",确立"战时新闻政策"。"战时新闻政策"从确立新闻报导原则、调整新闻宣传机构、增进新闻记者之工作效能等三个方面着手加强新闻管理。例如,在调整新闻宣传机构时着重强调了以下几点:

(一)改善新闻检查制度,使之不仅实施消极的检查工作,更应推行积极的指导任务。一、统一全国新闻检查机关,新闻检查所应由全国新闻管理机关统筹支配,务使政府确定之方针,不受任何地方关系之限制。二、新闻检查人员之任用,应由全国新闻管理机关统筹支配,其资格必须有从事新闻事业三年以上历史,并得正式新闻机关证明确有新闻事业学识经验者为合格。三、新闻检查机关应随时召集当地报社编辑人参加谈话,共同商讨各种新闻上之有关问题及法令等,以收切实领导之效,并接受报社贡献之意见。四、订定新闻检查人员之奖惩办法,如新闻检查人员违反确定"报导原则",而滥施职权时,应加以严厉之惩处,以杜流弊,而保障合法之舆论。

(二)扩充全国通讯广播事业。一、充实国家通讯社,以县行政区为单位,每一单位至少设立通讯员一人,特别应首先注意于鄂、川、滇、黔、湘、桂六省之普遍发展,逐渐推及康、甘、陕、粤、苏、浙及其它沦陷区域。二、充实国家广播事业,使之深入乡村,以乡村区行政为单位,每单位至少应设立收音机一具,特别应首先向边疆各地及沦陷区普遍发展。对于鄂、川、滇、黔、湘、桂六省,力求其一年内实现。

……[1]

另外,该"战时新闻政策"还提出扶助新闻事业、统筹安排报纸发行、奖

---

[1] 《国民参政会一届二次大会拥护抗战建国纲领确立战时新闻政策促进新闻事业发展决议案》,见四川大学马列教研室编:《国民参政会资料》,第105—106页,成都:四川人民出版社,1984年。

励地方办报以及增强国际新闻宣传力量等措施。在朱家骅等人的组织策划下,国民党高层还积极拉拢知识分子创办文化杂志和学术刊物,如《学林》《思想与时代》《文史杂志》等,积极宣传抗战。当然,这些文化刊物也成了国民党宣传三民主义、维护国民党统治的舆论工具和宣传机器。"抗战期间顾颉刚接办《文史杂志》,因未能有力地贯彻国民党的旨意,到1944年4月,党政考核会即以其无益于宣传,拟停发经费。"[1]而且,由于抗战时期物价飞涨,尽管有国民党政府的支持,许多刊物依然经费紧张,难以为继。"国民党内派系众多,盘根错节,彼此掣肘,相互拆台,严重妨碍决策和执行。《文史杂志》社由国民党执行委员会秘书长叶楚伧兼社长,实际社务由顾颉刚主持。因叶氏多病,秘书处由吴铁城掌管。在朱家骅和叶楚伧均无暇顾及的情况下,《文史杂志》社很快陷入财政穷境。战时物价飞涨,而杂志社经费增长远远跟不上物价涨幅,经费仅由开始的8 600元增至13 000元,与最低月开支40 000元相比,至少月亏27 000元。"[2]

第二节 大众刊物的兴起:以《生活》周刊为例

20世纪二三十年代,北京、上海等地的出版事业十分繁荣,涌现了大量的大众杂志和通俗画报。但是,由于当时社会形势复杂、市场环境多变,能够拥有持久生命力的刊物倒并不多。沈从文在《谈谈上海的刊物》一文中这样分析当时上海的刊物状况:

> 杂志多有两个原因:一是杂志范围性质宽,内容杂,能广泛的吸收作家,也能广泛的吸收读者,容易办。二是上海方面要作生

---

[1] 桑兵:《抗战时期国民党策划的学人办报》,见李金铨主编:《文人论政:知识分子与报刊》,第227页,桂林:广西师范大学出版社,2008年。
[2] 桑兵:《抗战时期国民党策划的学人办报》,见李金铨主编:《文人论政:知识分子与报刊》,第228页,桂林:广西师范大学出版社,2008年。

意的书店多,要写文章的作者多,不新起炉灶不成。三是作官的个人或机关团体为了某种原因,也办杂志。但许多刊物皆随起随灭,有些被查禁,停了;有些支持不下去,三二月又自行歇手了。因此杂志虽然多,能继续生命到一年以上的却仍然不多。尤其是文艺杂志,有些出创刊号时就先作声明,刊物是凑成的。[1]

在众多的杂志中,《东方杂志》《申报月刊》《良友》《西风》《玲珑》《半月》以及《生活》等都是有广泛影响的,其中最著名的要数伍联德于1926年创办的《良友》画报和邹韬奋于1926年接手的《生活》周刊。《良友》画报适应了现代都市社会的需求,一创办便风靡上海滩:创刊号初版3 000册,两三天内售空,再版2 000册不足应付,又再版2 000册,总共7 000册,在当年,是个不错的数目了。《良友》画报将目光对准电影明星和普通市民,女性成为杂志的焦点,显示了民国时期女性地位的普遍提高。杂志封面上的女郎千姿百态,大多数着装摩登时髦,不仅展现了现代女性的魅力,而且也成为摩登上海的名片。李欧梵认为,《良友》画报敏锐地意识到"大众在日常生活层面可能需求一种新的都会生活方式"[2]。对于摩登大都会和现代生活的关注让《良友》声名远播。

相对于《良友》画报的"中产阶级趣味",最初由黄炎培主编,一年后由邹韬奋接手的《生活》周刊则强调"大

《良友》画报(1926年第1期)

---

[1] 沈从文:《谈谈上海的刊物》,《沈从文文集》(第十二卷),第174页,广州:花城出版社,香港:生活·读书·新知三联书店香港分店,1984年。
[2] [美]李欧梵:《上海摩登——一种新都市文化在中国1930—1945》,毛尖译,第77页,北京:北京大学出版社,2001年。

众立场"和"平民意识"。邹韬奋在青少年时代便对新闻报纸有着浓厚兴趣,在中学里读书的时候,他还常常到附属小学的老师沈永癯那里求教,因为这位老师家里订了许多报刊,"他的书橱里有着全份的《新民丛报》,我几本几本地借出来看,简直看入了迷。我始终觉得梁任公先生一生最有吸引力的文章要算是这个时代的了。他的文章的激昂慷慨、淋漓痛快,对于当前政治的深刻的评判,对于当前实际问题的明锐的建议,在他的那支带着情感的笔端奔腾澎湃着,往往令人非终篇不能释卷。我所苦的是在夜里不得不自修校课,尤其讨厌的是做算学题目;我一面埋头苦算,一面我的心却常常要转到新借来放在桌旁的那几本《新民丛报》!"[1]从青少年时代,邹韬奋便立志从事新闻事业。1925年11月,在《教育与职业》月刊的基础之上,《生活》周刊创办。不过,根据邹韬奋自己回忆,《生活》周刊创办的最初意旨是"传播关于职业教育的消息",后来在时代环境、主编自己的个性倾向以及一般读者的要求下,《生活》周刊的刊物理念才发生了转向,由"传播关于职业教育的消息"逐渐转变到"研究社会和政治问题"以及关注"大众生活"等议题上。邹韬奋后来在回忆《生活》周刊时强调了几点成功经验——要有创造的精神,内容力求精警,要顾到一般大众读者的需要,以及要有志同道合的同志协助,不能唱"独角戏"。[2]邹韬奋办刊物讲究"独出心裁",他认为单张的格式被人模仿得太多,便采用"订本的格式",当订本格式被人模仿多了,他又计划添加"画报",始终保持刊物在风格上的独特性和领先性,而《生活》周刊所倡导的大众理念更是得到了广大读者的认同:

> 要顾到一般读者的需要。我在这里所谈的,是关于推进大众文化的刊物(尤其是周刊),而不是过于专门性的刊物。过于专门性的刊物,只要顾到它那特殊部门的读者的需要就行了;关于推进大众文化的刊物,便须顾到一般大众读者的需要。一般大众读

---

[1] 邹韬奋:《邹韬奋自述》,第10—11页,合肥:安徽文艺出版社,2013年。
[2] 邹韬奋:《邹韬奋自述》,第82—83页,合肥:安徽文艺出版社,2013年。

者的需要当然不是一成不变的,所以不当用机械的看法,也没有什么一定的公式可以呆板地规定出来。要用敏锐的眼光、深切的注意和诚挚的同情,研究当前一般大众读者所需要的是怎样的"精神粮食",这是主持大众刊物的编者所必须负起的责任。[1]

在创刊号上,《生活》周刊明确地宣传了自己的刊物理念,那就是关注人类的生活本身:"世界一切问题的中心,是人类;人类一切问题的中心,是生活。"[2]《生活》周刊关注现代社会生活的各个方面,诸如青年生活问题,妇女生活问题,城市贫民生活问题,职业、恋爱、婚姻和家庭问题,等等。《生活》周刊具有鲜明的底层情怀,普通大众和下等阶层的生活最受其关注,第1卷就有《南通小贩生活》《北京之花边业》《南京人力车夫生活之一瞥》《汉口之苦力》《南京渡江民船》《镇江藤轿夫》等大量关于南京、北京、南通、武汉等地下层民众生活状况的描绘。例如,第1卷第10期就有一篇《卖报童子》这样描写南通城市街头的报童:"我们南通,工厂多不招童工。这些童子,父母有职业的,还不生什么问题;有很多的,母亲虽然替别人家洗洗衣服,替过路客补补衣服,赚得几钱;可是父亲无业,好赌的也有,好吃酒的也有,甚至吸鸦片的也有。这些童子们,既不能上学,又不能享受父母的供养,于是就不得不做贩卖的生涯了。贩卖报纸也是贩卖生涯中的一种。贩报虽不是甚么笨重的生活,然而确是一桩麻烦而最要耐苦的事。天拂晓,就要起身,到报馆前面等着开门,太阳上东南角,馆门才开;有时开了门,报还没有出版。只得挨着饥肠静候。好容易出版了,赊了几十份沿街叫卖。卖完了偿还赊帐,然后才回去吃这天的第一餐饭,这时差不多已正午了。吃完饭,停一会儿,还要替报馆里尽送报的义务。因为要替报馆尽送报的义务,报馆始肯他享赊报的权呢!定报的人家既多,又是五离四散,非到八九点钟,总没有休息的时间。九点钟以后,便是他们最安逸而极乐

---

[1] 邹韬奋:《邹韬奋自述》,第83页,合肥:安徽文艺出版社,2013年。
[2] 《创刊词》,《生活》,1925年第1卷第1期。

的时候了;其实是生理上正当的要求,那算偷安呢。"[1]透过这篇文章,我们可以看到20世纪二三十年代报纸作为大众媒介在民众中的受欢迎程度,许多市民都在订阅报纸。但另一方面,报业的发达也催生了以报纸为生的可怜的卖报儿童。"我是卖报的小行家,不等天明去等派报,一面走,一面叫,今天的新闻真正好,七个铜板就买两份报。"聂耳作曲、安娥作词的《卖报歌》就是在这样的报刊发展的时代语境中产生的。

除了要为大众提供"有价值"的新闻之外,邹韬奋也强调要把刊物办得"有趣味"一点。在邹韬奋接办《生活》周刊之前,这份刊物前景堪忧,读者也很少。不过,邹韬奋接手不久便提出将《生活》周刊办成一个"有趣味、有价值"的刊物:

《生活》周刊第1卷合订本

大概创办了有一年的光景,王志莘先生因入工商银行任事,没有时间兼顾,职业教育社因为我原担任着编辑股主任的事情,便把这个周刊的编辑责任丢在我的身上。我因为职务的关系,只得把它接受下来。当我接办的时候,它的每期印数约有两千八百份左右,赠送的居多,所以这个数量并不算多。我接办之后,变化内容,注重短小精悍的评论和"有趣味、有价值"的材料,并在信箱一栏讨论读者所提出的种种问题。对于编排方式的新颖和相片插图的动目,也很注意。所谓"有趣味、有价值",是当时《生活》周

---

[1] 启之:《卖报童子》,《生活》,1925年第1卷第10期。

刊最注重的一个标语。[1]

《生活》周刊创办的时代,"五四"时期的个人主义思潮渐渐退却,社会和国家似乎正朝着一个新的方向发展。在这样的情况下,《生活》周刊开始倡导刊物要从个人主义至上转向关注社会大众。"大众立场"是邹韬奋创办《生活》周刊的根本宗旨:

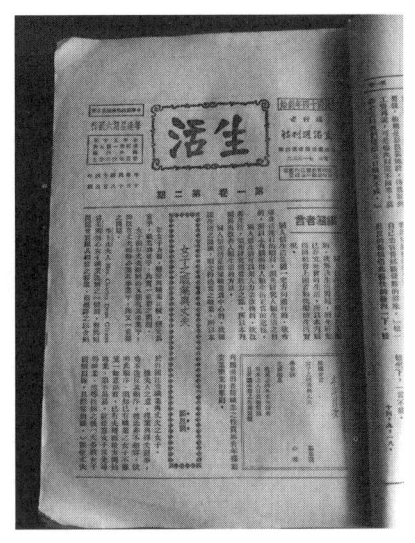

《生活》周刊

> 我服务于言论界者十几年,当然有我的立场和主张。我的立场是中国大众的立场;我的主张是自信必能有益于中国大众的主张。我心目中没有任何党派,这并不是轻视任何党派,只是何党何派不是我所注意的;只须所行的政策在事实上果能不违背中国大众的需求和公意,我都肯拥护;否则我都反对。我自己向来没有加入任何党派,因为我这样看法:我的立场既是大众的立场,不管任何党派,只要它真能站在大众的立场努力,真能实行有益大众的改革,那就无异于我已加入了这个党了……[2]

本着从大众的立场出发,邹韬奋主持下的《生活》周刊有点像美国进步时代的报刊,热衷于宣扬社会正义、揭露社会的阴暗面:

> 《生活》周刊初期的内容偏重于个人的修养问题……这也还

---

[1] 邹韬奋:《邹韬奋自述》,第74—75页,合肥:安徽文艺出版社,2013年。
[2] 邹韬奋:《邹韬奋自述》,第87页,合肥:安徽文艺出版社,2013年。

算不出于职业指导或职业教育的范围。在这个最初的倾向之下,这周刊附属于职业教育社,还算是过得去的。也许是由于我的个性的倾向和一般读者的要求,《生活》周刊渐渐转变为主持正义的舆论机关,对于黑暗势力不免要迎面痛击;虽则我们自始就不注重于个人,只重于严厉评论已公开的事实,但是事实是人做出来的,而且往往是有势力的人做出来的;因严厉评论事实而开罪和事实有关的个人,这是难于避免的。……不但如此,《生活》周刊既一天天和社会的现实发生着密切的联系,社会的改造到了现阶段又决不能从个人主义做出发点;如和整个社会的改造脱离关系而斤斤较量个人的问题,这条路是走不通的。于是《生活》周刊应着时代的要求,渐渐注意于社会的问题和政治的问题,渐渐由个人出发点而转到集体的出发点了。[1]

热衷于社会改造的《生活》周刊自然受到了大众的欢迎和热捧,在很短的时间内,它迅速成为民国时期发行量最大、享誉海内外的大众杂志之一。这份著名的刊物也深深地打上了邹韬奋独立人格精神的烙印,在刊物由小到大、由弱渐强的发展过程中,邹韬奋及其同事倾注了全部心血和智慧。邹韬奋在多次的回忆中都记述了这份刊物如何从一个不起眼的小刊物变成当时刊物中的"明星"。为了这份刊物,他和他的几位同事常常夜以继日地工作。主编《生活》周刊时,邹韬奋多次提到"报格",甚至强调要不顾牺牲地保全"报格"。究竟何为"报格"? 它的核心内涵又是什么? 邹韬奋对此有明确的解释,"绝对不容侵犯的是本刊在言论上的独立精神",就是《生活》的"报格"。可见,邹韬奋所谓的"报格"就是指报刊的言论自由与精神独立。邹韬奋认为,"报格"是一份报刊"生命所靠托的唯一的要素"。他还说:"要具有'刀锯鼎镬非所敢避'的决心,才配主持有价值的刊物。""没有气骨的人不配主持有价值的刊物,区区既忝主本刊笔政,我的

---

[1] 邹韬奋:《邹韬奋自述》,第80页,合肥:安徽文艺出版社,2013年。

态度是头可杀而我的良心主张,我的言论自由,我的编辑主权,是断然不受任何方面任何个人所屈伏的。""我以至诚卫护《生活》的独立精神与信用,是用不顾一切的态度——不顾交情,不避嫌怨,不管个人的得失毁誉。""我的愿望是要终其身做一个无名小卒,故力避出风头主义,但愿《生活》读者知道有笔名韬奋其人者肯负全责为《生活》努力,肯不顾一切不避嫌怨保持《生活》的公正独立的精神,绝对不受任何私人任何团体的利用或唆使……此外不必存心求得'酬报'……也可以说是我个人自己对于人生的态度。"

  从上次所谈的情形,已可看出《生活》周刊的创办并没有什么大宗的开办费。寥若晨星的职员三个,徐先生月薪二十几块钱,孙先生月薪几块钱,我算是主持全部的事业,月薪最多的了,每月拿六十块钱。我还记得当时在辣斐德路一个小小的过街楼,排了三张办公桌就已觉得满满的,那就是我们的编辑部,也就是我们的总务部,也就是我们的发行部,也就是我们的广告部,也就是我们的会议厅!我们没有大宗的经费,也没有什么高楼大厦。我们有的是几个"患难同事"的心血和努力的精神!我们有的是突飞猛进的多数读者的同情和赞助!《生活》周刊就在这种"心血"、"努力"、"同情"和"赞助"所造成的摇篮里长大起来的。[1]

但是,如此精心经营的《生活》周刊却因为对于大众立场和社会改造的强调,不可避免地和国民党当局以及有权有势阶层产生了冲突。尽管邹韬奋强调自己对任何党派都毫无兴趣,可《生活》周刊对有权有势阶层和各种社会问题的尖锐批评,还是让邹韬奋很快遇到了麻烦。1931年4月间,《生活》周刊得到报料,国民党政府交通部长王伯群贪污公款四十余万元修建私房,并用十万元强娶大夏大学(王伯群当时兼任该校校长)女生保志宁。

---

[1] 邹韬奋:《邹韬奋自述》,第77页,合肥:安徽文艺出版社,2013年。

当时有读者来信要求《生活》周刊调查此事。邹韬奋接信后亲自组织进行了实地调查,并拍摄多张实景照片,准备将读者来信和调查结果一起在《生活》上发表。王伯群得知后,立即派人携十万元巨款去行贿邹韬奋,遭到严词拒绝。行贿不成,王伯群又派人威胁恐吓,邹韬奋仍不为所动。1931年8月15日,《生活》周刊第6卷第34期刊发了读者来信和调查报告及照片,公开了事实真相,彻底揭露了王伯群的丑行。《生活》周刊的"揭丑运动"引起了国民党当权阶层的忌恨,而在"攘外必先安内"的主导政策下,《生活》周刊坚持用笔抗战更是让国民党政府十分不满。蒋介石先是派胡宗南登门压服邹韬奋和《生活》周刊改变立场。邹韬奋不畏高压,与胡宗南展开激烈辩论,明确告诉对方:"《生活》周刊只拥护抗日政府。不论从哪一天起,只要政府公开抗日,我们便一定拥护。在政府没有公开抗日之前,我们便没有办法拥护。这是民意。违反了这种民意,《生活》周刊便站不住,对于政府也没有什么帮助。"随后,国民党当局干脆对《生活》周刊实行禁邮。但是,这些都未能打倒强调独立自主办报精神的邹韬奋。邹韬奋在一篇文章中对于国民党当局的行动进行了强烈反击:"像《生活》周刊现就准备着牺牲。当然我决非有意要它牺牲;如能保全报格——即保全言论上的独立精神,不受无理的干涉和利用——我当然要用尽心力保全这个具有七年历史获得多数读者同情与爱护的刊物;如须丧失报格始能保全,则宁听受暴力的封闭。"1933年,国民党查封了《生活》周刊。邹韬奋随后便在《与读者诸君告别》一文中毅然决然地写道:"记者所始终认为绝对不容侵犯的是本刊在言论上的独立精神,也就是所谓报格。倘须屈伏于干涉言论的附带条件,无论出于何种方式,记者为自己人格计,为本刊报格计,都抱有宁为玉碎不为瓦全的决心……现在所受压迫已至封闭地步,已无继续进行之可能,我们为保全人格报格计,只有听其封闭,决无迁就屈伏之余地。"

这位"不想做资本家,不想做大官,更不想做报界大王",只有"就是创办一种为大众所爱读,为大众做喉舌的刊物"理想的报人最终还是不能被国民党当局容忍。1936年,国民党当局制造了震惊中外的"七君子事件",邹韬奋与沈钧儒、章乃器、李公朴、王造时、史良以及沙千里等人在上海被秘密逮捕,而在被逮捕的前一天夜里,邹韬奋还在计划"下一期的《生活星期刊》的社论应该做什么题目"。

第三节　新闻报道中的"边区形象"

近代中国深受军阀混战之苦,1918年,孙中山在《建国方略》自序中说:"夫去一满洲之专制,转生出无数强盗之专制,其为毒之烈,较前尤甚。于是而民愈不聊生矣!"中国共产党在1927年开始走上武装斗争的道路,先是擎旗井冈山,后又在全国开辟二十多块根据地。面对五次反围剿的失败,中共中央和中央红军开启了二万五千里长征的道路。对于中国共产党来讲,这是践行自己革命理想的伟大壮举,但是对于民国时期普通民众来说,他们所能接触到的媒介渠道,无论是国民党系的官方媒体,还是都市报刊的大众媒体,对于共产党的介绍都是模糊不清且妖魔化的。

从世界共产运动的历史来看,对于媒介宣传的重要性都有着清醒的认识,无论是马克思、恩格斯以《莱茵报》《新莱茵报》为阵地进行思想宣传,还是列宁在俄国以《火星报》《真理报》传播革命思想,都是用笔杆子闹革命的实践。[1] 中华苏维埃共和国甫一建立,即大力推进苏区报刊出版工作,创办《红色中华》进行革命报道。在上海等大都市中,又有左翼作家和思想家进行社会主义思想的传播。然而,《红色中华》的发行被困于苏区之中,左翼作家和思想家又有报刊检查制度的束缚,无法公开宣扬中国共产党的理念、形象与行迹。所以,仅靠自己,共产党是无法向白区更为广泛的民众进行更好的自我形象宣传的。

就如晚清谈论国防时"塞防"与"海防"并举,国民政府的统治核心区域虽然地处东南,但是整个社会的有识之士依然没有忘记关注大西北。开发

---

[1] 或者从更大的范围来讲,自从报刊诞生以后,党派报刊就成为报刊的重要类型。晚清维新派、革命党都曾借助报刊传播思想,与论敌抗辩。

大西北是20世纪30年代的热门社会议题。

首先,西北地区自古以来为东西交界之地,局面复杂,民族并居,势力丛生。匈奴、突厥等草原民族当初也是借助于西北通道进入中原。民元以来,以马家为代表的回族政治势力在西北一呼百应,盛世才主政新疆。长征以后,共产党在陕北建立根据地。山西一地则有阎锡山,对中央听调不听宣。没有安定的西北,内忧外患的中国就没有一个安定的大后方。而观察西北、研究西北则是安定西北的重要前提。

其次,西北地区资源丰富。东南一带经过几千年的开发,无论土地还是矿产资源都已处于瓶颈状态。如果不进行制度变革和技术升级,东南地区的资源很难助推中国的发展。而在当时的中国,无论制度还是技术,哪方面的变革都是不可想象的,所以更加可行的方式就是扩大资源的来源,以相对原始的技术进行低层次的资源开发。所以,那时对诸如人口、土地、肥力、灌溉等西北资源情况的调查也就成为重要的西部资源支持东部的基础。

最后,西北是东西列强侵占中国领土的重要通道。早在晚清时期,俄国、法国都曾在西北有所动作。而进入20世纪30年代之后,日本在东北发动"九一八"事变,在上海发动"一·二八"事变,对西北亦是虎视眈眈。这让国内有识之士深为忧虑。

从20世纪20年代末到30年代,前往西北考察,并有日记、游记、见闻录等作品问世的知识分子人数众多,略制一表如下:

部分知识分子西北考察作品

作者	考察时间	书名	考察内容	出版时间
宣侠父	1925—1927	《西北远征记》	在冯玉祥麾下见闻	1930
刘文海	1928—1930	《西北见闻记》	陕西、甘肃、新疆等地情况	1933
郭步陶	1929	《西北旅行日记》	陕西、甘肃等地情况	1932

续表

作者	考察时间	书名	考察内容	出版时间
杨钟健	1929—1930	《西北的剖面》	地质考察	1932
顾执中	1932	《西行记》	实业考察	—
林鹏侠	1932	《西北行》	陕西、甘肃、宁夏等地情况	1936
薛桂轮	1933	《西北视察日记》	新疆、青海、宁夏、甘肃、陕西等地考察	1934
明驼	1933—1934	《河西见闻记》	兰州与敦煌间情况	1934
陈赓雅	1934—1935	《西北视察记》	西北及中原多城情况	1936
张恨水	1934	《西游小记》	西北及中原多城情况	—
吴震华	1935	《西北徒步之一瞥》	山西、甘肃、宁夏、内蒙古等地情况	1935
马鹤天	1925年开始十年	《西北考察记·青海篇》《内外蒙古考察记》《甘青藏边区考察记》	西北诸省情况	—
庄泽宣	1936	《西北考察记》	教育考察	—
顾颉刚	1937—1938	《西北考察日记》	甘肃考察	—
李孤帆	1939	《西行杂记》	甘肃、青海、四川、山西等地公干兼考察	1942

纵观上表,可见赴西北考察是知识界的一种共识,计有学者(如顾颉刚、薛桂轮、杨钟健)、记者(如郭步陶、陈赓雅、吴震华)、作家(如张恨水)以及其他业界(如飞行员林鹏侠、银行家李孤帆)等不同行业的考察者。正如范长江所言,20世纪30年代的中国社会,"从报章杂志宣传讨论,到要人的视察,专家的设计,以至于实际建设工作的进行。'开发西北'的声浪震动

了一般国人的耳鼓"[1]。

考察西北成为社会思潮,中国共产党亦需要党外媒介对自己进行形象书写,多重因素集合之下,范长江《中国的西北角》的成功有着时代的必然,而美国记者埃德加·斯诺《西行漫记》的风行也是这两种必要性的体现。可以说,双方的媒介合作产生了共赢的效果,上述两部行记成为名著,中国共产党也在对外宣传中将长征历史合法化,不断扩大自己的影响力。在抗日战争期间,共产党领导的陕甘宁边区政府成为重要政治力量,边区政府的首府延安一度成为知识分子向往的革命乌托邦圣地,一大批作家、记者和知识分子离开北京、上海、天津和南京等大城市,历经艰难险阻进入边区,到达延安。在这些知识分子中,比较著名的人物有萧红、丁玲、萧军、王实味等人,外国记者斯诺和史沫特莱也从西安等地进入了延安,他们都希望在这里获得一种新的革命体验。

范长江(1909—1970),原名希天,四川内江人。1927年进入中法大学重庆分校学习,曾参加南昌起义。1931年入南京中央政治学校学习,翌年转入北大哲学系,成为《大公报》特约通讯员。早在他自费对西北进行考察之前,范长江已经在1933年辗转华北、华中等地进行徒步考察,为后来的西北之行做了预热和准备。1933年,还是北大哲学系大三学生的范长江上书《大公报》总经理胡政之,要求进行西北考察,"到中国西南西北去旅行,为《大公报》写通讯,又不要他们出差旅费和工资,只要他们的稿费,对他们也没有什么负担,只要给我一个证件,一个名义,介绍一些地方旅馆和社会关系就行了"[2]。

范长江于1935年7月开始自己的西北之行,那时距离中央红军到达陕北还有三个月,距离日军策划"华北事变"引发"一二·九"运动还有五个月,西北正处于多事之秋。他从四川成都出发,翻越雪山、草地,历经藏、回等少数民族地区,瀚海见敦煌,草原赴包头,在陕、甘、宁、青、蒙等地进行了

---

[1] 范长江:《中国的西北角》,第62页,北京:新华出版社,1980年。
[2] 范长江:《范长江新闻文集》(下册),第1178—1179页,北京:新华出版社,2001年。

十个月、四千里行程的考察。范长江一路行来,采访西北的各个阶层,上到土司、军长、活佛、喇嘛,下到脚夫、乞丐、妓女,他不仅仅行走在通邑大市,也深入偏远城镇和乡间,在荒无人烟的戈壁上跋涉,在盗贼横生的旷野中露宿,同伴丧命,屡见尸骸。这场考察之旅,其实也是一场探险之旅。

1935年9月到11月,天津《大公报》开始连载范长江西北考察第一篇通讯作品《成兰纪行》,获社会的高度认可与《大公报》领袖的赞赏支持。范长江也因此成为《大公报》的正式记者,继续在该报上连载其西北之行第二篇《陕甘形势片段》。而到了1936年4月,上海《大公报》成立以后,和天津《大公报》共同连载范长江其后的三篇行记《祁连山南的旅行》《祁连山北的旅行》和《贺兰山的四边》。1936年8月,《大公报》将范长江的考察通讯结集成为《中国的西北角》一书,共5篇64章。1938年,日本学者松枝茂夫将此书翻译成日文版,从而使得范长江拥有了国际声誉。

在范长江的笔下,有西北壮阔的山川原野,有现实政治严重的腐败以及尖锐复杂的民族矛盾,有对日本人可能会通过西北走廊入侵中国的忧虑,这些都显示出他作为一个热忱的中国记者的责任心和忧患意识。而更为重要的是,范长江在考察纪行中写出了大量有关红军的正面报道,如在最早的一篇《成兰纪行》中,他不用当时社会上习惯的"共匪"一词,而是称为"红军",对共产党领袖直呼其名,而不用"匪首"或"匪酋"之类的蔑称。在1935年9月到10月间,他连续撰写《岷山南北剿匪军事之现势》《徐海东果为萧克第二乎?》《陕北甘东边境上》《渭水上游》《毛泽东过甘入陕之经过》等文章,为东南乃至全国的读者介绍红军与长征的故事。范长江对陕北红军的负责人刘志丹评价甚高:

> 在刘志丹以前,所有绿林运动,总不外以个人荣达为目的,以义气为互相结合之"水门丁",尚无大的政治系统为背景,无与社会打成一片之政治组织,无一贯的社会政策,更无所谓政治目标。
>
> 然而自刘志丹开始活动以后,情势大不相同。刘为保安人,最熟悉地方农民痛苦,他同时受过黄埔时代新的政治训练,并受

过共产党组织的熏陶,所以他的活动,有目标,有方法,有组织,把个人主义的绿林运动,变为与社会合为一致社会运动。[1]

他甚至对未来中国的局势有所预言:

在这样闭塞的地方,仍然表示着中国政治的两大分歧:从现状中以求改进,与推翻现状以求进展。两种势力,无处不在斗争中。不过,对实际问题有解决办法者,终归是最后胜利者。[2]

如果说在《中国的西北角》中,范长江对中国共产党的书写不过是浮光掠影,那么在其后的通讯集《塞上行》中则展现了更多他亲历的细节。1936年,"西安事变"爆发,范长江从宁夏飞抵兰州,然后进入事变的中心地带西安,与周恩来面谈一整天。当时共产党也深知范长江因为《中国的西北角》一书在全国引发的影响,而且其政治态度相当公平,于是周恩来安排范长江前往延安考察,借助范长江的渠道传播中国共产党的理念与政策。1937年2月6日,范长江来到延安,并在9日与毛泽东通宵交谈。在交谈中,毛泽东向他讲述了十年内战的经过,以及抗日民族统一战线的方针。

他是第一个访问延安的国统区新闻记者,在返回上海后,范长江写出了著名时评《动荡中之西北大局》,1937年2月15日刊发在上海《大公报》上,第二天则发表于天津《大公报》。在文中,范长江辩明"西安事变"由东北军与西北军发起,和共产党无涉。而且,事变发生四天后,共产党派员前往西安,亦是行调停之事。

对于红军,范长江称其为"自江西突围而出,困苦长征二万五千里而至西北之共产军"[3],为历史首次提出"二万五千里长征"的说法,在当时国统区风行的"剿匪"纷纭众说中如石破天惊。此外,他还解说了中国共产党

---

[1] 范长江:《中国的西北角》,第71—72页,北京:新华出版社,1980年。
[2] 范长江:《中国的西北角》,第73页,北京:新华出版社,1980年。
[3] 长江:《塞上行》,第27页,上海:大公报馆,1937年。

政策的"新转向":

> 在他们的政治理论中,认为中国不能倡导人民阵线,盖人民阵线为国内的对立,中国此时不需要国内对立,中国此时需要和平统一,以统一的力量防卫国家之生存。同时不必反对法西斯,因实质上中国无法西斯。法西斯之条件,一方面侵略国外的弱小民族,一方面压迫国内的工农,中国国内任何势力皆无此第一条件也。
>
> 照中国实际政治情形需要,国家的政治机构应当走到"统一的民族阵线";即是统一国力,集中力量,以求对外图存。[1]

上文"中国无法西斯"说法,为在理论上停止共产党与国民党的战争提供了依据。范长江及时向国统区的各个阶层转述了中国共产党"放下对立",组建成"统一的民族阵线"的理念,这也是国统区记者最早披露的"抗日民族统一战线"的政策,消息一出震动国统区各界,促成了国共合作的形成。

1937年3月19日,范长江得到了毛泽东的亲笔感谢信,后此文和书写西蒙风情、百灵庙战役等内容的通讯一起结集成为《塞上行》一书,成为范长江新闻作品的重要代表作。

在当时的政治环境下,《大公报》发表《动荡中之西北大局》还是要冒一些风险的,所以总经理胡政之亲自操刀对文章做了部分修改。但是,作为一份民营商业性报纸,《大公报》毕竟政治理念还是偏保守,而这也导致了1938年范长江与《大公报》分道扬镳。随即,在周恩来的领导下,范长江与胡愈之、孟秋江等创办了国际新闻社,并在1939年加入中国共产党,成为中共对外宣传的重要人物。1946年抗战胜利后,周恩来率团到南京与国民政府谈判,范长江是中共代表团对外发言人之一。新中国成立后,他又担

---

[1] 长江:《塞上行》,第28页,上海:大公报馆,1937年。

任了新华社总编辑、《解放日报》《人民日报》社长以及新闻总署副署长等职务，成为新中国新闻事业的领导人。

在抗战之前，中国共产党借助身为国统区记者的范长江将自己的政治理念刊登在国统区的主流报纸上，在一定程度上转变了国统区各界对于中共"匪军"的认识。然而，范长江毕竟没有长时间在延安进行采访，而且日后他在政治上完全转向共产党，这就使得他在国际新闻社的报道也被"标签化"理解为共产党的宣传，并不像当初写作《中国的西北角》和《塞上行》时期作为中立记者的可信度更高一些。此外，虽然那时范长江已享大名，但毕竟才是北大大三学生，且新晋记者不久，在知识界的地位还不是太高，影响还是有限。所以，中国共产党如果想向国统区和世界展现自己的形象，还需要另选择更加合适的人选。

而这个人正是美国记者埃德加·斯诺。

埃德加·斯诺（1905—1972），生来就和文字有缘，出身于美国密苏里州一个出版印刷业主的家庭，大学就读于密苏里大学新闻系，该系为北美最负盛名的新闻院系之一。1928年，斯诺来华本想进行一场不超过六周的旅行，但却在中国工作和生活了十三年，直到1941年方才离开。在中国，他主要担任《密勒氏评论报》的助理主编以及《芝加哥论坛报》《每日先驱报》和《纽约日报》等报纸的驻华记者，此外还兼职担任燕京大学新闻系的讲师。

斯诺和中国文化界关系友好，他曾在鲁迅的建议下，和萧乾、杨缤等人编译了中国现代短篇小说集《活的中国》。很多富有革命思想的学生经常去斯诺的家中相聚，其中就有燕京大学黄华、清华大学姚克广以及北京大学黄敬等人。他们在斯诺的家中策划了"一二·九"运动，并在运动开始前就将游行路线、集合地点告诉了斯诺，这体现出学生们对斯诺的绝对信任。而斯诺与他的妻子海伦将《平津十校学生自治会为抗日救国争自由宣言》翻译成了英文，请驻北平外国记者发往国外。游行当天，斯诺夫妇和他们请来的外国记者随游行队伍历经全程，可以说斯诺亲自参与到了"一二·九"运动之中。

这样一位亲近革命学生的外国记者很难不引起正在寻找合适对外宣

传渠道的中国共产党的注意。1936年初,中共中央就已经向居住在上海的宋庆龄发出请求,希望能找到一位自由主义外国记者前往苏区进行报道。之所以不选亲共产党的外国记者,是因为担心政治立场相近而缺乏客观性,从而丧失了宣传的意义和效果。从这也可以看出共产党对自己治理下的苏区充满信心。因为斯诺长久以来和中国文化界的关系以及在"一二·九"运动中的作为,他被宋庆龄选中推荐给陕北。西行一路甚为艰辛,但全程由中共地下党细致安排,且由周恩来前往边界迎接。

斯诺在陕北考察了长达四个月的时间,返回北平后开始在英、美各大报刊上刊登考察行记。其所供职的伦敦《每日先驱报》将斯诺的文章刊登于头版,而美国《时代》《生活》等刊物则高价收购斯诺的75张照片,其中就有毛泽东头戴八角帽的著名影像。1937年10月,伦敦戈兰茨公司整理出版斯诺的考察行记 Red Star Over China,仅一个月就已经发行五版,引起了欧美世界的轰动。1938年,上海复社翻译出版了中文版《西行漫记》。在这本书的开头,斯诺就试图向世人揭开由于被国民党新闻封锁而处于神秘状态的"红军",帮助人们了解中国共产党"到底是什么样的人?"以及"共产党怎样穿衣?怎样吃饭?怎样娱乐?怎样恋爱?怎样工作?他们的婚姻法是怎样的?他们的妇女真的像国民党宣传所说的那样是被'共妻'的吗?中国的'红色工厂'是怎样的?红色剧团是怎样的?他们是怎样组织经济的?公共卫生、娱乐、教育和'红色文化',又是怎样的?""中国共产主义运动的军事和政治前景如何?它的具有历史意义的发展是怎样的?它能成功吗?一旦成功,对我们意味着什么?对日本意味着什么?这种巨大的变化对世界五分之一的人口会产生什么影响?它在世界政治上会引起什么变化?在世界历史上会引起什么变化?它对英、美等外国在中国的巨额投资会产生什么后果?说真的,共产党究竟有没有'对外政策'呢?"[1]等等。

在斯诺的笔下,西方和国统区的读者们发现了一个充满激情而又文明现代的苏区政权。制度清明,官兵一致,但同时又不是无趣的战斗机器,他

---

[1] [美]埃德加·斯诺:《西行漫记》,董乐山译,第5—7页,北京:东方出版社,2005年。

们会打网球,甚至还有基督徒,在行军的过程中不忘给士兵扫盲,这一切让斯诺大开眼界,他认为:

> 创造这本书的故事的勇敢的男女战士,现在正在每天用了英勇的牺牲精神,在写着许多的别的书,对于这些男女战士,我愿意和他们握手道贺。原来在这些老资格"赤匪"之中,有许多位,是我在中国十年以来所遇见过的最优秀的男女哩。[1]

多年后,他的妻子,也是著名记者的海伦·斯诺亦曾拜访延安,她也有着同样的感叹:"我们就在中国革命的基地保安,处于真正的人民之中。在这里,人们几乎过着新石器时代的洞穴生活,然而,他们的思想却象任何地方的人的思想一样先进。"[2]

其实,共产党并非到达陕北之后才开展诸多现代娱乐活动的,早在中华苏维埃共和国时期,红军中就普遍开展了足球、篮球、歌舞、戏剧等文体活动。与之相比,国民党系的军队反而原始得多!

在陕北的四个月中,斯诺在两位翻译吴亮平和黄华的帮助下,与毛泽东进行了十几次彻夜长谈,这些谈话让斯诺见到了一个传说之外的毛泽东。为了便于让外国读者理解毛泽东的形象,他这样来进行类比:"我到后不久,就见到了毛泽东,他是个面容瘦削、看上去很像林肯的人物。"[3]在美国历史上,华盛顿和林肯都是以追求自由而闻名,但华盛顿追求的是国家的自由,而林肯则以废奴作为自己主要的理念。相比之下,斯诺更加强调毛泽东带领中国人民走向自由的一面,所以这样的人物也就有了圣徒一般的操守,"当红军战士没有鞋穿的时候,他也不愿意穿鞋的"[4]。一方

---

[1] [美]埃德加·斯诺:《西行漫记》,董乐山译,1938年中译本作者序第4页,北京:东方出版社,2005年。

[2] [美]海伦·斯诺:《旅华岁月——海伦·斯诺回忆录》,华谊译,第319页,北京:世界知识出版社,1985年。

[3] [美]埃德加·斯诺:《西行漫记》,董乐山译,第70页,北京:东方出版社,2005年。

[4] [美]埃德加·斯诺:《西行漫记》,董乐山译,第78页,北京:东方出版社,2005年。

面,毛泽东视金钱为粪土,"在最近几年中,他只要'叛变'投向国民党,就可以升官发财"[1]。另一方面,他又是一名睿智的学者,熟悉"古希腊哲学家、斯宾诺莎、康德、歌德、黑格尔、卢梭等人的著作"[2]。他谨慎地认为,毛泽东的成功是因为其代表了中国人民发展的期望与前路:

> 切莫以为毛泽东可以做中国的"救星"。这完全是胡说八道。决不会有一个人可以做中国的"救星"。但是,不可否认,你觉得他的身上有一种天命的力量。这并不是什么昙花一现的东西,而是一种实实在在的根本活力。你觉得这个人身上不论有什么异乎寻常的地方,都是产生于他对中国人民大众,特别是农民——这些占中国人口绝大多数的贫穷饥饿、受剥削、不识字,但又宽厚大度、勇敢无畏、如今还敢于造反的人们——的迫切要求作了综合和表达,达到了不可思议的程度。假如他们的这些要求以及推动他们前进的运动是可以复兴中国的动力,那么,在这个极其富有历史性的意义上,毛泽东也许可能成为一个非常伟大的人物。[3]

甚至有时斯诺还以非新闻的手法来描绘毛泽东:

> 时间已经过了早晨两点,我精疲力尽,但在毛泽东苍白的有点发黄的脸上,我却找不出一些疲倦的表示。在吴亮平翻译和我记录的时候,他一忽儿在两个小房间之间来回踱步,一忽儿坐下来,一忽儿躺下来,一忽儿倚着桌子读一叠报告。毛夫人也还没有睡。忽然间,他们两个都俯过身去,看到一只飞蛾在蜡烛旁边奄奄一息地死去,高兴得叫起来。这确是一只很可爱的小东西,翅膀是淡淡的苹果绿,边上有一条橘黄色和玫瑰色的彩纹。毛泽

---

[1] [美]埃德加·斯诺:《西行漫记》,董乐山译,第78—79页,北京:东方出版社,2005年。
[2] [美]埃德加·斯诺:《西行漫记》,董乐山译,第76页,北京:东方出版社,2005年。
[3] [美]埃德加·斯诺:《西行漫记》,董乐山译,第71页,北京:东方出版社,2005年。

东打开一本书,把这片彩色的薄纱般的羽翼夹了进去。

这样的人会是真的在认真地考虑战争吗?[1]

如果说斯诺对于毛泽东个人的描绘推翻了国统区和西方世界视其为"匪首"的刻板印象的话,那么斯诺对红军长征的书写则是中国共产党有意识对自身革命叙事的总结和塑造。在斯诺和毛泽东十几次的谈话中,有五次是非常重要的,这五次分别讲述了毛泽东自身的经历、长征、反对日本帝国主义的观念、"统一战线"政策、中国和世界趋势。当时的共产党虽然在陕北已经站稳了脚跟,可是并没有正面认识长征本身的意义,途中重大的挫折与损失让很多共产党内部之人也认为这不过是一场溃逃之旅,更不用说外界的评价了。而在这些谈话中,毛泽东其实是代表中国共产党对自己的由来、现状和未来进行一场大总结,是一场意义与价值的寻找之旅。而这些谈话所形成的观念也形成了影响我们今天的中国共产党历史叙述的滥觞。

斯诺的访问与写作当然是中国共产党一场成功的外宣活动,成功扭转了国统区和西方世界对于中国共产党污名化的看法。甚至相比西方世界而言,《西行漫记》在国统区产生的影响更大。抗战开始后,有为数众多的青年人来到延安,他们中相当大的一部分都曾经读过斯诺的这本著作。但反过来说,中国共产党虽然有着力展示的地方,但并没有"制造"事实让斯诺赞美,也没有检查斯诺的稿件。斯诺的赞美完全是出于自愿。而且,不仅是他一个人,在斯诺之后,多批外国人造访延安,有官员、传教士、军人等等,虽然身份不同,但是在回去之后都极为赞美中国共产党和延安,这就不能用政治"洗脑"来解释,而是中国共产党真正有着制度和道路的自信,并且将这种自信已付诸实践才能达到的效果。所以,1938年版的《西行漫记》里,斯诺曾在序言中写道:

这一本书出版之后,居然风行各国,与其说是由于这一本著

---

[1] [美]埃德加·斯诺:《西行漫记》,董乐山译,第97—98页,北京:东方出版社,2005年。

作的风格和形式,倒不如说是由于这一本书的内容罢。从字面上讲起来,这一本书是我写的,这是真的。可是从最实际主义的意义来讲,这些故事却是中国革命青年们所创造,所写下的。这些革命青年们使本书所描写的故事活着。所以这一本书如果是一种正确的记录和解释,那就因为这是他们的书。

而且从严格的字面上的意义来讲,这一本书的一大部分也不是我写的,而是毛泽东、彭德怀、周恩来、林伯渠、徐海东、徐特立、林彪这些人——他们的斗争生活就是本书描写的对象——所口述的。此外还有毛泽东、彭德怀等人所作的长篇谈话,用春水一般清澈的言辞,解释中国革命的原因和目的。还有几十篇和无名的红色战士、农民、工人、知识分子所作的对话,从这些对话里面,读者可以约略窥知使他们成为不可征服的那种精神,那种力量,那种欲望,那种热情。——凡是这些,断不是一个作家所能创造出来的。这些是人类历史本身的丰富而灿烂的精华。[1]

斯诺的通讯让世人真正见识到了中国共产党的面貌,而他自己也因这场神秘的探险之旅获得了世界声誉。他对中国共产党评价很高,但是在后来并没有成为一名共产主义者,虽然在美国麦卡锡主义盛行的时候,他被诬蔑为"共产党的走狗"[2]。终斯诺一生,他都是一个自由主义者。所以,他和后来的一些共产主义战士类型的外国记者,如史沫特莱、斯特朗、希伯在理念上并不相同。革命者,往往都是追求精神和制度上的自由。在这个维度上,自由主义者和革命者拥有了共同的话语。

如果说在抗战之前,中国共产党借助于范长江、斯诺等党外记者向国统区和西方世界宣扬自己的形象是一种机缘巧合的话,那么在抗战开始以后,中国共产党则更加主动和频繁地利用大众媒介进行自我形象构建

---

[1] [美]埃德加·斯诺:《西行漫记》,董乐山译,1938年中译本作者序第1页,北京:东方出版社,2005年。
[2] 孙华、王芳:《埃德加·斯诺研究》,第176页,长沙:湖南师范大学出版社,2012年。

和塑造。如1938年1月11日,中国共产党创办了第一份全国性的报纸《新华日报》,在国统区合法发行,大量刊载对陕甘宁边区的介绍,宣传边区的政治合法性和在抗战中的意义与作用。共产党非常重视书籍出版,一方面用改换书名、伪装封面、秘密渠道发行等手段躲避国民党检查,另一方面则重视书籍排版和印刷质量,从内容上吸引读者,也取得了良好的效果。此外,中国共产党也持续欢迎外界考察人士和团队到边区考察,在斯诺之后,史沫特莱、梁漱溟、陈嘉庚、黄炎培以及1944年中外记者西北考察团分别到达延安,对边区有了更加深入和直观的认识,而他们对边区的建设、中国共产党的政策都有着高度的评价。所以,就范长江和斯诺来说,他们也会欣慰地觉得吾道不孤!

第四节 大众媒介与边区政府的思想改造运动

在抗战时期,中国共产党控制的主要媒体及机构有《解放日报》《新华日报》和新华社。《解放日报》由《新中华报》和《今日新闻》合并而来,是陕甘宁边区政府的"喉舌"媒介;《新华日报》则于1937年11月13日在武汉创办。在抗日战争时期,这两份报纸是中国共产党传递自身声音的最重要的媒介。

1937年到1945年期间,《新中华报》《新华日报》和《解放日报》就发表了大量消息、社论和通讯报道,报道战事、国统区以及解放区情况。例如,1938年7月1日,国民参政会召开,《新华日报》《新中华报》都发表了大量社论,肯定国民参政会在抗战救国中的意义。《新华日报》在1938年6月17日发表的短评还就开好参政会提出应该集思广益,"在报纸上公开发动广泛的研究和讨论"[1]。共产党的主要媒体新华社的诞生日是1931年11

---

[1]《国民参政会产生》,见四川大学马列教研室编:《国民参政会资料》,第236页,成都:四川人民出版社,1984年。

月7日。"中国共产党领导的通讯社创始于1931年。这年春天,由当时的中央宣传部部长张闻天同志领导,在上海成立了中国工人通讯社,对外曾挂过时闻通讯社的牌子。党的正式机关通讯社是红色中华通讯社(简称红中社)。"[1]中华苏维埃第一次全国代表大会开幕时,新华社的前身"红中社成立并发布新闻"。在硝烟弥漫的革命战争年代,新华社的社址多次转移,人员调动频繁,文献材料散失严重,特别是早期史料几乎是一片空白,但新华社由红中社更名而来的说法却早已有之。

在抗日战争期间,由于国共开始了第二次合作,中国共产党的处境要比以往好得多,但国共双方之间仍不断有小规模的摩擦和纷争,特别是在1941年前后,"皖南事变"爆发,国民党和共产党的关系急剧恶化,国民政府随即中断了对陕甘宁边区的财政补贴,陕甘宁边区立刻陷入了经济危机甚至饥荒中:"国民党的经济战使陕甘宁缺少'硬通货',并切断或在很大程度上削弱了它同其他地区的贸易。党政军机关及大批移民即使在日常时期也不能自给。在这种情况下,该党提出目标,要尽可能使边区实现自足经济。尽管自给自足是不可能的,但最终经济上的确有了相当大的发展。在这个时期,边区的经济条件也急剧恶化。"[2]

不仅如此,国民政府对于共产党所掌握的媒体也是严加防范。据《邹韬奋自述》记载,在抗日战争期间,一位中央政治学校的湖南学生,因为偶然在抽屉里被发现了一张《新华日报》,结果就被当作"异党分子",立刻被开除,而且"在冷天被强令他把身上所穿的冬季制服脱下"[3]。为了加强对社会和媒体界的控制,国民政府还实施了"特务政策",在城市的大街小巷安排便衣特务,随时抓捕、监听民众。"皖南事变"发生后,国民党特务机构更是遍布整个城市:"除机关外,听说街头巷外,也有特务密布,除特殊者

---

[1] 温济泽:《从邸报到现代新闻事业》,见中国社会科学院新闻研究所编:《中国新闻年鉴(1982)》,北京:中国新闻出版社,1982年。
[2] [美]费正清主编:《剑桥中华民国史》(第二部),章建刚等译,第744页,上海:上海人民出版社,1992年。
[3] 邹韬奋:《邹韬奋自述》,第216页,合肥:安徽文艺出版社,2013年。

外,还有接替办法,即一个特务监视一人走完一条街后,第二条街还有第二个特务接下去监视。各条街上都有特务轮流接替监视,使你无所逃于天地之间!"[1]左翼作家和有延安倾向的知识分子被大批抓捕,著名左翼作家萧军和萧红在武汉的街头就曾经被特务跟踪、诱捕,最终两个人被抓进了警察局。不过,此事在全国引起很大的震动,迫于社会舆论压力,国民党当局不得不将二萧放掉。[2]

为了应对严峻的政治和生存环境,陕甘宁边区政府实施了"新政"——在经济上,倡导自给自足,开展大生产运动,王震率部"三五九旅"在南泥湾地区开垦;在政治和文化上,针对党内宗派主义、思想散漫的现象开展了著名的"整风运动"。"整风运动"其实从1941年便已开始,一直持续到1945年方才结束。这场著名的运动涉及了政界和文化界的许多人,特别是牵涉到许多从上海以及国统区来到延安的知识分子。

在1940年之后,随着抗战形势转变,大批文化人怀着对中国革命圣地的憧憬和向往之情,从北京、上海、武汉、重庆等地辗转来到延安。1940年,何其芳曾经写了一篇很长的文章《一个平常的故事》回答《中国青年》提出的问题:"你怎样来到延安的?"这篇文章生动地描述了一个怀有浪漫主义情怀的小资产阶级如何转变为一个关注中国革命的知识青年:

> 我那时是那样狂妄,当我坐着川陕公路上的汽车向这个年轻人的圣城进发,我竟想到了倍纳德·萧离开苏维埃联邦时的一句话:"请你们容许我仍然保留批评的自由。"但到了这里,我却充满了感动,充满了印象。我想到应该接受批评的是我自己而不是这个进行着艰苦的伟大的改革的地方。我举起我的手致敬。我写了《我歌唱延安》。[3]

---

[1] 邹韬奋:《邹韬奋自述》,第221页,合肥:安徽文艺出版社,2013年。
[2] 王科、徐塞:《萧军评传》,第154页,重庆:重庆出版社,1993年。
[3] 何其芳:《一个平常的故事》,见王培元编:《何其芳》,第383页,北京:华夏出版社,1997年。

但是，大批奔赴圣城延安的青年知识分子不久便与早已在延安扎根的知识分子产生了矛盾冲突，其中以丁玲、萧军和周扬等人的矛盾最为严重："当时延安文艺界主要有三个'山头'，柯仲平领导的'文协'，丁玲领导的'文抗'，周扬领导的'鲁艺'。三家虽然都有共同的抗日目标和革命要求，但对一些理论与实践问题却争得没完没了。"[1]革命圣地延安的现实生活远没有到来前所想象的那么美妙。于是，在丁玲所控制的《解放日报》"文艺副刊"上，丁玲、萧军、罗烽、白朗、王实味等人发表了一系列文章，揭露边区官僚主义和等级制度等一些问题。在这些文章中，王实味所发表的《野百合花》最为有名。这篇文章严厉批评了延安的平均主义、等级制度和官僚习气，表达了对革命圣地的不满情绪：

那么，我们生活里到底缺些什么呢？下面一段谈话可能透露一些消息。

新年假期中，一天晚上从友人处归来，昏黑里，前面有两个青年女同志在低声而兴奋地谈着话。我们相距丈多远，我放轻脚步凝神谛听着：

"……动不动，就说人家小资产阶级平均主义；其实，他自己倒真有点特殊主义。事事都只顾自己特殊化，对下面同志，身体好也罢坏也罢，病也罢，死也罢，差不多漠不关心！"

"哼，到处乌鸦一般黑，我们底××同志还不也是这样！"

"说得好听！阶级友爱呀，什么呀——屁！好像连人对人的同情心都没有！平常见人装得笑嘻嘻，其实是皮笑肉不笑，肉笑心不笑。稍不如意，就瞪起眼睛，搭出首长架子来训人。"

"大头子是这样，小头子也是这样。我们底科长，×××，对上是毕恭毕敬的，对我们，却是神气活现，好几次同志病了，他连看都不伸头看一下。可是，一次老鹰抓了他一只小鸡，你看他多

---

[1] 王科、徐塞：《萧军评传》，第187页，重庆：重庆出版社，1993年。

么关心这件大事呀！以后每次看见老鹰飞来,他却嚶嚶的叫,扔土块去打它——自私自利的家伙!"[1]

这些发表在党的机关报上的文章立刻引起了毛泽东等党内高层人士的关注。为了防止党内的宗派主义、八股主义和知识分子的不满情绪蔓延,一场影响深远的"整风运动"在毛泽东的亲自发动下在延安边区轰轰烈烈地开展起来。在《整顿党的作风》《反对党八股》以及《在延安文艺座谈会上的讲话》等文章中,毛泽东批评了延安文艺界的一些不良作风,他肯定了"五四"以来知识分子在革命和文化战线上所发挥的重要作用,但也对知识分子进行了批评和警告。例如,在《在延安文艺座谈会上的讲话》中,他上来就这样批评抗战后边区文艺界的"一些不良现象":"抗日战争爆发以后,革命的文艺工作者来到延安和各个抗日根据地的多起来了,这是很好的事。但是到了根据地,并不是说就已经和根据地的人民群众完全结合了。我们要把革命工作向前推进,就要使这两者完全结合起来。"[2]他严厉批评了丁玲、王实味等喜欢暴露黑暗的小资产阶级作家:"'从来的文艺作品都是写光明和黑暗并重,一半对一半。'这里包含着许多糊涂观念。文艺作品并不是从来都这样。许多小资产阶级作家并没有找到过光明,他们的作品就只是暴露黑暗,被称为'暴露文学',还有简直是专门宣传悲观厌世的。相反地,苏联在社会主义建设时期的文学就是以写光明为主。他们也写工作中的缺点,也写反面的人物,但是这种描写只能成为整个光明的陪衬,并不是所谓'一半对一半'。"[3]毛泽东要求延安特别是从国统区来的知识分子要放下架子,进行思想改造,虚心向工人和农民大众学习:

---

[1] 王实味:《野百合花》,《解放日报·文艺副刊》,1942年3月13、23日。
[2] 毛泽东:《在延安文艺座谈会上的讲话》,《毛泽东选集》(第三卷),第805页,北京:人民出版社,1953年。
[3] 毛泽东:《在延安文艺座谈会上的讲话》,《毛泽东选集》(第三卷),第828页,北京:人民出版社,1953年。

因为我们中国是一个半殖民地半封建的国家,文化不发达,所以对于知识分子觉得特别宝贵。党中央在两年多以前作过一个关于知识分子问题的决定,要争取广大的知识分子,只要他们是革命的,愿意参加抗日的,一概采取欢迎态度。我们尊重知识分子是完全应该的,没有革命知识分子,革命就不会胜利。但是我们晓得,有许多知识分子,他们自以为很有知识,大摆其知识架子,而不知道这种架子是不好的,是有害的,是阻碍他们前进的。他们应该知道一个真理,就是许多所谓知识分子,其实是比较地最无知识的,工农分子的知识有时倒比他们多一点。[1]

总之,在抗日战争期间,为了民族解放,国民党和共产党再次合作,共赴国难。媒体和新闻界也积极投身抗战,开展"报纸救国",实施"纸弹歼敌"。不过,在抗日救亡的历史时期,国共之间的根本冲突并没有得到解决。为了加强统治,国民党加强了对媒体的控制,出台和颁发了一系列法令。例如,1943年,国民政府发布了《新闻记者法》,加强了对媒体记者的言论控制,还实施特务统治,监管新闻界人士,对于共产党的报刊力量更是不遗余力地进行打压。国民政府对媒体的控制遭到了新闻界和文化界人士的普遍反抗,在新闻界人士的强烈反对下,《新闻记者法》虽然于1943年2月15日公布(并宣称于1945年7月1日实施),但最终却并没有实施。[2]另一方面,为了摆脱政治和生活困境,20世纪40年代,共产党在边区也开展了轰轰烈烈的"整风运动",在精神上改造党、军队和知识分子,从而在根本上统一了文化思想,为以后夺取政权奠定了思想基础。

---

[1] 毛泽东:《整顿党的作风》,《毛泽东选集》(第三卷),第773页,北京:人民出版社,1953年。
[2] 成舍我:《〈新闻记者法〉应速设法补救》,《成舍我先生文集·大陆篇》,第204页,台北:世新大学舍我纪念馆,2013年。

第五节 "战国策派"的民族主义

在抗日战争期间,上海、北京、南京这些沦陷区其实还有不少报纸杂志。例如,在上海就有《申报》《万象》《杂志》《大众》《紫罗兰》《人间》《春秋》《文艺生活》《古今》《文艺春秋》等杂志,这些杂志当然不完全控制在日本人和汪伪政权手中。而随着文化机构的转移,在大后方,也涌现了许多杂志,并产生了极富个性的学术流派,如20世纪40年代兴起的《战国策》和"战国策派"。

"战国策派"是一个激进的民族主义团体,这个学派因陈铨、林同济、雷海宗等人1940年4月在昆明创办了《战国策》半月刊而得名(1941年1月又发行了《战国策》上海版)。陈铨、林同济、雷海宗、贺麟、朱光潜、冯友兰、郭岱西、陶云逵、何永佶、沈从文、费孝通、二水、上官碧、沈来秋、王迅中、洪思齐等26人都是《战国策》的"特约执笔人",主持人是林同济和何永佶。何永佶是当时云南省财政厅厅长缪云台的秘书,他说动缪云台出钱,支持每期的出刊费用。后来由于日本人空袭频繁,纸张、印刷遇到问题,缪云台又想把这个刊物变成他的27个企业之一实行控制,遭到了一些撰稿人的反对,于是这份刊物到1941年4月4日共出了17期后停刊了。[1] 后来,林同济、陈铨和雷海宗又和设在重庆的《大公报》商议,得到《大公报》的主笔王芸生的支持,在《大公报》上开辟了"战国"副刊,每周一期,星期三出,编辑部设在云南大学政治系,从1941年12月3日到1942年7月1日,共出版了31期。1943年7月,陈铨又创办了名为《民族文学》的杂志,这份杂志出版了5期以后宣告停刊。这几份刊物就是"战国策派"的主要阵地。

"战国策派"总体上是一个激进的民族主义团体,但这个激进的民族主义团体之中也有冯友兰、贺麟和吴宓这样的文化保守主义者,这点毫不奇

---

[1] 据陈光琴的回忆录《那朵难以凋谢的"野玫瑰"》(未刊稿)。

怪,因为冯友兰等文化保守主义者在"民族主义"观念上和陈铨等人非常接近,而且他们也并不执意回到一成不变的传统生活中。其实,没有一个知识分子会相信能够回到传统生活中,他们之所以被称为"新儒家",就是因为他们也觉得民族的文化传统有许多地方需要改造,这样才能适应现时代。因此,即使在民族文化重建的认识上存在着很大分歧,这也无足轻重,《战国策》创刊的初衷便是要在抗战的旗帜之下,"抱定非红非白,非左非右,民族至上,国家至上之主旨":

> 本刊自出版以来,蒙社会人士不吝指教,且拳拳以本刊主旨及发刊词垂询。本社同人,鉴于国势危殆,非提倡及研讨战国时代之"大政治"(High Politics)无以自存自强。而"大政治"例循"唯实政治"(Realpolitik)及"尚力政治"(Power Politics)。"大政治"而发生作用,端赖实际政治之阐发,与乎"力"之组织,"力"之驯服,"力"之运用。本刊有如一"交响曲"(Symphony),以"大政治"为"力母题"(Leitmotif),抱定非红非白,非左非右,民族至上,国家至上之主旨,向吾国在世界大政治角逐中取得胜利之途迈进。此中一切政论及其他文艺哲学作品,要不离此旨。知高明垂注,谨此布闻。海内同志,倘进而教之,则幸甚![1]

正是抱着"民族至上、国家至上"这样一种思想,不同文化思想、不同社会阶层的人才走到了一起,因为无论是"保守主义",还是"自由主义",都会对中国的危机有相同的历史感受,这是个干系民族存亡的大事。尽管蒋介石和毛泽东是政治上的死敌,但他们都是坚定的民族主义者,都声称自己的行动是为了整个民族的利益,他们在对国家命运前途的担忧上是一致的,蒋介石也在民族危亡关头用"民族至上、国家至上"的口号来统一整个民族的心灵,讲阶级斗争学说的毛泽东也号召全国人民不分阶层地团结起

---

[1] 《战国策·本刊启事(代发刊词)》,《战国策》,1940年第2期。

来，抵御侵略。

"战国策派"的这批知识分子所集中考虑的问题是如何在世界民族生存竞争中保存自己的民族，他们有一个共同的认识，那就是现代中国的民族精神已经衰弱到极点，因此民族的精神思想需要重新塑造，沈从文甚至用"堕落"二字来形容中国的民族，抱怨中国的"民族性"随着时代的进步，反而"日渐堕落"：

> 由大好河山的丰腴与美好，和人事上的无章次处两相对照，慢慢的从这个不剪裁的人生中，发现了"堕落"二字真正的意义。又慢慢的从一切书本上，看出那个堕落因子。又慢慢的从各阶层间，看出那个堕落因子传染浸润现象。尤其是读书人，倦于思索、怯于怀疑、苟安于现状的种种，加上一点为贤内助谋出路的打算，如何即形成一种阿谀不自重风气。……我于是逐渐失去了原来与自然对面时应得的谧静。我想呼喊，可不知向谁呼喊。[1]

沈从文感到了中国人的民族特性正逐渐堕落，由此感到民族精神迫切地需要重造，所以他继续写道："我们人的意志是个什么形式？在长期试验中有了些什么变化和进展？它存在，究竟在何处？它消失，究竟为什么而消失？一个民族或一种阶级，它的逐渐堕落，是不是纯由宿命，一到某种情形下即无可挽救？会不会只是偶然事实，还可能用一种观念一种态度将它重造？我们是不是还需要些人，将这个民族的自尊心和自信心，用一些新的抽象原则重建起来？对于自然美的热烈赞颂，对传统世故的极端轻蔑，是否即可从更年青一代见出新的希望？"[2]重造民族精神的思想在20世纪40年代的知识分子的思想意识里普遍生长。"战国策派"的其他人比沈

---

[1] 沈从文：《黑魇》，《沈从文文集》（第十卷），第110页，广州：花城出版社，香港：生活·读书·新知三联书店香港分店，1984年，收入《文集》时略有删改。
[2] 沈从文：《绿魇》，《沈从文文集》（第十卷），第89页，广州：花城出版社，香港：生活·读书·新知三联书店香港分店，1984年。

从文的思想更加激烈。沈从文是在长期的自我观察中意识到中国的民族性日渐"堕落",他没有出国的人生经历,所以没有他者的参照,而"战国策派"的"三驾马车"陈铨、林同济、雷海宗都曾经留学欧美,都有其他发达民族作为历史参照,所以他们更加强烈地感受到中国民族的精神危机。他们意识到整个世界正处于一个崇尚武力的时代,德国、意大利、日本野心勃勃地要并吞世界,向来以"中庸"思想著称的中国文化在这个世界角逐场中明显处于弱势。要在这个竞争的世界中不被灭亡,那就要重新铸造"民族精神",输入强健的种族观念,改变柔弱的民族思想。

其实早从鸦片战争开始,中国人所思考的问题就集中到这点上——如何使中国强盛起来,不再遭受列强的欺辱。一部分人认为中国的文化已经落后,必须毁掉整个中国的传统文化,完全吸收西方的文化,才能使得中国重新强盛;而另一部分人则认为中国的传统文化不可丢弃。但无论是哪种观点,在整个民族生死攸关的时刻,都会意识到中国的民族文化必须重新塑造才能适应这个世界,所以整个20世纪30年代掀起了一场重铸民族文化、民族精神的运动,社会阶层的差别意识暂时放下,种族存亡成了第一件大事。1935年1月,上海的十位大学教授联合发表了《中国本位的文化建设宣言》,呼吁全中国重视民族文化的建设。国民党也于30年代开展了"国民精神生活运动",提倡"民族至上、国家至上",而共产党在文化界发动了"新启蒙运动"。当然,由于每个政党、文化社团和个人思想背景不同,其所倡导的"民族主义"的内涵也不尽相同,有时甚至截然相反,所以国民党所倡导的"新生活运动"遭到共产党的批判并不奇怪,因为两者的出发点根本不同。

"战国策派"则是从学术和文化上提倡"民族至上、国家至上"的理论,它虽然参与了对时事的表达,但是并无政治野心,它所宣扬的思想与其说是有些人所指责的法西斯主义,其实不如说是较为极端的民族主义思想。陈铨、雷海宗、林同济在《战国策》《大公报·战国副刊》和《民族文学》上发表了《战国时代的重演》《无兵的文化》《中国文化的两周》《大政治时代的伦理》《力》《第三期的中国学术思潮》《尼采的政治思想》《民族文学运动》等等,这些文章的主旨集中于以下几个方面:第一,引进、宣扬、阐释西方社会中崇尚武力的文化思想。第二,批判中国柔弱的文化传统,重新发掘中国文化中的"武道传统"。第三,批判"五四"以后中国文化所走的文化误区,提倡民族文学运动。

"战国策派"的几位主将陈铨、林同济、雷海宗和贺麟都是美、德留学生,且都出身清华学校,其中陈铨和贺麟不仅在美国留过学,还在德国拿了博士学位,而林同济和雷海宗都在美国拿到了博士学位。几位主将都深受德国思想的影响。自从俾斯麦实施"铁血政策",德国通过武力完成了现代化运动,变成了一个强大的国家,这给陈铨等人以很大的刺激和启示。雷海宗和林同济都深受斯宾格勒《西方的没落》的影响,他们提出了一种"文化形态史观"。雷海宗和林同济模仿斯宾格勒对世界文明的划分方法,将整个五千年以来的世界文化按照区域做了划分,雷海宗提出了整个世界的各种文化都经历了封建、贵族国家、帝国主义、大一统、政治破裂与文化灭亡等五个阶段,林同济则将世界上各种文化的发展过程划分为封建、列国和大一统这三个阶段。他们把这种划分称为"文化综合法""文化统相法"或者"历史形态学"。借助于这种"历史形态学",雷海宗、林同济和陈铨提出整个世界现在处于一种"大战国时代",而中国要在这"大战国时代"里保全自己,就必须改造自己的文化。当然,他们并不主张像五四运动的先行者胡适等人那样完全抛弃中国的传统文化,但他们对传统文化中柔弱的成分不遗余力地进行了批判。雷海宗在《无兵的文化》中说:"秦以上为自主自动的历史,人民能当兵,肯当兵,对国家负责任。秦以下人民不能当兵,不肯当兵,对国家不负责任,因而一切都不能自主,完全受自然环境(如气候、饥荒等等)与人事环境(如人口多少,人才有无,与外族强弱,等等)的支配。"所以,他们认为自从秦朝以后,中国的文化就进入了一个消极的文化,这个消极的文化的特征就是没有爱国的国民,也就是"没有政治生活"。

在"战国策派"的成员中,林同济可以说是批判中国传统文化最激烈的一位。他强烈地批判了官僚制度的腐败。他在《士的蜕变——由技术到宦术》中说:"由技术到宦术——这是中国'士的蜕变'的过程。了解这点,似乎便可以了解中国的士之当前根本问题了。宦术化太深，我们乃完全失去了'技术的感觉'。恰巧，现代的西方文化又偏偏是个空前发达的'技术文明'。人家的技术文明，日夜在那里'制器创物'，我们的'宦术文化'却整天在那里'作态做假'。人家不断'做事'，我们只一味'做官'。这就是我们国家的孽运。"[1]而在《官僚传统——皇权之花》中，林同济开篇即说："晓不得所见有当否？近来愈观察中国政治，愈觉得关键的关键，究都在'官僚传统'四个字。关键不彻底改良，其他枝枝节节的改良都属无关宏旨的。"[2]他把中国"官僚传统"的毒性归纳为四种：皇权毒、文人毒、宗法毒和钱神毒。正是这种"毒性"很强的官僚制度，弱化了中国的民族意识，因此中国要想重新在现世界的"大战国时代"崛起，就必须重塑好勇尚武的民族精神，提倡"武道"。林同济在《战国策》第3期、《战国策》第5期、《大公报·战国副刊》第7期等发表了大量提倡"力"的文章，陶云逵在《战国策》第13期发表《力人——一个人格型的讨论》也大谈力的文化塑造。譬如，林同济在《柯伯尼宇宙观——欧洲人的精神》中以狂热的笔调写道：

  一切物都是力，虽然其力有大小之别。太阳是力，地球是力，石是力，钱是力，草、木、鸟、兽、虫、鱼，尽是力。

  一切人都是力，虽然其力亦有大小之别。尧是力，舜是力，樵夫是力，你是力，我是力。

  "我即是力！"这是柯伯尼宇宙观可以供给我们的第一条启示。

  ……你说中国近年来比李鸿章时代进步多了，无奈人家比俾斯麦、狄里莱里、伊藤时代进步得多之又多，那么，你虽进步而实退步了。如何在这种不断变动的相对关系中，维持你的作用，以

---

[1] 林同济：《士的蜕变——由技术到宦术》，见温儒敏、丁晓萍编：《时代之波——战国策派文化论著辑要》，第75页，北京：中国广播电视出版社，1995年。

[2] 林同济：《官僚传统——皇权之花》，见温儒敏、丁晓萍编：《时代之波——战国策派文化论著辑要》，第76页，北京：中国广播电视出版社，1995年。

至扩大加强你的作用,乃是一个绝对艰苦的事业。你必须警醒,必须拼命,必须唤出全副的精神,这可说是柯伯尼宇宙观的第二启示。

力与力相对关系下的变动,乃宇宙间一出无穷的热剧:变动无穷,演出形式亦无穷。我们这个大宇宙原来不是一个寂寂的闷葫芦,它有如春日流霞,万千其态。它原来是一个无穷的大可能!在这个无穷的大可能中,你想要实现你的可能,没有别的可靠,全靠自家的努"力"。以无穷的努力,换取无穷的可能,这可说是柯伯尼宇宙观的第三启示。

……

现在世界文化已经演到空前的大战国时代。本来国与国间的形势,其性质不折不扣恰恰"柯伯尼",就是说力的单位与力的单位,在力的相对关系下,不断地动,不断地变。大战国时代的特征乃在这种力的较量。比任何时代都要绝对地以"国"为单位,不容局限于个人与阶级,而也不容轻易扩大而多言天下一体。国家是"时代的界线",是"时代的大前提"!所以,你我的力不容任意横行,而必须在这"时代的大前提"下取得规范。换句话说,你我的力必须以"国力"的增长为它的活动的最后目标。你我的力不可背国力而发展。

因为在这时代你我的力乃绝对离不开国力而存在![1]

陈铨无疑是"战国策派"最为活跃的人物之一。他既是《战国策》的主要执笔者,又是《民族文学》的主编,他所发表的文章占刊物一半数量。20世纪40年代初,抗日战争正进入最艰难的时期,而这个时期却是陈铨学术生命最旺盛的阶段,他一生最重要的文章都集中在这一时期。陈铨的思想

---

[1] 林同济:《柯伯尼宇宙观——欧洲人的精神》,见许纪霖、李琼编:《天地之间——林同济文集》,第131—133页,上海:复旦大学出版社,2004年。

和林同济、雷海宗略有不同,他宣扬的主要是尼采思想,他是"战国策派"成员中尼采思想最主要的布道者。40年代陈铨已经完全成为德国思想和尼采学说的信徒。为了充分宣扬德国思想和尼采学说,陈铨连续写下了《德国民族的性格与思想》《尼采的政治思想》《尼采的道德观念》《尼采与红楼梦》《论英雄崇拜》和《再论英雄崇拜》等大量文章,宣扬尼采的哲学思想。陈铨希望输入尼采的"强力思想"来改变中国民族长期形成的奴隶心理,当然陈铨很清楚尼采并不是一个民族和国家主义者,他在《尼采的政治思想》中说:

> 尼采的贵族,也并不是仅指德国民族,如像从前的普鲁士主义,和现在的国社主义,他们都认为德国民族,是世界上最优秀的民族,所以他们有统治世界的权利,而且世界非在德国民族领导之下,不能达到和平进步。这一种思想,好像是尼采,实际上并不是尼采。尼采谈政治文化,并不限于德国民族,他书中常用"欧洲人"这一个字。整个欧洲的文化,全世界人类的将来,是盘旋尼采脑中的问题。至于德国民族,是否能够领导世界,这还要看他们将来的努力。最明显的,就是在一八七零年,普法战争,德国获得空前胜利,全国欢欣若狂的时候,尼采写他的《历史对人生的利益和缺点》,对于德国文化,深致不满。他再三说明,军事胜利,并不是文化胜利,拿文化来说,法国的文化,远在德国文化之上。对于"德国超于一切"的口号,尼采也有讥评。[1]

陈铨接受尼采,不是为了宣扬超民族的"超人观念",而是认为尼采的哲学思想对民族国家在世界的竞争中脱颖而出有所启示。所以,陈铨说:"处在现在的战国时代,我们还是依照传统的'奴隶道德'还是接受尼采的

---

[1] 陈铨:《尼采的政治思想》,《战国策》,1940年第9期。

'主人道德'，来做为我们民族人格锻炼的目标呢？"[1]陈铨坚定地认为，处在民族危机中的中国民族需要接受尼采的"主人道德"。陈铨提倡尼采并不像"五四"时代知识分子对尼采和易卜生的提倡。其实，早在梁启超、鲁迅和胡适开始，"民族性"就是中国知识分子所探讨的一个最主要的思想话题。"五四"一代的理论家鲁迅、胡适等人将民族和社会改造建立在这样的思想基础上：几千年来的封建专制坑害了广大人民，使得中国的国民性出了问题，所以要改变中国，首要的就是打破专制传统，让个体得到自由、解放。个性自由解放了，社会就会有进步，民族国家自然得以强大。所以，整个五四运动最积极的成果就是大家都喊"妇女解放"和"个性解放"。在中国的新文化运动的最初过程中，知识界的精英们，无论是鲁迅、郭沫若，还是胡适、陈独秀，都十分钟情于尼采和易卜生，因为尼采的学说和易卜生主义为中国新文化的"个性解放"提供了思想武器，尽管陈独秀、鲁迅都认为中国的国民性存在着问题，占据多数的"庸众"经常形成对"独异个性"的压制，但他们宣扬尼采、易卜生最主要的目的还是唤起社会大众的个性意识，"易卜生主义"几乎成了新文化运动中"个性主义"的代名词。

陈铨却不这样认为，恰恰相反，他严厉地批评了五四新文化运动，认为五四新文化运动没有给中国带来什么好处，其中的一个失误就是过分地渲染了"个性解放"的作用。为此，他写了一篇《五四运动与狂飙运动》，专门检讨了五四运动的"三大误区"：一是把战国时代认为春秋时代，二是把集体主义时代认为个人主义时代，三是把非理智主义时代认为理智主义时代。

首先，是把战国时代认为春秋时代。陈铨认为，"战国时代的作风，是要整军经武，春秋时代的作风，是要会盟交涉；春秋时代，国与国之间的冲突，还没有到尖锐化的程度，所以外交还可以有回旋的余地，战国时代，大家已经到了你死我活的关头，除了自力更生，联合利害相同的民族，共同奋斗，就要遭灭亡的惨祸"，而五四运动就是把战国时代认为春秋时代：

---

[1] 陈铨：《尼采的道德观念》，《战国策》，1940年第12期。

> 辛亥革命的目的,是双方面的。一方面在推翻国内腐化的政府,一方面在解放被外力压迫的中华民族,孙中山先生革命的方针,始终是他一贯的民族主义,在他临死的遗嘱里边,还鲜明指示,他四十年革命的目的,是在求"中国的"自由平等,所以在辛亥革命的前后,中国的民族意识,经过革命领袖有意识地提倡,已经有了相当的基础。在民初的时候,全国的学校,充满了军国民主义,中小学没有体育,只有兵操,学生唱的歌,大部分是救亡的战歌。
>
> 但是五四运动一来,虽然最初发源于爱国情绪,然而转瞬就把救国的方向,转变到国际和平,欧战而后,全世界厌战的心理,盛极一时,中国的外交代表,舌敝唇焦,在议场上,力争中国的自由独立。因为国际形势的关系,列强压迫日本,退出山东。中国智识领袖们,都以为正义伸张,其实实际上乃是英美不愿意日本独霸东亚,抢了他们最好的市场。日本也并不是不想并吞中国,不过力量不够,不能不暂时放弃。[1]

陈铨认为这就是五四运动的第一个错误,结果造成了"处在战国的时代,自己毫无力量,不积极备战,反而削弱全国的民族意识,养成全国国民厌战的心理"。1937年战争以后,中国军民浴血奋战,但也有很多人在战争期间不顾国家利益,梁实秋等知识分子还高唱"与抗战无关"的论调,看到这些现象,陈铨更加有理由认为,对于现在的中国而言,需要的不是"个人主义""自由主义",而是"集体主义"。所以,陈铨继续批判五四运动说:

> 五四运动第二个错误就是把集体主义时代,认为个人主义时代。
>
> ……

---

[1] 陈铨:《五四运动与狂飙运动》,《民族文学》,1943年第1卷第3期。

二十世纪的政治潮流，无疑的是集体主义。大家第一的要求是民族自由，不是个人自由，是全体解放，不是个人解放。在必要的时候，个人必须要牺牲小我，顾全大我，不然就同归于尽。五四运动的领袖们，没有看清楚这个时代，本末倒置，一切以个人主义为出发点。甚至子抗其父，妻抗其夫，学生赶教员，属僚凌官兵，秩序紊乱，组织不成，仇恨嫉妒，傲慢不恭，背叛国家，破坏团体，无不以个人自由为口头禅，护身符，时至今日，大敌当前，学者名流，依然埋头考据，丧尽良心，羞谈时事，见人写通俗文章，即肆意诋评，青年学生，除少数热血份子而外，大部分均习工业经济，预备入公司，从商业，发国难财，过优裕生活。爱国情绪不高，战斗意志薄弱，这就是个人主义的极端现象。[1]

陈铨认为重造"民族精神"，不是要提倡"个人自由"和工业主义，个人自由只能带来利己主义（这种观念和社会主义倡导者对"个人主义"思想的批判如出一辙），而第一要提倡的是"民族自由"，他强调每个人必须回到民族这个集体中。陈铨是尼采主义的忠实信徒，但"五四"时代的知识分子宣扬尼采是为了提倡"个人主义"，而在20世纪40年代的时代环境中，陈铨宣扬尼采恰恰不是为了标榜"个人主义"。当然，和其他"战国策派"的成员一样，陈铨虽然反对"个人主义"，却并不反对具有强大个人才能的"超人"。他们不提倡"五四"社会的"个人主义"，主要是针对普通的个人，因为在陈铨看来，具有超常能力的个人，也就是马克斯·韦伯所说的卡斯理玛式的"英雄人物"，才能领导整个民族摆脱危机。陈铨接受了尼采的思想，也接受了"五四"以后很多知识分子的思想认识，那就是坚定地认为绝大部分中国人都是愚昧、自私和落后的，必须有强有力的领导，才能带领他们走出危难。陈铨在《战国策》上发表了《论英雄崇拜》夸赞英雄的作用，并对英雄与群众的关系做了这样的比喻："英雄是群众意志的代表，也是唤醒群众意志

---

[1] 陈铨：《五四运动与狂飙运动》，《民族文学》，1943年第1卷第3期。

的先知。群众要没有英雄,就像一群的绵羊,没有牧人,他们虽然有生存的意志,然而不一定能够得着最适当生存的机会;他们到的地方,不一定有良好的青草,他们的四围,说不定还有凶恶的虎狼,要侵害他们。"[1]这篇文章引来了各个方面的争论,有人因为这篇文章骂陈铨是为"法西斯张目",就连经常在《战国策》上发表文章的沈从文和贺麟也提出了异议。沈从文在《战国策》上发表过《烛虚》《白话文问题》和《续废邮存底》等八篇文章,在重庆的《大公报·战国副刊》也发表过文章。尽管沈从文没有留学经历,但是前面说过,出身湘西的沈从文通过一种内省的自我观察同样发现了中国民族性的问题,因此他始终宣扬一种强悍民风,主张"重铸民族精神",这点和陈铨等人的"民族至上、国家至上"的观念趋于一致。但沈从文却完全不同意陈铨的英雄观,因为在沈从文看来,普通人的坚韧是值得肯定的,而陈铨则把普通人看成是愚昧、自私的,这是沈从文所无法接受的。沈从文后来甚至否定自己与陈铨的关系,他当时就写信给一位军人:

> 你看过《战国策》,怎么会把我和陈铨先生主张并提?怎么会以为我是和他同在赞美超人英雄?我只记得陈先生写了篇《论英雄崇拜》,我写了篇文章驳他,把我和他并提,是一些莫名其妙的人在小刊物上写杂感时的技巧,与事实是完全不相符的,你如有机会翻《战国策》也就会明白,不至于同意杂感家胡扯了。[2]

贺麟是陈铨的好朋友,他对好友的文章所引起的争议既有点同情,但同时也指出这篇文章确实容易引起"误会",尤其指出陈铨把"英雄"和"民治"对立起来是"不能令人同意的":"其实英雄崇拜不但和民治主义不相反,而且是实行民治主义不可缺少的条件。在一个民治主义社会中间,人与人之间,必须互相尊重,互相钦佩。假如每一个人,都自己以为自己是英

---

[1] 陈铨:《论英雄崇拜》,《战国策》,1940年第4期。
[2] 沈从文:《续废邮存底·给一个军人》,《沈从文文集》(第十一卷),第352页,广州:花城出版社,香港:生活·读书·新知三联书店香港分店,1984年。

雄,不崇拜任何英雄,那么民治主义绝对不能推行,就事实方面来看,民治发展的国家里边如象英美,一般的人民,对于政治领袖,电影明星,打破纪录的飞行家,那一种狂热的崇拜,是远在许多半封建社会之上的。"贺麟还批评了陈铨的"非理性观"。"非理性观"是陈铨在《五四运动与狂飙运动》中总结的五四运动的"第三个错误",在那篇文章里,陈铨批评五四运动把"非理智主义时代"认为"理智主义时代",这显然是针对陈独秀的"德先生"和"赛先生"的口号以及胡适的实验主义思想。陈铨认为五四运动的思想家只是高唱肤浅的科学口号,想凭借理智解决"人生问题",结果科学根本没有解决问题。贺麟对陈铨的这种"非理性"思想不能苟同,显然这和贺麟本人的新儒家思想也存在着不可调和性,新儒家强调的就是理性和秩序,中国社会的混乱不是由于中国人"太理性",而是因为中国人缺少知识,导致整个社会的无序。因此,贺麟批评说:

> 陈先生似乎认为崇拜英雄,和理智活动,根本冲突,所以他发现中国的农民老百姓,没有受过新式教育的人还知道崇拜英雄,而中国的知识阶层,都反而心高气傲,仇恨嫉妒,好像智识愈发达,就愈不能够崇拜英雄,其实崇拜英雄,需要相当智识,必有智识,方能认识英雄,因此也方能够崇拜英雄。[1]

贺麟的批评真是一针见血地指出了陈铨尼采思想的不严密之处。《战国策》停刊后,陈铨又在1942年4月21日的《大公报·战国副刊》发表了《再论英雄崇拜》,再次谈论了"英雄崇拜"这个问题。不过,他没有改变自己的立场,相反他用了更长的文字回击人们对他的批评,他仍然认为"个人主义""理智主义"都是五四运动的认识错误。陈铨在这篇文章的结尾斩钉截铁地宣布:

---

[1] 贺麟:《英雄崇拜与人格教育》,见温儒敏、丁晓萍编:《时代之波——战国策派文化论著辑要》,第303页,北京:中国广播电视出版社,1995年。

然而过渡的时代,终须过渡了,新时代要继着来临。我们需要新的观念,我们需要新的人物。我们需要"金""银"的分子,处在领导地位,我们需要一种健全的向心力,使中国成为一个有组织有进步有冷有热的国家。极端的个人主义,无限的自由主义,必须剪除。"天赋人权"极端的学说,平等的理论,必须加以正当的解释。"英雄崇拜",不仅是一个人格修养的道德问题,同时也是一个最迫切的政治问题。中华民族能否永远光荣地生存于世界,人类历史能否迅速地推进于未来,恐怕要看我们对这个问题能否用新时代的眼光来把握它,解决它。[1]

现在我们看到陈铨等人的"战国策派"确实是一个激进的民族主义团体,这个激进主义的团体在抗战的时代环境中应运而生,确实有它积极的一面,因为"战国策派"诞生的1940年正是中国抗战最艰难的时刻。1937年,抗战全面爆发,全国人民同仇敌忾,热情高昂,但是到了1938年以后,战争进入相持阶段,时局愈发艰难,一种厌战的情绪也随之弥漫,"亡国论"的基调并不少见。1939年,汪精卫在越南河内发表"艳电",投入日本人的怀抱之中,这给民族主义思想带来了一个危险的信号。这时,陈铨、林同济等人创办《战国策》,借助学术参与政治,参与民族文化的重构运动,呼吁重造"民族精神",倡导"民族至上、国家至上"的观念,其历史作用确实不能否认。他们富有激情的表述和激进的民族观念让人耳目一新,当时有不少人读到《战国策》上宣扬激进"民族主义"思想的文章而为之振奋。但是,"战国策派"的言论自然是受到了左翼人士的强烈不满,尤其是陈铨对于五四运动的否定以及对于平民的否定,难免会遭到绝大部分知识分子和普通民众的双重不满。对于大部分现代知识分子而言,1919年的新文化运动意味着一个民族和过去告别,正式步入现代世界,这是一个全新的开始,其历史价值无论如何都是不能否定的。而且,新文化运动追求的是"天赋人权",

---

[1] 陈铨:《再论英雄崇拜》,《大公报·战国副刊》,1942年4月21日。

每个人都能生活在一个平等有序的社会体系中，"人人平等"的观念自"五四"以后就日益深入人心。而陈铨在一系列的文章中确实犯了很多逻辑上的毛病，他为了把尼采学说和民族的生存竞争结合起来，不惜攻击"天赋人权"理论，否定人人平等思想，可实际上"天赋人权"和"生存竞争"之间并非绝对对立，并非一个讲究民治、人人平等的社会就没有竞争力。

对于20世纪40年代的中国知识分子来说，中国的道路虽然艰难，可1919年以后中国毕竟走上了现代化的道路，正如沈从文在其小说《长河》题记中所写，至少表面上中国的社会是和以前社会不同了，"现代"的工业技术和思想观念都已经深入湘西这样一些偏远的地区。所以，陈铨否定"五四"新文化、否定"人人平等"观念，甚至否定科学技术，过分强调了民族精神方面的力量，一味地强调超人和英雄来拯救民族，自然会遭到批判。因为如果没有强大的科学技术作为力量的支撑，即使有"超人"出现，也只能是带着一群"义和团"式的愚民和外敌征战，根本不可能取得胜利。所以，陈铨的观念不仅遭遇同人的非议，更是遭到左翼知识分子如茅盾、胡绳、汉夫、张子斋等人的批判和围攻。

茅盾站在一贯的唯物主义立场批评陈铨和"战国策派"激进的民族主义观念，认为陈铨虽然是着眼于现时代设身处地地思考中华民族的"民族危机"，却正犯了一个"时代错误"：

> 今天的世界战争，有帝国主义侵略的战争，有被侵略的民族的解放独立的战争，也有帝国主义争霸世界的战争。因为战争，性质不一样，这在今天，差不多已经是常识；然而竟还有人不信或不肯承认有这样的分别，而混称之曰"战国时代"，并且说"一切的一切，都要逐渐地向战的影子下取得存在，而所谓信仰，企业，社会改造等等大事情，都要逐渐地失去了独立发展的自由；战的威力，战的需求，乃反要加紧地，加速地，取得主动的地位，而积极地决定其他一切的内容与外表"。这话可谓壮哉，但可惜说这话的人不是希特勒，墨索里尼，或者日本军阀，而是被侵略的中华民族

中的一员;希特勒等,及其徒子徒孙,所认识,所信奉,所鼓吹者,正是这样一种要消灭"信仰,企业,社会改造等大事情"的盲目的威力的一战……[1]

1941年,张子斋发表了长篇论文《从尼采主义谈到英雄崇拜与优生学》,对陈铨宣扬的"尼采主义"进行了严厉的指责,嘲笑陈铨的一些话甚至放到希特勒《我的奋斗》或者其他法西斯主义者的著作中也都"毫无逊色"。不过,张子斋确实指出了陈铨思想中的毛病。陈铨把抗战的胜利寄希望于"超人式"的英雄,忽视了"平民教育"的作用,这样即使中国在世界角逐中获得了胜利,那么也只有一少部分人能够享受到胜利果实。张子斋指出:

> 谁也知道:正因为中国平民教育的不发达,人民知识水准的太差,增加了抗战动员的困难,不能更有效地打击敌人。倘全中国人民都是完全愚昧无知,那恐怕日本军阀早就长驱直入,征服中国了!我们的疮疤,是敌人的宝贝,我们的愚昧,是敌人的利益。我们多一个有知识的人,抗战的胜利就多一分保证;我们多一个无知识的人,日本的进攻就多一分便利。因此,日本军阀是特别希望特别欢迎全中国的人民都是愚昧无知的,那样,他就更容易实现尼采的强者应当征服弱者,智者应当统治愚者的"原则"。所以,即使不懂尼采主义为何物的人,即使读过一点通俗小说,愿意崇拜英雄的人,看了陈铨先生的主张,也会觉得尼采主义的"可怕",觉得崇拜英雄的代价之惊人,而"退避三舍"的。[2]

对于这类批评,陈铨不以为然,他坚持认为"英雄崇拜"没有什么错误,并坚持着他的信念,那就是"五四"时代的个人主义并没有给中国带来好

---

[1] 茅盾:《"时代错误"》,《大公报》,1941年1月1日。
[2] 张子斋:《从尼采主义谈到英雄崇拜与优生学》,《学习生活》,1941年第2卷第3、4期合刊。

处，相反削弱了中国人的"民族意识"。他还反驳和批评了沈从文、贺麟，至于其他人对他的批评，他更是不屑一顾。不过，陈铨肯定了持唯物主义观的作家对他的批评：

> 自从在《战国策》第四期发表《论英雄崇拜》一文以后，引起不少的同情和反响。沈从文先生在《战国策》第五期载有《读英雄崇拜》一篇长文。贺麟先生在《战国策》第十七期讨论《英雄崇拜与人格教育》。沈先生是反对英雄崇拜的，贺先生是赞成英雄崇拜的。沈先生例举了许多当前零碎的事实，作些反驳，对于原文主要的意思，哲学的根据，未予深刻的讨论。贺先生认为英雄崇拜是应当提倡的，而且是必须提倡的，不过他以为英雄崇拜根本上是关于人格修养的文化方面，道德方面问题，而不是，也不应当是政治问题。所以他别开生面，要从英雄崇拜，去探讨人格教育。其实政治也是文化形态的一部分，道德训练和人格修养更同政治生活，有密切关联，英雄崇拜在一方面有其重要，在其他方面，也有同样的重要。
>
> 沈先生和贺先生的态度，都是很诚恳的，无论他们赞成或反对，我都一样地欢迎，因为他们能够严重地把这一个问题当作一个问题，这在新时代演变中间，已经是最足令人吟味的事实。不过同时细读他们文章以后，也不免令我私怀失望，因为他们都忽略了我原文最重要的意义。
>
> 我论"英雄崇拜"，本来还有一个深远的根据，这一根据，乃是一种历史观。判决这一历史观是否正确，英雄是否应当崇拜的问题便自然迎刃而解。不抓住这一点，而来作技术的辩说，或者另出题目，而自作一场的论证，则对于作者的立场，根本不生损益了。
>
> 此外还有许多谩骂攻击的文章，或者应用一些肤浅无聊轻视侮辱的政治口号，或者因袭五四以来流行的极端个人主义的立场，不明时代，不顾事实，不解学理，实在没有反驳的价值。倒是在另外一方面，有几位用假名字发表文章的作家，根据唯物史观，

来批评我。对于历史的看法,虽然他们说得相当的肤浅,他们却的确抓住了这个问题的核心,因为上文已经提到了,英雄崇拜的问题,根本是一个历史观的问题。[1]

陈铨在后面的文字里继续解释了"历史观"和英雄人物的关系,在这里,他依然肯定了少数英雄人物在历史创造中的价值。陈铨虽然承认唯物主义者抓住了他问题的本质,但是在另一篇文章里,他却认为"阶级斗争"使得中国的民族意识大大削弱。

无论是陈铨,还是林同济,他们确实都是非常激进的民族主义者,甚至不惜以呼唤战争来改造自己的民族特性。而富有文学才能的陈铨在这几个人中,可能又是最激进的一个,他激进的民族主义思想又独具特色,显得过于天真,一个民族的特性不可能一下子就能改造过来,对于中国这样一个土地辽阔、人口众多的民族国家来说,这就更难了,而陈铨甚至否定平民教育就更荒唐了,平民得不到教育,整个社会的进步何从谈起,但就此将陈铨等人看作是法西斯主义或者国民党的政治帮凶确实有失公允。江沛在《战国策派思潮研究》中将"战国策派"归纳为"既有文化自由主义的现代意识,又有激进主义的壮怀激烈,更有一种自觉的民族主义意识。其在思想意识上的混杂,正是近代以来救亡与启蒙的双重压力、立国之本与强国之路间不协调的张力,对知识分子群体扭曲与挤压的结果"[2]。这样的评价可能更合理一些。

事实上,陈铨等"战国策派"成员只是文化意义上的激进民族主义者,绝大部分成员并无政治野心,也并不是想利用民族主义来达到某种政治目的,他们只是一种知识分子式单纯的民族主义情怀。陈铨一生都不愿意做官,抗日战争前夕,国民政府行政院秘书长翁文灏曾推荐陈铨担任政府要职,但是被陈铨谢绝。林同济同样也不愿意做官,1937年抗日战争全面爆

---

[1] 陈铨:《再论英雄崇拜》,《大公报·战国副刊》,1942年4月21日。
[2] 江沛:《战国策派思潮研究》,绪论第9页,天津:天津人民出版社,2001年。

发,蒋介石邀请国内知名人士到庐山座谈,林同济也在其中,但是临走之前,林同济的父亲告诫他不要加入国民党,父亲的话让林同济终生牢记,林同济一生都没有加入任何政治团体。《战国策》创刊的初衷也是要抱着"非红非白,非左非右"的宗旨。所以,这个激进的民族主义团体,某种程度上又可以说是一个自由主义和保守主义混杂的学术性团体。但这并非说陈铨等人不关心政治,恰恰相反,他们非常关心政治,只是他们仅仅希望通过笔来参与民族的政治和文化重构工作。1941年,陈铨在《大公报·战国副刊》第43期发表了《政治理想与理想政治》,明确表达了他的政治态度。他希望人们有"政治理想",同时也应该为"理想政治"献身,他认为政治理想要崇高远大:"一种政治的运动,能够引起多数人的兴趣,甚至于能够使多数人甘心情愿牺牲财产生命来参加,就一定有一个理想的黄金世界。没有理想的政治运动,一定不会有伟大的成功;就算一时能够成功,也只能昙花一现,不能久长。"[1]但"理想政治"也要切实,因为时代是不断变化的,如果"理想政治"不能够"现实化",这种政治就会走入幻想化。陈铨再次批评了"五四""个人解放"给中国造成的危害,号召人们要保持清醒,团结起来,抗击敌人。不过,陈铨依然过于相信精神的力量,他认为"意志集中",力量就会集中,他并未觉得如果没有坚实的科学技术和物质基础,就是意志再集中,力量也不会集中。陈铨的这些观念显然有很多漏洞。好在陈铨等人都不是实际的政治人物,他的"政治理想"都不大可能付诸现实。设想如果他的政治理想变成现实,确实是一件很可怕的事情,他所依赖的唯一的东西是"意志",而单靠"意志"不可能完成抗日大业,日本的武士道精神、德国的民族精神的背后都是有强大的武器支撑的。

陈铨是重造"民族精神"运动最有力的倡导者,1940年到1944年之间,他不仅在昆明和重庆的刊物《战国策》《大公报·战国副刊》《今日评论》和《军事与政治》上发表了《文学运动与民族文学》《民族文学运动》《民族文学运动的意义》等文章,而且1943年陈铨还在重庆创办和主编了《民族文学》

---

[1] 陈铨:《政治理想与理想政治》,《大公报·战国副刊》,1942年1月28日。

杂志。这份杂志的创刊可能源于《战国策》的停刊,以及陈铨来到了重庆。当时西南联大依然实行休假制度,1942年9月至1943年2月是陈铨的休假日。按照清华学校的规定,教授每五年可以休假出国一年,很多教师就利用休假的机会到国外去,有的甚至带上了情人。陈铨当时在清华大学教书已经八年,早超过五年,所以他可以享受一次出国机会,但是由于日本和中国战事正处于胶着状态,正积极宣传"民族主义"思想的陈铨无心出国,于是他改在国内休假,去了重庆,并应聘担任中央政治学校的英文教授,同时在援华美军译员训练班兼教英文,还担任了重庆正中书局的总编辑、中国电影制片厂的编导委员以及青年书店的总编辑。1943年7月7日,陈铨担任了《民族文学》的主编。这一份杂志专门发表一些宣扬抗战的具有民族意识的文章,陈铨自己也在上面发表了大量关于民族主义的文学作品,当然这些作品有很多在昆明的时候已经在《战国策》以及《大公报·战国副刊》上面发表过。从1940年到1944年,陈铨的思想基本没有发生多大变化,总的来说都是致力于"民族至上、国家至上"思想的宣传,但是如果再仔细区别的话,1942年也可以看作是陈铨思想的一个小小分水岭。在1942年之前,陈铨的主要思想都是在谈尼采,1941年前后,陈铨所写的文章基本都是关于尼采,如《尼采的思想》《尼采心目中的女性》《论英雄崇拜》《尼采的政治思想》《尼采的道德思想》《尼采的无神论》等等。而1942年以后,陈铨直接以"尼采"作为标题的文章少了,相反直接谈论"民族运动与民族文学"话题的文章逐渐增多,当然他的基本思想并没有多少改变,可能是他觉得老是用尼采的思想来谈论"中国问题"并不妥,而且会使很多中国人难以接受。

而且更重要的是,1942年以后,陈铨重造"民族精神"的思路也越来越清晰,"尼采主义"只是陈铨重造"民族精神"的思想背景,要切实地重造"民族精神"还必须有具体的实践行动。语言向来是建构民族共同体的有力武器,消灭一个民族最常用的方法就是消灭其民族的语言文字,正如本尼迪克特·安德森在《想象的共同体》里所说,印刷文字奠定了民族意识的基础,民族意识是在印刷文字的传播中得到传播。对于有着悠久文学传统的中国来说,知识分子都非常重视文学的宣传力量。陈铨也不例外,他很早就意识到文学在建构民族思想方面起到了不可磨灭的作用,所以1942年以后,陈铨越来越集中到对于民族文学方面的探索上。1942年,他应云南大学的邀请做了一次关于《民族运动与文学运动》的演讲,吴宓在其日记里以简要的文字记载了陈铨的这次演讲,还顺便记载了一件重要的事情,那就是在这一天,《大公报》著名的编辑张季鸾在重庆逝世:

> 6:00王赣愚来,请至家庭食社晚饭。7—9陪陈铨在云大演讲《民族运动与文学运动》,任介绍铨之职。毕,赣请汉雄茗叙。
>
> 是夜月色极美。9—11与鼎步翠湖,谈。游侣极多。遇张允宜。归后,中宵作函致琼明晨姜仆送往。述欲租居螺翠山庄,请代想适于同居之友。附寄《朝报》宓诗。迟寝。
>
> 张季鸾(炽章)君,在渝病逝。享年五十五岁。[1]

可以想象出这一天陈铨是如何慷慨激昂地向云南大学数以千计的学生宣扬他的"民族主义"思想,号召学生为了中华民族而奉献生命的。这一段时间,由于太专心地忙于写作政论文章、文学创作,陈铨疏于和他的老师吴宓交往。西南联大的风气是多元开放的,教授们既有人整天忙于为国家的前途奔波呼吁,也有人专门忙于个人的情感事情,既有"复古运动",也有"新文学"的呐喊,陈铨的老师吴宓这段时间就整天忙于和琼、彦几个女性的恋爱故事,他的恋爱风波还被李健吾改编成戏剧的形式广为流传。《吴宓日记》中也很少记载这段时间他和陈铨的交往活动情况,不过偶尔吴宓也跟陈铨在西南联大校园外的新新饭店吃饭,两人也会一起到德记茶馆里讨论读《狂飙》的感想。[2]昆明南屏街的昆明大戏院经常上演戏剧,有一次吴宓就得到朋友陈毓善赠送的戏票,吃了晚饭就到大戏院看陈铨编导的

---

[1] 吴宓:《吴宓日记》(第8册:1941—1942),吴学昭整理,第166页,北京:生活·读书·新知三联书店,1998年。

[2] 吴宓:《吴宓日记》(第8册:1941—1942),吴学昭整理,第61页,北京:生活·读书·新知三联书店,1998年。

《黄鹤楼》。[1] 陈铨那时住在昆明的北门街 98 舍,吴宓经常去拜访他,然后两人到家庭食社去吃午饭,吃完午饭又在陈铨的房间中喝咖啡。[2] 新新饭店和家庭食社都是当时西南联大师生吃饭、请客的地方。那时时局比较危险,日本兵力已经开始攻到内地,所以昆明的街头每天都有日军的空袭警报,有时吃饭的时候都会遇到空袭,吴宓在日记中曾经详细地记载了 1942 年 8 月 12 日的一次严重空袭:

> 晴。 家庭食社早饭。访水还伞。9:00 警报至。出。遇 Gapanovich 夫妇及 Verta(为取名曰噶明),偕行。避于赴黄土坡途中之山坡上小防空壕中。敌机 27 架,两次盘旋,炸黄土坡林中。盖即宓昨坐避之处。毁汽车。黑烟大起。死六人,伤联大三女生。宓食 G 夫人自制饼。过午,偕至地坛休息,徐归。……[3]

1942 年,陈铨三十九岁左右,正是思想最成熟、经历也最旺盛的时刻,而日本侵入中国,也激发了这个知识分子的空前情绪。陈铨满怀热情地投入工作中,编剧、写作、教学、编刊物,他的精力似乎是无穷的,他也因为宣传尼采和极端的民族主义思想而声誉日隆。他可以说是"战国策派"里"民族至上"思想最有力的宣传者。因为他不仅参与《战国策》的编辑,而且身为文学家,他充分地意识到文学运动与民族运动之间有着深刻的联系,深刻地认识到文学在建构民族观念方面的价值。从 1941 年开始,他连续在《战国策》《大公报·战国副刊》《文化先锋》上发表了《文学运动与民族文学》《欧洲文学的四个阶段》《民族文学运动的意义》《民族文学运动试论》等文章,阐发关于民族文学与文学运动的关系。1942 年,陈铨在重庆的《大公

---

[1] 吴宓:《吴宓日记》(第 8 册:1941—1942),吴学昭整理,第 79 页,北京:生活·读书·新知三联书店,1998 年。
[2] 吴宓:《吴宓日记》(第 8 册:1941—1942),吴学昭整理,第 133 页,北京:生活·读书·新知三联书店,1998 年。
[3] 吴宓:《吴宓日记》(第 8 册:1941—1942),吴学昭整理,第 150 页,北京:生活·读书·新知三联书店,1998 年。

报·战国副刊》发表了《民族文学运动的意义》,论述他对于当时世界中的"中国民族"的认同。文章开头,陈铨就总结了1919年以来的二十几年间中国知识界的思想发展情况。文章开宗明义:

> 过去二十几年间,中国的思想界,从个人主义到社会主义,从社会主义到民族主义。中国现在的时代,是一个民族主义的时代。我们政治上的先知先觉,虽然早已经提倡民族主义,然而真正民族意识强烈的发展,实在是最近几年的事情。[1]

在这种"民族意识强烈的发展"的过程中,作为文学家的陈铨在重构"民族意识"的运动中,比林同济等人更能意识到文学的价值,更能认识到文学在争取全民族自由方面所能发挥的无比巨大的作用。他宣称:"世界上许多伟大的文学运动,往往同伟大的民族运动同时发生,携手前进。意大利是这样,法国是这样,英国德国也是这样。特别在近代社会里,文学和政治常常是分不开的,因为政治的力量支配一切,每一个民族都是一个严密组织的政治集团。文学家是集团中的一个分子,他的思想生活,同集团息息相关,离开政治,等于离开他自己大部分的思想生活,他创造的文学,还有多少意义呢?所以民族意识的提倡,不单是一个政治问题,同时也是一个文学问题。"[2]陈铨把文学与民族国家的政治和其他文化紧密结合起来,反对盲目崇拜西方:"大多数的国民必须先要有民族意识,他们自己首先要感觉,自己和旁人不同,而且这一种不同的地方,就是他们自己可以骄傲的地方。现在中国有许多丧心病狂的人,不骄傲自己的祖国,而骄傲别人的祖国。这样的人,连自己的祖先都弄不清楚,还配谈什么文学?然而这样的文学口号,却风行一时,许多青年认为时髦;许多在社会上有地位的文学家,为着博取一般青年人的欢迎,也勉强在自己作品中间掺杂一些这

---

[1] 陈铨:《民族文学运动的意义》,《大公报·战国副刊》,1942年5月20日。
[2] 陈铨:《民族文学运动》,《大公报·战国副刊》,1942年5月13日。

样的口号,真是可惜!"[1]

但是,陈铨虽然批评很多人"不骄傲自己的祖国",他自己却也是从德国文学中得到启发,他很早就注意考察德国人的民族精神源泉,认为德国的"狂飙运动"是德国民族精神的起源,自从"狂飙运动"以后,德国人就从理性中摆脱出来,拥有了强烈的民族意识,而中国五四运动没有带来相应的民族意识,倒是抗日战争使得中国第一次有了空前的民族意识,因此也应该要有相应的民族文学。所以,陈铨宣称:"在这一个阶段中间,中华民族第一次养成极强烈的民族意识。他们第一次看清楚自己,中国的文学,从现在起,一定有一个伟大的将来。因为,我已经说过了,只有强烈的民族意识,才能产生真正的民族文学。"所以,按照陈铨的设想,现在"民族精神"有了,政治上民族主义高涨,正是推动民族文学运动最好的机会,同时民族运动也急需文学来帮助。

陈铨显然对其发现"民族文学运动"颇感兴奋,他开始不断阐释和宣扬自己的民族文学运动理论。1942年9月23日,陈铨在重庆的文化会堂里慷慨激昂地宣读了题为《民族文学运动试论》的论文。陈铨以这样的方式开始了讲演:"民族文学运动的提出,在中国还只是一种尝试。当我提出这个口号的时候,不免会有人说:'民族文学不是早就有了的?咱们有几千年的历史,自五四运动以后,民族文化运动早已蓬蓬勃勃,你现在才来谈这个题目不是老生常谈么?'可是,我不敢苟同这说法。我可以从文学本质,民族文学的本质,与中国民族文学是否需要运动这三方面寻求解答。如果这三方面都讲得通,那么,我这个口号就可以成立。末了,我还提出个人对于民族文学的几个原则。"[2]陈铨努力阐释在现阶段倡导民族文学运动的必要性,他还在讲演结尾提出了"民族文学运动"的几个原则,阐明了发动"民族文学运动"的历史意义:

---

[1] 陈铨:《民族文学运动》,《大公报·战国副刊》,1942年5月13日。
[2] 陈铨:《民族文学运动试论》,《文化先锋》,1942年第1卷第9期。

第一：民族文学运动，不是复古的文学运动。……

第二：民族文学运动不是排外的文学运动。……

第三：民族文学运动不是口号的文学运动。……

第四：民族文学运动应当发扬中华民族固有的精神。……

第五：民族文学运动应当培养民族意识，民族意识是民主文学的根基。民族文学又可以帮助加强民族意识，两者互相为用，缺一不可。所以民族文学运动，最大的使命就是要使四万万五千万人，感觉他们是一个特殊的政治集团。他们的利害相同，精神相通，他们需要共同努力奋斗，才可以永远光荣生存在世界，他们有共同悠久的历史，他们骄傲他们的历史，他们对于将来的伟大创造，有不可动摇的信心。对于祖国，他们有深厚的感情，对于祖国的自由独立，他们有无穷的渴想。他们要为祖国生，要为祖国死，他们要为祖国展开一幅浪漫，丰富，精采，壮烈的人生图画。有了这样的民族意识，伟大的民族文学运动才可以成功。

第六：民族文学运动应当有特殊的贡献。怎么样才能够有特殊的贡献呢？要采中国的题材，用中国语言，给中国人看。这三个原则，是民族文学运动的规矩准绳，中国作家不容忽视。固然真正特殊贡献需要文学的天才，文学没有天才，根本谈不上文学，不过天才也有走错路的时候，英国批评家安诺德，主张文人应当生活在一种"智识潮流"中间。所谓智识潮流，就是合乎时代精神的正确思想。这种思想，是文学天才发展的根基。历史上好些伟大的天才，因为得着伟大文学批评家的指导，力量用在正当的途径，才有最优异的成绩。[1]

后来陈铨又写了一系列的文章，这些文章最后结集在题为《民族文学运动》的文章之中，重新发表在陈铨自己担任主编的《民族文学》刊物上。

---

[1] 陈铨：《民族文学运动的意义》，《大公报·战国副刊》，1942年5月20日。

颇有意味的是,陈铨的民族文学纲领与左翼理论界提出的一些文艺政策不谋而合,但是陈铨本人依然遭到了左翼理论界的强烈批评,因为在后者看来,陈铨的民族文学运动的口号是为国民党政府服务的,并且严重抹杀了人民群众在民族文学运动中的作用,尤其是否定了阶级在民族文学中的价值,而仅这一点就是值得批评的。陈铨确实过于幻想,因为实际上不可能存在一个包容万象的、将所有人的心灵都容纳在内的"民族文学"。陈铨提出的要建构一个让四万万五千万同胞"利害相同,精神相通"的民族文学,注定只能是一个乌托邦式的文学梦想。但是陈铨却在为这个梦想努力着,从1943年他在国民党战时的政治文化中心陪都重庆主编的一份名字就叫《民族文学》的刊物即可窥见一斑。

第四章
抗战胜利后不同的媒介图景

1945年8月15日,日本天皇通过广播宣布投降,历经十四年,中国人民终于取得了抗战的胜利。不过,第二次国共战争随即再次爆发。除了各个政党,报纸、杂志等大众媒体自然无法避免卷入这场政治和军事冲突中,它们或主动或被迫地选择"站队"。

第一节 抗战胜利后的媒体文化格局

抗日战争快要结束的时候,在美国的帮助下,国民党军队迅速占领了许多要地,包括新闻行业:"以蒋介石为首的国民党统治集团,凭借其手中掌握的政权与法统,抢先在收复区扩展他们自己的新闻事业。……日本刚刚宣布投降,国民党中央宣传部就开始筹划《中央日报》等党营新闻事业的迁移工作,并派出一批专员,随同中央政府的受降人员一起,在美国空军的帮助下乘飞机回到南京、上海等地,抢占新闻阵地。1945年9月4日,国民党中央宣传部委派陈训悆与重庆《中央日报》副总编辑卜少夫等人,以出席南京受降仪式为名,由重庆乘专机飞回南京,接收了汪伪《中央日报》、《中报》和兴中印刷所,并利用其设备、资财乃至原班人员,在其原址南京新街口重建中央日报馆。9月10日,南京《中央日报》复刊,国民党中央宣传部新闻事业管理处处长马星野出任社长。"[1]方汉奇还指出,除了报纸,通讯社、电台等媒体也都重新建立起来,甚至连《申报》《新闻报》这些上海滩历史悠久的民营企业也在重建过程中被改造为"国民党的准党报"。共产党当然也针锋相对,努力在上海、北京等地组建自己的新闻通信网。

国共两党之间的斗争是全方位的,媒介领域是他们斗争的重要场所,双方都在想方设法控制和主导舆论,一些斗争还延伸到电影领域。早在20世纪30年代初期,国民党主管宣传的政客和右翼文人便一道对左翼电影的激进思想进行了严厉批评。1933年的《现代电影》上出现了"硬性影片"与"软性影片"的大讨论,这场讨论参与者众多,有刘呐鸥、黄嘉谟、唐纳、鲁思等人。例如,黄嘉谟在《硬性影片与软性影片》里就批评左翼电影将电影从"软性"弄成了"硬性"。他认为,在国际市场上,电影本来是软性的,但是到了中国却走了样:"目前中国影片变成硬化的原故,由来极为复杂。一般无聊的影评刊物,动辄侈谈意识,而所谓意识云者,简直都有着很浓厚的左倾色彩。左倾的便算有意识,右倾的,或是不左倾的,都是'意识歪曲'的影片。都不是好的影片。他们咬定这种规律来批评欧美的影片,硬要使资产社会的欧美影片左倾,结果每部片子都是不值得他们看的,都是意识歪曲的影片。"[2]唐纳则针锋相对地写了《清算软性电影论》进行反驳。

20世纪40年代,随着国共之间矛盾冲突的升级,电影界的分野就更加明显了。例如,1948年,束清源在《电影论坛》上发表了《论电影战线》,指出电影领域存在着两种电影观念:一种认为电影是"纯技术的玩意",与教育、文化以及政治没有什么挂钩,而另一种却认为电影是与政治、文化以及教育相关的"艺术品"。他认为这两种观念的冲突也体现在国产片中,这种冲突就表现为一方面追求"享乐主义",另一方面将电影视为"严肃的文化工具":"这斗争一直发展到抗战开始。抗战期间,电影工作上也建立了统一战线,表现为民族的,对敌伪的斗争。但必然的,斗争的敌对的两方面,就

---

[1] 方汉奇主编:《中国新闻传播史》,第288—289页,北京:中国人民大学出版社,2002年。
[2] 嘉谟:《硬性影片与软性影片》,见罗艺军主编:《中国电影理论文选(20—80年代)》(上),第266页,北京:文化艺术出版社,1992年。

是旧时斗争的对手。一切流氓,市侩,和封建残余的电影混子,都当了影奸,而坚持电影抗战的,大多是以前坚持严肃工作态度的电影从业员。"[1]他认为,中国国产电影真正发展虽然只有二十多年,但是国产电影两条战线上的斗争却空前剧烈,"尤其是抗战以前的五年间,和抗战结束以后的两年来"。抗战结束后,电影战线上的斗争主要表现为"为人民"与"反人民"的两种制作倾向的斗争。"一切市侩流氓的制片商人,勾结了未经清算的电影奸伪残余,大量摄制色情、武侠,神怪,间谍,言情,唯情影片,一面尽其麻醉观众的任务,一面遂其投机牟利的企图。他们集中了大量资本,控制了大量器材,予取予求,畅所欲为地制作他们的巨著。而那些忠于创造'为人民'的作品的电影工作者,都受到不信任和排斥。据说,描写抗战的剧本,是过时了。描写政工人员或演剧队生活的故事,没有人要看了,描写人民的生活斗争的戏是不受欢迎的。"[2]显然,电影战线上的两条道路斗争正是代表资产阶级利益的国民党和代表平民大众的共产党之间矛盾冲突的深刻体现。

第二节　拒检运动:以"新闻自由"名义的知识界大联合

在中国古代,有着名目繁多的禁书目录,即使像《红楼梦》这样的名著,也曾位列禁书之中。而早在北宋时期,就有对"小报"的禁令。晚清以来,近代报刊被引入中国,即使有美查在《申报》上鼓吹报刊"通民情"的意义,王韬、郑观应等洋务派知识分子宣传报章可以救国,像左宗棠那样的洋务大员依然认为报人不过是些"无赖文人"。究其本质,信息本来就是一种特

---

[1] 束清源:《论电影战线》,见罗艺军主编:《中国电影理论文选(20—80年代)》(上),第299—300页,北京:文化艺术出版社,1992年。
[2] 束清源:《论电影战线》,见罗艺军主编:《中国电影理论文选(20—80年代)》(上),第300页,北京:文化艺术出版社,1992年。

权。纵观世界新闻史,无论是英国的星法庭、美国的"曾格案",还是法国大革命时期号称最革命的雅各宾派颁布的最严格的新闻控制法令,无不说明了争取新闻自由的艰难。但反过来说,也正是因为新闻的本质是公开,新闻自由无论对新闻业者还是对新闻读者都是刚需,所以追求新闻自由的抗争运动自新闻诞生就不绝如缕。"控制"与"自由"成为新闻发展中纠结缠绕的一对关键词。

这对关键词从来都不是温情脉脉,而是血淋淋地携带着无数惨痛的记忆。如果说清廷对于《强学报》的查禁催生出《时务报》的辉煌还算留有余地的话,"沈荩案"和《苏报》案"则是恨之不死的典型。1913年,袁世凯大量查禁关闭发表不利自己言论的报刊,酿成"癸丑报灾",致使全国报刊从500多家降为100多家。1926年,邵飘萍和林白水相继被张作霖和张宗昌杀害,时人称为"萍水相逢百日间"。而在国民政府成立后,这个曾经利用报刊反对清朝统治和袁世凯复辟的政党也开始了自己的新闻控制之路。1931年,国民政府颁布《出版法施行细则》二十五条,对报刊和图书的原稿进行检查。1932年,史量才拒绝国民政府对《申报》的派员指导以保持报刊的独立性,引发军统对史量才的暗杀。上述个案,都是中国新闻业为追求新闻自由付出的代价。

1938年7月,国民政府颁布《战时图书杂志原稿审查办法》,要求所有出版物都要经过"图书杂志审查委员会"检查才能出版,而检查之后原稿往往被删改得面目全非,甚至扣留不发,让报刊上屡见天窗。而此时正在抗战之中,时代主题召唤之下,虽然压迫如此,但整个知识界和媒体界为抗战人心大局所计,亦无抗争之举,有论者甚至从理论上论证了新闻检查的必要性:

> 新闻检查之最大的意义在根据国家的新闻政策,防范不适当的新闻的刺激,以免引起本国或国际不利的反应,这是从消极的观点而论。若从积极的观点而论,则新闻检查乃根据国家的新闻政策,指导新闻界以适当的新闻的刺激,以引起国内及国际

的有利的反应健全个人,促进社会,繁荣国家民族。总之,新闻检查乃完全以社会国家民族的利益为出发点,其根本意义也就在此。……新闻纸是社会上一种遍普的有力的教育,经过刺激与反应的作用,给予个人社会及国家民族的影响甚大。[1]

新闻管制本是世界各国战时的通例,英、法、德等国在一战和二战之中,也都有自己的战时新闻管制政策,[2]这本无可厚非,但是当抗战胜利之后,这种特殊时期的政策就该解禁。然而,国民政府却无意废止旧有的管制政策,反而变本加厉,于是引发了知识界的集体抗争,而导火索便是黄炎培《延安归来》的拒检出版。

国民党的前身同盟会蛰伏时期就非常重视报刊的作用,邵力子、汪精卫、戴季陶等国民党元老无不是从报业起家,反抗清朝统治,所以他们对报业的宣传作用认识得也是非常清楚。在不得已进行第二次国共合作以后,蒋介石不仅从政治、军事和经济上围困边区,也在信息上尽可能杜绝国统区的人士访问与认识边区。黄仁霖起草《战区外籍记者团办法》,对外国记者访问战区设下严格要求以及层层审批,"本国新闻记者须得其代表报社正式证明其为确实在该报社工作人员,并有一年以上战地采访经验,始得申请为战地记者",而外国记者还需要事先"在外交部正式登记"。[3] 1944年,中外记者西北考察团访问延安的时候,蒋介石特批500万元作为经费,戴笠、陈立夫、陈果夫、胡宗南派出超过千人围绕中外记者团做工作,试图

---

[1] 振华:《新闻检查之理论的基础》,《中兴周刊》,1937年第7卷第24号。
[2] 1942年,英国首相丘吉尔提出并由国会通过《新闻法案》,以加强战时报业管制。太平洋战争爆发后,美国总统罗斯福提出九项战时措施,其中第五、六项与新闻统制有关。而1943年的《美国报业战时实施条例》则将政府管制从报纸杂志、电报广播延伸到一切广告、新闻信、公司及商业报告、编者函、个人以及社交新闻、新闻评论及专栏作家等处。
[3] 《国民党中央宣传部拟定之〈中外新闻记者战地采访管理办法〉草案》(1938年),见中国第二历史档案馆编:《中华民国史档案资料汇编》(第五辑:第二编 文化),第379页,南京:江苏古籍出版社,1998年。

影响他们对延安的观感。[1]

除了在"进"的一面严防死守,国民政府亦在"出"的一面筑起壁垒。当《西行漫记》出版以后,国民政府否认斯诺曾经到过延安,该书也被国民党宣传机构归为禁书。所以,关于边区形势的书籍和报道天然不受国民政府的欢迎。

1945年7月,黄炎培、褚辅成、冷遹、傅斯年、左舜生、章伯钧赴陕甘宁边区考察访问。在延安,黄炎培提出了著名的如何跳出"其兴也勃焉,其亡也忽焉"的中国历史怪圈之疑问,而毛泽东则答以"民主"为解决之道。这让黄炎培深为佩服。对于延安的一切,他都感到非常新奇和兴奋,故而在归去以后,写成了日记体的《延安归来》一书。

当国讯书店拿到书稿后,几位重庆左倾出版界的重要人物,如中华职业教育社出版部主任和国讯书店经理尚丁、新出版业联合总处董事长黄洛峰以及叶圣陶等人聚在一起商量:此书如果送审,很有可能就此沉没,或被删改丧失原貌,既然如此,不如以此书为由,发动"拒检运动",号召国统区早就对国民党书报检查制度怨言深重的知识界联合起来,冲破新闻控制,追求新闻自由。此事在得到黄炎培的同意后,就此展开。

《延安归来》一书由润华印书馆排印,仅仅八天就印成32开74页的书,于1945年5月7日以国讯书店名义出版。随即,张志让、杨卫玉、傅彬然三人起草重庆报刊与出版界"拒检声明",由《宪政》月刊、《国讯》旬刊、《中华论坛》、《民主世界》、《再生》、《民宪》半月刊、《民主与科学》、《中学生》、《新中华》、《东方杂志》、《文汇周报》、《中苏文化》、《现代妇女》、《战时教育》、《国论》、《学生杂志》16家刊物联合签署,8月17日公开发表,向国民党中央宣传部、宪政实施协进会和国民参政会声明将于9月1日不再送检,而以《宪政》月刊为代表的10家刊物[2]还决定出版一本完全不向国民

---

[1] [美]哈里森·福尔曼:《北行漫记——红色中国报道》,路旦俊、陈敬译,第8—9页,长沙:湖南出版社,1993年。
[2] 《宪政》月刊、《新中华》、《国讯》旬刊、《东方杂志》、《再生》、《民宪》半月刊、《民主世界》、《文汇周报》、《中学生》、《中华论坛》。

政府登记注册和稿件送检的《联合增刊》。拒检声明和《联合增刊》的创建，标志着"拒检运动"正式开始。

在运动中，叶圣陶的表现值得注意。先是在9月8日，他起草了《致重庆杂志界的一封公开信》，代表成都17家文化团体支持重庆新闻出版界的抗争，第二天，他更是在《联合增刊》上发表了一篇极有分量的文章《我们永不要图书杂志审查制度》。在文中，他说道：

> 我们不要这个制度，并不因为我的思想言论曾经被禁被删，你的思想言论曾经被禁被删，他的思想言论曾经被禁被删。即使我的你的他的思想言论都没有被禁被删，将来也永不会被禁被删，我们还是不要这个制度。制度存在，总有我你他以外的人受着精神上的迫害，我们与他人精神上是共通的，他人受到迫害也就是我们受到迫害。[1]

渝蓉两地媒体界的呼声很快得到了其他城市如昆明、桂林、西安等地媒体界的大力支持，而共产党的《新华日报》则大力支持对新闻自由的抗争，发表了沈友谷撰写的《由废除新闻检查制度说起》，在回溯了国民党书报检查制度的不公与错误之后，要求废除该制度，让民营传媒业顺利发展：

> 大家知道，在抗战期间的大后方，不论报刊、杂志、电影、通讯社、学校种种文化事业，都是官办的兴隆而民营的萎缩。这是我们在战时不正常的现象之一。尤其舆论机关，更应大大发展民办事业。所贵于舆论者，就即为是民意的反映，倘若只见"官意"，何必有什么舆论呢？大后方的民意，这几年来既受制于出版检查制度，同时更被制于出版物的特许制度。要知道，能够有资格送检的还算是幸福，不知道有多少报纸、杂志，登记都不准，根本不能出版，

---

[1] 叶圣陶：《叶圣陶散文·甲集》，第487—488页，成都：四川人民出版社，1983年。

连"送检的幸运"也得不到……政府当局此时正应力谋如何鼓励、帮助民营报纸、通讯社、杂志、书店、电影厂、广播事业,给他们得到一切便利的条件,而不应仍旧念念不忘于如何"限制",如何"管理"。新闻、画报、电影、戏剧的检查制度应该即时在全国范围内无保留地废除,各种"限制"、"管理"的制度也绝不应再继续存在了![1]

众声所致,即使是象牙塔中的大学校园也应之而起,四川大学、燕京大学、复旦大学等学校的校园刊物亦声明拒检。战后的知识界,以"新闻自由"的名义实现了大联合。与此同时,因为第二次世界大战结束,盟国各国逐步解除战时新闻管制政策,国民党政权尚未完全接收日本战败后留下的沦陷区(国民政府称之为收复区),还需要借助西方列强的力量维护政权稳定,故而难以一意孤行,与世界潮流逆风而动。

9月12日,国民党中央宣传部部长吴国桢宣布,自10月1日起,除收复区外,废除战时新闻检查制度。9月22日,国民党中央第十次常会通过废止新闻出版检查制度的决议与办法,在制度上终结了战时新闻出版检查。国民党自然不甘心交出手中的特权,所以指派中央宣传部新闻事业管理处处长马星野在《中央日报》发表《舆论政治之历史基础》,先大言政府对舆论的重视:"历史告诉我们,中国政府有尊重舆论的传统,中国言论家有珍惜言论自由之传统,这两点已成为中国道德律中主要部分,这两点,也就是舆论与政治成功的二大基本条件。"并对舆论界提出要求:"尊重舆论,爱惜舆论,是政府之责任。善用自由,保护自由,是言论界之责任。新闻检查废除之后,我们报人要发挥高度的自治自制的精神,那租界时代的不负责任风气,要一扫而清之。"然而,在文章的末尾,他又杀气腾腾地表示:"国家越重视言论,言论界的责任越严重,是非之辨,忠奸之别,不可有半点儿苟

---

[1] 沈友谷:《由废除新闻检查制度说起》,《新华日报》,1945年9月14日。

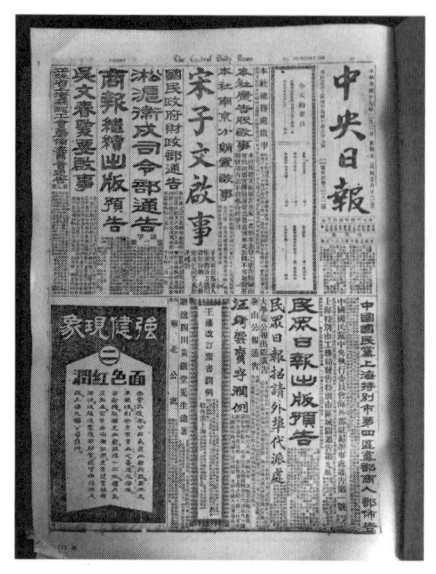

《中央日报》

且,不许有半点儿偏私意气,更不许言论界受任何特殊势力的操纵。"[1]言外之意,直指共产党是拒检运动的幕后黑手。

对于马星野的指责,《新华日报》在10月1日发表社论《言论自由的初步收获》,认为民主政治的前提是信任人民可以使用好自己的自由,而不是事事都由政府监管和指导,"信任人民是民主政治的基本观念;民主就是认人民为主人,对他连信任都没有,还说什么认他为主人!民主政治要以各种民主自由为基本的条件,其道理也就在此。现在大家都在说民主了,请首先信任人民吧"[2]。同日,成都文化界认为:"新闻检查虽然取消,并非言论完全自由。其他束缚言论的法令还是存在,收复区又要继续实行检查制度。"[3]

10月26日,《新华日报》发表社论《人民要求言论自由的兑现》,揭露国民党当局在收复区玩弄手段,以接收伪产为名行新闻控制之实:

> 在新收复区内,当局的统制言论,也远不仅检查制度一端……除检查制度以外还有三套法宝,这三套法宝也可以说是两个武器。一个武器是借接收敌伪财产之名以直接控制一切报纸的房屋机器生财等等;另一个武器是以管制新闻出版业之名以限制民营报纸的迁地出版、复刊及创刊,对于已出版的,则无端加以勒令停刊的处分。只要是官营党办和合于官方脾胃的,就能无往

---

[1] 马星野:《舆论政治之历史基础》,《中央日报》,1945年9月15日。
[2] 《言论自由的初步收获》,《新华日报》,1945年10月1日。
[3] 《新闻检查虽然取消,并非言论完全自由》,《新华日报》,1945年10月1日。

而不利;真正民间的舆论机关则处处遇到迫害。这两个武器若能完全收效,民营报纸就根本不能存在,一切舆论机关都成为清一色的官营党办的事业,实行检查制度也就没有必要了。[1]

《新华日报》的忧虑很快成为现实。到1946年,国民党一方面在军事上对共产党展开攻击,另一方面则力图在文化上控制整个思想界,大量的刊物因之而被查禁。叶圣陶1946年6月14日记载他所主编的《中学生》被长沙市政府和党部作为"敌党书刊"而禁止出售事,义愤填膺地认为:"此是当局之新手法,表面上无检查,而由各地分禁,不书明文,而以口头宣告之方式出之。"[2]在独裁社会中,思想作为一种文化资源需要被垄断。独裁越强,垄断

《新华日报》

越甚。但新闻自由之火不可遏绝,也正是因为国民党新闻管制的倒行逆施,使得众多新闻出版界的人事最终在三年内战中走向了另一个方向。

第三节　延安的大众文艺运动

作为一个革命圣地,在抗战前后,延安吸引了大批文艺青年,他们的到来也推动了延安的文艺生产和文化活动。民歌、电影、戏剧和舞蹈等文艺都

---

[1]《人民要求言论自由的兑现》,《新华日报》,1945年10月26日。
[2] 叶圣陶:《叶圣陶集》(第二十一卷),第86页,南京:江苏教育出版社,2004年。

以新的形式出现,当然,这些大众文艺生产和文化活动借助了电影、报刊、书籍以及身体等各种各样的媒介展开。周恩来在《延安的文艺活动》中将延安文艺活动分为三个时期:第一个时期是抗战时期,大批作家、戏剧家和文艺理论家奔赴延安,创作了不少抗战作品。第二个时期是这些文艺青年住在延安一段时间,但是创作减少了,在周恩来看来,这主要是因为"延安虽然是一个城市,但性质上还是农村环境,社会活动比较少,大家忙于生产,生活很紧张,但也单纯,没有什么复杂曲折的生活,因此这时期作品产生较少"。而第三个时期便是整风运动之后,延安文艺活动得到了蓬勃发展:

> 第三个时期,一方面因为经过了一个思想解放运动(即整风),其次是生产运动,后者是物质基础,人民对于文化的要求增高了。思想解放以后,许多作家过去对于城市生活人物比较有把握去表现,憎爱也极分明。所以对旧社会的认识很深,产生了许多优秀的作品,如曹禺先生的《日出》、《北京人》这样的作品。但到延安不同了,这是新社会,熟悉城市的作家,对农村环境就不一定熟悉了。许多就从城里走到乡村,走到广大的农民中去,并且生活在他们中间,因此发现了深厚的民间艺术源泉,如秧歌舞等等,中国的新歌剧是从这里发展出来的,话剧也要吸收这个形式的优良因素。[1]

周恩来指出,延安第三个时期文艺的特点就是与民间紧密结合在一起。当然,从根本上来说,这样的文艺思想来源是毛泽东的《在延安文艺座谈会上的讲话》以及《新民主主义论》中关于文艺的讲话精神。早在1940年,毛泽东在抗战正酣的年代里写下了著名的《新民主主义论》,对抗战结束之后如何建立中华民族的新社会和新国家进行了全面构想,这

---

[1] 周恩来:《延安的文艺活动》,见文化部文学艺术研究院编:《周恩来论文艺》,第9页,北京:人民文学出版社,1979年。

个构想包含了政治、经济和文化三块内容。在毛泽东看来,新社会和新国家就是要有新的政治、经济和文化,而文化革命又是毛泽东这篇文章讨论的重点:

> 在"五四"以前,中国的新文化,是旧民主主义性质的文化,属于世界资产阶级的资本主义的文化革命的一部分。在"五四"以后,中国的新文化,却是新民主主义性质的文化,属于世界无产阶级的社会主义的文化革命的一部分。
>
> 在"五四"以前,中国的新文化运动,中国的文化革命,是资产阶级领导的,他们还有领导作用。在"五四"以后,这个阶级的文化思想却比较它的政治上的东西还要落后,就绝无领导作用,至多在革命时期在一定程度上充当一个盟员,至于盟长资格,就不得不落在无产阶级文化思想的肩上。这是铁一般的事实,谁也否认不了的。
>
> 所谓新民主主义的文化,就是人民大众反帝反封建的文化;在今日,就是抗日统一战线的文化。这种文化,只能由无产阶级的文化思想即共产主义思想去领导,任何别的阶级的文化思想都是不能领导了的。所谓新民主主义的文化,一句话,就是无产阶级领导的人民大众的反帝反封建的文化。[1]

毛泽东指出,新民主主义文化的特点是"民族的科学的大众的文化",他进一步强调,新民主主义为代表的中国新文化应该有自己的形式,那就是"民族形式"。创造具有中国民族特色、让底层的百姓大众喜闻乐见的文化,这是新民主主义要走的道路和要做的事情。

《在延安文艺座谈会上的讲话》显然是对《新民主主义论》中关于文化作

---

[1] 毛泽东:《新民主主义论》,《毛泽东选集》(第二卷),第658—659页,北京:人民出版社,1952年。

用想法的进一步或者说全面阐释，为延安乃至新中国成立后文艺和媒体的发展确立了方向。解放区的大众文艺运动由此轰轰烈烈地开展起来——既有自发的民间文艺活动，更多的是自上而下有组织开展的大众文艺运动。秧歌运动、新民歌运动、街头诗运动以及新的剧本或小说创作等各种新文艺活动都努力践行毛泽东《在延安文艺座谈会上的讲话》的指示，朝着民族化、大众化和通俗化的方向发展。例如，郭沫若在给袁静、孔厥《新儿女英雄传》写的序中就肯定该作品描写的是普通的平凡的儿女，但也是集体的英雄，他们"忠实地实践毛主席的思想，谁也可以成为新社会的柱石"：

> 应该多谢毛主席在延安文艺座谈会上的指示，给予了文艺界一把宏大的火把，照明了创作的前途。在这一照明之下，解放区的作家们已经有了不少的成功作品。本书的作者也是忠实于毛主席的指示而获得了成功的。人物的刻划，事件的叙述，都很踏实自然，而运用人民大众的语言也非常纯熟。[1]

描写普通人，运用民谣、民歌和民谚是这部作品的特点，在每个章回的开头总是有一个民谣作为故事的引子。比如第二回《共产党》，就用一个民谚"星星跟月亮，老百姓跟共产党"来作为引子。第三回的引子则是民谣和游击队歌：

> 今天碰钉子，
> 明天碰钉子，
> 钉子碰了三百三，
> 脑瓜儿碰成铁蛋蛋！
>
> ——民谣

---

[1] 郭沫若：《序》，见袁静、孔厥：《新儿女英雄传》，序第1—2页，北京：作家出版社，1963年。

> 我们生长在这里,
>
> 每一寸土地
>
> 都是我们自己的!
>
> 无论谁要抢占去,
>
> 我们就和他拼到底!
>
> ——游击队歌

此类民谣、民歌和民谚当然都是新民谣、新民歌和新民谚。它们简洁生动,灵活多样,真实地反映了延安地区的媒体和文艺界是如何用喜闻乐见、老百姓都能看懂的新的大众文艺来与日本侵略者以及国民党开展斗争。

《在延安文艺座谈会上的讲话》和《新民主主义论》关于文艺大众化和民族形式的论述都强调了文艺界要向最底层的大众学习,当然,学习的目的也是要让那些生动活泼的大众文艺为政治和革命服务,因此改造和利用传统的民谣、民歌和民间故事,使之反过来具有一定的文化性也是延安文艺界需要努力做的事情。一个具有广泛影响的文艺实践就是对陕北秧歌《白毛女》的不断改编,将原来纯粹的"民间故事"变成了"现代歌剧"。孟悦在《〈白毛女〉演变的启示——兼论延安文艺的历史多质性》中详细描述了《白毛女》的"改编过程":

> 《白毛女》的故事从三十年代末就在晋察冀一带开始流行。根据后人追述,这故事的一些情节出自土地改革中的一件实事,由当地一带村民口口相传,广为流行,后由来到边区的文艺工作者写成小说和报告文学,并编成民间形式的歌舞表演。四十年代初,当时往来于延安和晋察冀共产党根据地的西北战地服务团的文艺人把据这个故事创作的文学和歌舞剧带到了延安。延安鲁迅艺术剧院进一步扩大了细节、主题和民歌曲调基础,改编出了情节和风格都更为复杂的歌剧《白毛女》,于1945年在延安演出,并巡回到张家口等城市上演。1950年,导演水华、王滨等人将歌

剧剧本改编为电影剧本。[1]

孟悦认为《白毛女》的改编不仅有了民间文化和民间信仰的背景,而且从民间传说到现代歌剧的改编还有一个很大背景,那就是"解放区的'大众文艺'或'通俗文化'的运动"。"这种通俗文化运动不是由下层阶级中自发产生的,而是从上而下引导的。它的标志是文化人对于地方和民间文艺资源的学习和利用,包括对形式、体裁和人才的利用。从三十年代中后期开始,大批文化人士就从城市来到乡村以通俗形式作抗日宣传,后来汇集到几个解放区,形成学习、整理、利用和改造各种地方及通俗文艺形式,在村落之间作流动或定点宣传演出的风气。诸如'秧歌剧运动'、'街头诗运动'、'活报剧'演出、戏曲改革……"[2]

延安的大众文艺或者说通俗文化运动的成果斐然,涌现出了《兄妹开荒》《白毛女》等一大批代表大众文艺道路实践的作品,这些作品在边区也广受欢迎。秧歌和民歌等新文艺也成了延安对外宣传的窗口,当时国统区或者外国记者到延安采访,让他们看秧歌表演成了必不可少的节目。当时的国统区记者赵超构在《延安一月》里便描述了他到延安采访时被延安文化界安排看秧歌表演的经历:"一直进了延安才知道秧歌在边区是最被钟爱的一种艺术。每个延安人都很自负的谈起秧歌的成功,你要是和他们谈到文艺,他总要问你'看见秧歌剧没有?'仿佛未见秧歌就不配谈这边文艺似的。"他还描述了看秧歌表演时的场景:

> 那天的秧歌都是些代表的作品,是特别为着我们安排的;那天的演出人员,也是延安最出色的,包括延大和留守兵团政治部的队员。演出地点就在民众剧院,剧院的建筑完全旧式。长方形的戏园,正面是戏台,两旁是楼厢,戏台前面的空地和两边楼厢大

---

[1] 孟悦:《〈白毛女〉演变的启示——兼论延安文艺的历史多质性》,见王晓明主编:《二十世纪中国文学史论》(第三卷),第184—185页,北京:东方出版中心,1997年。
[2] 孟悦:《〈白毛女〉演变的启示——兼论延安文艺的历史多质性》,见王晓明主编:《二十世纪中国文学史论》(第三卷),第185页,北京:东方出版中心,1997年。

约可以容纳六七百人的样子。但是那天的情形与平时不同。我们主要的看客却被请到戏台上面，居高临下，秧歌剧则演出在空地上。这并不是特别为我们的观看便利而设计的，是因为秧歌本来是广场剧，它必须演出在人群的中央，好让前左右三面的观众都可以看到。[1]

新闻界也在忠实地践行《在延安文艺座谈会上的讲话》的精神。早在1942年，延安地区的种粮大户吴满有就被《解放日报》等媒体塑造成"典型人物"。这一典型人物形象在接下来的几年里又以木刻、诗歌甚至电影的形式不断展现出来：

> 《边区劳动英雄——吴满有》是在1946年开拍的，在此之前，反映三五九旅事迹的纪录片《生产与战斗结合起来》已经获得了极大的成功。由此，戏剧电影家陈波儿开始酝酿以吴满有的事迹为蓝本写一个电影剧本。这个想法很快得到了上级的支持。
>
> 1946年8月，"延安电影制片厂"成立了，这个专门为拍摄吴满有的故事而成立的制片厂直属中共中央西北局宣传部。延安电影制片厂董事会成员有习仲勋、陈伯达、安子文、李伯钊、江青、鲁直等，由此可以看出政府对这部电影的重视。9月，中共中央西北局专门为《边区劳动英雄——吴满有》下拨了1万万元边币的拍摄经费开拍此片，还专门从外地调来了凌子风扮演吴满有。[2]

颇有戏剧性的是，这一系列经过自上而下有组织、有目的的广泛的媒介宣传活动，随着吴满有做了国民党俘虏并在南京发表叛变声明后戛然而止，关于吴满有的电影最终也未能上映。

---

[1] 赵超构：《延安一月》，第104页，南京：新民报馆，1946年。
[2] 周海燕：《记忆的政治》，第219—220页，北京：中国发展出版社，2013年。

第四节　媒体界的"第三条道路"

在第二次国内战争中,知识分子、文化界和新闻界也面临着"站队",这对不少主张超越党派之争的媒体和新闻界人士来说是痛苦的。当然,也有不少报刊像《大公报》《观察》一样选择了"第三条道路"。方汉奇认为,"第三条道路"的出现"是国共两党激战之际新闻界出现的一个重要现象。所谓'第三条道路',就是既反对国民党的独裁统治,又反对共产党的人民政权,试图在中国实现英美式的资产阶级专政,是一条代表资产阶级和上层小资产阶级利益的道路。早在抗战胜利后不久,国统区就兴起了一股宣传'第三条道路'的潮流,其代表人物中有不少是民主党派成员"[1]。

《大公报》是典型的"第三条道路"的代表。《大公报》在晚清时期创办于天津,中间经历了停刊,1926年复刊后在张季鸾等人努力下成为中国现代历史上最著名的报刊之一。张季鸾曾经这样回忆复刊后《大公报》的发展情况:

> 本报于十五年复刊之始,规模狭小,全体职工约七十人,因中途退社及死亡,今在社者三十八人。社长吴前溪先生去冬辞职,只任公司董事,同人惜之。最不幸者,为何君心冷之早亡。现时全体职工增至七百人,仅职员约二百人。十五年九月一日印行两千余纸,今津沪合计,逾十万纸。忆复刊第一月总支出,约六千元,今津沪支出,不下十万元。最初印报机为小型平面机三架,今用高速度轮转机,现时全国分销机关,共一千三百余处,除东四省不能寄递外,行销遍于各省。[2]

---

[1] 方汉奇主编:《中国新闻传播史》,第307页,北京:中国人民大学出版社,2002年。
[2] 张季鸾:《张季鸾集》,第348页,北京:东方出版社,2011年。(民国十五年,即1926年)

在经过一番苦心经营之后,《大公报》迅速发展,并在20世纪40年代其声誉达到了顶点——荣获了美国密苏里大学新闻学院颁发的荣誉奖章。而在接受密苏里大学新闻学院颁发的荣誉奖章时,张季鸾除了强调《大公报》是"文人论政"的性质,更是特别强调了《大公报》的独立言论性质:"我们自信,《大公报》的惟一好处,就在股本小,性质简单。没有干预言论的股东,也不受社外任何势力的支配。因此言论独立,良心泰然。而我们同人都是职业报人,毫无政治上事业上甚至名望上的野心,就是不求权,不求财,并且不求名。"[1]

另一个具有代表性的杂志是储安平于1946年创刊的《观察》。储安平1909年出生于江苏宜兴,在他生下来第六天,其母亲便去世了,14岁时抚养他成长的祖母和父亲也去世了。幼年时便失去母爱和父爱,让储安平早早养成了独立的个性。

20世纪30年代,储安平到了英国伦敦大学留学,并开始受到英国政治制度的影响。抗战时期,储安平回到国内。1946年,储安平创办了赫赫有名的《观察》杂志。

《观察》杂志

《观察》创刊的20世纪40年代是中国自由主义思潮繁荣的时代。此时,抗战结束,国共内战尚未开始,在政治局势上处于相对自由宽松的环境里,在这个时候,不同的政治力量发展十分活跃。民盟、民主促进会、九三学社等一批民主党派相继成立。正是在这样的话语空间里,储安平决心办一份独立、客观、超党派的自由主义刊物,利用言论的力量来批评和监督政府,促进中国朝着自由民主的方向发展。

---

[1] 张季鸾:《张季鸾集》,第366页,北京:东方出版社,2011年。

储安平的自由主义理想，在《观察》的发刊词——《我们的志趣和态度》中展现无遗。在这篇慷慨激昂的发刊词中，储安平较之前辈的自由主义报人更全面系统和高水平地阐述了这本刊物所坚持和追求的自由主义的"志趣、风度和立场"，提出了民主、自由、进步、理性四个原则，并将其称为《观察》乃至整个中国自由主义知识分子应信守的"四个基本立场"，表明了《观察》鲜明的独立、客观和超党派的姿态。他希望将刊物办成一个关注公共生活的政治刊物，在民主、自由、进步和理性这"四个信约"的基础上容纳"各种不同的意见"，尊重"独立发言的精神"。在《观察》杂志的创刊号上，储安平是这样阐明其办刊的志趣和态度的：

> 我们这个刊物第一个企图，要对国事发表意见。意见在性质上无论是消极的批评或积极的建议，其动机则无不出于至诚。这个刊物确是一个发表政论的刊物，然而决不是一个政治斗争的刊物。我们除大体上代表着一般自由思想分子，并替善良的广大人民说话以外，我们背后另无任何组织。我们对于政府、执政党、反对党，都将作毫无偏袒的评论；我们对于他们有所评论，仅仅因为他们在国家的公共生活中占有重要的地位。毋须讳言，我们这批朋友对于政治都是感觉兴趣的。但是我们所感觉兴趣的"政治"，只是众人之事——国家的进步和民生的改善，而非一己的权势。同时，我们对于政治感觉兴趣的方式，只是公开的陈述和公开的批评，而非权谋或煽动。政治上的看法，见仁见智，容各不同，但我们的态度是诚恳的，公平的。我们希望各方面都能在民主的原则和宽容的精神下，力求彼此的了解。[1]

凭借人格魅力，储安平网罗了一大批当时国内自由主义知识分子，为《观察》撰写文章。在创刊号上，68位主要撰稿人的名字即登载在封面的下

---

[1] 储安平:《我们的志趣和态度》，《观察》，1946年第1卷第1期。

方。在这些作者中,既有马寅初、傅斯年、萧公权、陈衡哲等第一代自由主义者里的中坚人物,又有王芸生、费孝通、宗白华等为代表的第二代自由主义者。这些撰稿人大都受过带有浓厚自由主义精神气息的英美式教育,如吴恩裕、邹文海、储安平等都曾在英国伦敦大学留学,直接或间接受过自由主义思想家拉斯基教授的教益。而被称为中国自由主义大师的胡适,也受到储安平的邀请,为《观察》撰写评论文章。

《观察》为自由主义者搭建了一个公共平台,让自由主义知识分子在上面自由发言和争论,这份杂志很快成为"自由主义"的大本营,会聚了朱光潜、费孝通、冯友兰、胡适等一大批"自由主义"分子。"我们的态度是公平的、独立的、建设的、客观的。只要无背于前面的四个基本原则,在这一个刊物上面,我们将容纳各种不同的意见。"[1]当然,储安平的努力并非只是单纯延续"文人论政"的自由主义传统,而是通过刊物的传播寄希望于启迪更多的青年民众,在他们的心中撒播自由主义思想的种子。这正反映了储安平在发刊词中所说:"我们还有另一个在程度上占着同样重要的目标,就是我们希望对于一般青年思想的进步和品性的修养,能够有所贡献。""我们极望这一个刊物所发表的文字,它所包含的看法、态度、气息,能给一般青年读者以有益的影响。"[2]

储安平的努力很快得到了回报,《观察》问世后立刻获得了巨大成功,迅速成为当时影响最大的刊物之一,广州、武汉、昆明、重庆、西安、北平、台湾等地也纷纷设立航空版,发行量从最初的"四百册上升至十万零五百册,成为当时自由主义知识分子的最强音"[3],而实际的读者数量可能还要高于这个数字。

像《大公报》一样,为了保持刊物的思想独立,储安平努力防止政治和商业力量介入,从而影响杂志的独立性。当《观察》影响力与日俱增时,一

---

[1] 储安平:《我们的志趣和态度》,《观察》,1946年第1卷第1期。
[2] 储安平:《我们的志趣和态度》,《观察》,1946年第1卷第1期。
[3] 沈卫威:《自由守望——胡适派文人引论》,第341页,上海:上海文艺出版社,1997年。

些国民党人士想以入股和投资的方式乘机介入刊物,但这些都遭到了储安平的拒绝。内战爆发之后,物价飞涨,《观察》的发展受到了极大冲击,从创刊到出第 2 卷,半年时间纸张即涨价八倍。到 1948 年 8 月,纸价涨得令人咋舌,半年涨了百分之一千六百。在这样的情况下,储安平依然坚持报纸的独立性,拒绝接受读者捐款以及其他资本的介入。正因为这样,储安平才可以像《大公报》的张季鸾那样自豪地宣称:"本刊是一个纯粹民营的刊物,既无政治集团在后指使,亦无经济集团在后支持,平时用纸都是向市上纸商零购的……"

作为主编兼主要撰稿人,储安平自己在《观察》上发表的文章有 40 篇之多,这些文章从不同层面讨论和辨析自由主义的各个层面的话题——从政府监督到自由思想。如《自由与守法》《评出版法修正草案》《评蒲立特的偏私的不健康的访华报告》等,这些文章显示,储安平本人是一个有浓厚书生气的自由主义理论家。例如,他严厉地批评了国民党政府的腐败,而且还提出为了达到一个民主中国的目的,国家应该鼓励"中国的中产阶级抬头",让怀有自由思想的大学老师和作家们勇敢地"出面说话",从而"建立一个为民主国家所不可缺少的健全的舆论"[1]。但储安平的《观察》杂志只存在了两年多,便遭到国民党当局的封杀。"一九四八年十二月二十四日出至第五卷第十八期时,终遭蒋介石国民党反动政权的迫害:刊物被封,同人被捕,资财损失,社务解体。"[2]不过,《观察》和储安平在中国自由主义思想史上的地位却是举足轻重的。

储安平以一介书生介入政治也让他面临许多麻烦,因为他既批评了国民党政府的腐败无能,导致《观察》最终被查封关门,又同情共产党,但他的自由主义理念也不容于共产党的新政权。1949 年新中国成立后,储安平一度"在各方的鼓励指导之下"复刊《观察》,并声称"复刊后的《观察》从解放前的《观察》中发展来,成为一个新的《观察》",试图借助新《观察》一方面为

---

[1] 安平:《中产阶级与自由分子》,《客观》,1945 年第 7 期。
[2] 储安平:《我们的自我批评·工作任务·编辑方针》,《观察》,1949 年第 6 卷第 1 期。本文是《观察》的复刊辞,发表时署名"本社同人"。

新中国摇旗呐喊,一方面努力学习和改造自我。

但作为一个自由主义的忠实信徒,在1957年"百家争鸣,百花齐放"的思想解放运动中,储安平还是忍不住向毛主席、周总理提了些意见,结果这些"意见"给他带来了更大的灾难,随即他被打成了"特大右派"。1966年"文化大革命"爆发后,一生崇尚自由主义的储安平彻底失踪,下落不明。

第五节　抗战前后"新闻特写"的发展

在抗日战争后期以及抗战结束后的一段时期,"新闻特写"这种新闻报道的体裁获得了极大发展,以《大公报》为代表的新闻报纸刊登了许多"新闻特写",这一现象引起了著名作家和编辑沈从文的关注。1948年,沈从文特地写了篇《论特写》,专门介绍"特写"这种新闻文体在抗战前后的兴起,他说:

> 近十余年来,报纸上的特写栏,已成为读者注意中心。有些报道文章,比社论或新闻还重要,比副刊杂志上文章,也更能吸引读者,不仅给人印象真实而生动,还将发生直接广泛教育效果。这种引人入胜的作用,即或只出于一种来源不远的风气习惯,可是我们却不能不承认,在已成风气习惯后这类作品的真实价值,必然得重估!他的作用在目前已极大,还会影响到报纸的将来,更会影响到现代文学中散文和小说形式及内容。特写大约可分作三类,即专家的"专题讨论"和普通外勤的"叙事"、"写人"。[1]

---

[1] 沈从文:《论特写》,《沈从文文集》(第十二卷),第136页,广州:花城出版社,香港:生活·读书·新知三联书店香港分店,1984年。

沈从文认为，特写可以分为专家的"专题讨论"、普通外勤的"叙事"和"写人"。这样的类型划分未必准确。但20世纪20年代以后，随着电影、电视的出现，传统的"5W"倒金字塔结构的新闻报道模式渐渐受到冲击。报纸杂志需要一种有感染力、可读性强的新闻稿件，在此背景下，"特写"这种新闻体裁出现。新闻特写被誉为"用文字抓拍的活镜头"，即通过镜头般的文字描绘，通过文字调动读者视觉、听觉，甚至触觉，形成文字引导——联想对比——情感呼应的共鸣系统，给人以全方位的身临其境之感。新闻特写注重细节描绘，具有强烈的文学特征，能够生动地再现新闻的现场、情节和人物形象。

沈从文在文中特别介绍了几位涌现出来的新闻特写名家和他们的作品，即范长江的《塞上行》，赵超构的《延安一月》，萧乾的《南德暮秋》及其他国外通讯记事，徐盈的《西北纪游》《烽火十城》《华北工业》。这几位都是在抗战前后涌现的著名新闻记者。第二次世界大战、抗日战争等历史事件使得范长江、赵超构、萧乾、徐盈等记者都不再满足于仅仅提供一般消息报道的新闻体裁，他们开始广泛深入前线和社会，获取第一手资料，并以生动的文字写作展现一个更为广阔的大时代。从历史和社会的层面分析新闻现象是这些作品的共同特点，在写作中，他们既强调要忠于现实，客观地记录和呈现所看到的世界，所以他们的写作都带有"文字纪录片"的味道，但是他们又不满足于单纯的客观记录，而是从政治、经济、历史和文化等多个层面全方位地思考所看到的一切，所以他们的作品在沈从文看来都是"既有历史价值，又有现实作用"。

在这批推动新闻特写发展的著名记者中，范长江是其中最杰出的一位。1935年7月，他以《大公报》特约通讯员的名义，从成都出发开始著名的中国西北之旅，考察川北、陕西、甘肃、内蒙古等地的政治、经济、民俗风情、自然环境等情况，旅行游记陆续在《大公报》上发表，后集结成册出版《中国的西北角》一书，对国民党统治区的民众正确了解红军起了重要作用。1936年，范长江进入内蒙古西部，到达绥远抗战前线，"西安事变"后又从西安到延安采访，这些作品后来都收入了《塞上行》。范长江的通讯真实具体，观察细致，旁征博引，在当时引起极大轰动。在国民党统治下的西北

地区酒泉,范长江记录下了这样一幕:

> 尽管是新年时候,街上随处可以看到十岁以下无衣裤全身灰泥的乞丐儿童。有几条背风的街道,记者简直在晚间没有勇气经过。这般几乎全身赤裸的孩子,在夜间,他们就在门角墙脚,乃至无水的水沟里藏了起来。你如果用手电去照,这里一堆三个,那里一堆二个,彼此挤得紧紧的睡下了。到了夜间十时以后,气候变为酷寒,这般孩子渐渐忍受不了,他们于是本于童性的自然,放声哭出他们求救的惨痛哀声:"妈妈呀!冻得很呀"!"爸爸呀!救命呀!冷死人呀"!"老爷太太呀!实在冻得受不了呀"……有时天气特别寒冷,一两条街的灾童一齐号啕大哭起来,哀声震动全城![1]

到了张掖的第一印象是"没有裤子穿的朋友太多了!十四五岁以下的小孩,十之七八没有裤子,有家的人还可以在家里避寒,整天坐卧在热土炕上,偶尔出外走走,又逃了回去,倒还可以勉强过得去。有许多根本无家的孩子,只好在大衙门和阔人们的公馆背风的墙下,过颤栗的生活,他们的上身披着百孔千疮的破衣,或者原来就是没有做成衣服形式的烂布块和麻布袋,胡乱裹在身上……中年以上的妇人,在街上流落的,比孩子们少些,不过,随地也可看到。……女孩子之出卖,成为司空见惯的事情"[2]。

范长江通过对细节的描写,展现了处于国民党统治与军阀控制下的西北地区人民的苦难生活,身临其境的文字描述犹如一幅展开的人间地狱图,给人以强烈的视觉冲击感。在 20 世纪 30 年代,国民党中央通讯社垄断了关于共产党新闻的发布权,但是报道经常出现前后矛盾的内容,为了解红军长征对中国政治的影响以及西北在当时战争中的重要战略意义,范长江深入西北,第一时间客观而真实地报道了红军长征的行踪和影响,这

---

[1] 范长江:《酒泉走向地狱中》,《中国的西北角》,第 137—138 页,北京:新华出版社,1980 年。

[2] 范长江:《"金"张掖的破产》,《中国的西北角》,第 119—120 页,北京:新华出版社,1980 年。

一点尤为可贵。《成都江油间》一文中,范长江写到徐向前围江油所筑环山大堡寨"路口层层障碍,随山路之曲折,于射击点上节节作成土垒。……以竹竿及松柏等枝干,交叉编成篱垣。环山三十余里,无一处有空隙可入"[1],称赞其用兵之能"川军之非其敌手"[2]。"西安事变"后,有人认为"双十二事件"完全是共产党人操作的结果。范长江去到西安,通过《西安里面》《万里关山》《肤施人物》三篇通讯,"报道了'西安事变'的起因是广大士兵'停止内战,一致抗日'的强烈要求和蒋介石不抵抗主义的矛盾激化的结果,报道了共产党和平解决'西安事变'的诚意和努力,建立抗日民族统一战线的伟大政策,这一切使'双十二事件完全由共产党操纵'、'共产党挑动内战'等等奇谈怪论不攻自破"[3]。

沈从文在评价范长江的通讯作品时写道:"国人谈华北问题,很显明,一切新闻一切理论,若不辅助以当时在《大公报》陆续发表的《长江通讯》,是不容易有个明确的印象的。作者谈军事政治部分,欢喜连叙带论。从一个专家看来,可以说多拾人牙慧,未必能把握重心。但写负责人在那一片土地上的言谈活动及社会情况,却得到极大成功。比如写百灵庙之争夺过程,写绥远、大同、张家口之社会人事,写内蒙和关内经济关系,……以及这几个区域日本人的阴谋与活动,都如给读者看一幅有声音和性格的彩色图画。"[4]而这样的特点在徐盈、萧乾等人的作品中也不难发现。他们在表现人物时,经常从其外貌、服饰着手,寻找这些地方和人物性格的契合点。

徐盈作为新闻记者奋斗在一线近二十年,有上百篇新闻作品。除沈从文曾对其赞誉有加外,"著名新闻人陈纪滢、储玉坤等,又更推崇他'既是通才,又是专才',其'勤奋与钻研精神,当时固傲视群伦,今天仍罕见其

---

[1] 范长江:《成都江油间》,《中国的西北角》,第 6 页,北京:新华出版社,1980 年。
[2] 范长江:《成都江油间》,《中国的西北角》,第 6 页,北京:新华出版社,1980 年。
[3] 刘海贵主编:《中国现当代新闻业务史导论》,第 184 页,上海:复旦大学出版社,2002 年。
[4] 沈从文:《论特写》,《沈从文文集》(第十二卷),第 137—138 页,广州:花城出版社,香港:生活·读书·新知三联书店香港分店,1984 年。

匹'"[1]。徐盈的新闻特写着眼于人民生活和社会状况,尤其重视经济,他的经济类新闻文字也最为突出。"在中国近现代新闻史上,由于国家的经济落后,科技不发达,相关的报道自然偏少。一般情况下,大多数记者仅采访政治、军事、社会新闻,加之多数记者不懂经济,因而则更少有人注意。"[2]徐盈恰恰从经济视角切入,因此他的新闻观察有了独特性。其中,《烽火十城》和《华北工业》两组特写,沈从文尤为推崇。《从张家口说起》是《烽火十城》中的一篇,徐盈从张家口出发,将它与延安比较,考察两地的经济生产活动和文化教育情况,也毫不避讳地提出了很多问题:

> 延安与张家口,这是两个迥然不同型的区域,前者至今仍是一个农村,而后者是一个都市。[3]
>
> 当我到张家口时,我想要知道中共的干部如何管理一个新的城市,到延安,我想要知道的则是八年政策封锁中及施行土地革命后的延安,有些什么设施已经在本地生了根。[4]
>
> "城市影响城市,张家口的物价,随时在受平津的影响。为了粮食要输出,小米每斤已自边币二十八元涨至六十五元(每元边币合法币二元七角)粮价的上涨,当然便影响了一般物价的上涨。……"为了安定人民的生活,他们正谋各种工矿事业的恢复。宋主任说:除了龙烟铁矿以外,可以说大致都有了头绪,轻工业百分之九十已恢复了,但有些事业由于对外依附关系,不能不又行停止,如云母工厂与电石厂缺炭精棒,如火柴厂仍缺原料。……我看出商业似乎仍是十分萧条……[5]
>
> 还有一个更大的顾虑,便是通货膨胀的泛滥,到了边区,会将

---

[1] 徐盈:《共和国前夜——一代名记者徐盈战地文选》,前言第2页,北京:中国文联出版社,2009年。
[2] 徐盈:《共和国前夜——一代名记者徐盈战地文选》,前言第3页,北京:中国文联出版社,2009年。
[3] 徐盈:《从张家口说起》,《烽火十城》,第14页,北平:文萃社,1946年。
[4] 徐盈:《从张家口说起》,《烽火十城》,第17页,北平:文萃社,1946年。
[5] 徐盈:《从张家口说起》,《烽火十城》,第15—16页,北平:文萃社,1946年。

一切的自给自足的事业摧毁,而外国货更可能以价廉物美的姿态无孔不入。……

边区秘书长罗迈更在说明这种不等价的交换,使农业生产者如何吃亏,"农业与工业的剪刀形,我们看着是一天比一天的大了,农产品涨一千倍,工业品却涨了三两千倍。"边区需要外面供应加多。边币的价值便只有下跌了。每个解放区内各有其经济的壁垒,币值的比例的事低,全视其对外的仰赖程度而定。[1]

徐盈的通讯作品最大的价值不在于文学性,而在于其知识性、建设性和批判性。文学的描写人人都能自成风格,但从专业知识的角度出发,其作品更显视野之深邃,若没有知识背景的积累不能成。这也引发了沈从文对新闻教育设计的思考,沈从文认为徐盈的作品给新闻教育一个启示,那就是在某些专业领域知识教育的重要性,若没有某个方面的专业背景,这样的作品是写不出来的。所以,在评论徐盈及其特写作品时,沈从文对徐盈的贡献表示了极大的敬意,他写道:"作者带调查性的游记见出一支笔和农村经济关连十分密切。但那时候报纸特写栏,正是'范长江时代',注意这种有知识有见解游记的人并不多。……且处处隐见批评,尤其是属于政治经济上人事弱点,和工业技术上两难,从当事方面所报导和牢骚,都能归纳于叙述中,对普通读者为鼓励,对当事方面却具建议性和批判性。"[2]

1944年6月,一个中外记者团来到了延安地区采访和参观。重庆《新民报》的记者赵超构是其中的一位。经过四十多天的采访,回到重庆后,赵超构发表了著名的《延安一月》,以新闻特写的方式全面记录了延安的政治、经济、文化乃至教育及医疗事业,成为那个时候国统区人们了解延安的最好窗口。在这部10万字的著作中,作者对于延安的描写是全面而深刻的,而这得益于他在出发之前的充分准备。在去延安之前,赵超构就和许多

---

[1] 徐盈:《从张家口说起》,《烽火十城》,第18页,北平:文萃社,1946年。
[2] 沈从文:《论特写》,《沈从文文集》(第十二卷),第139—140页,广州:花城出版社,香港:生活・读书・新知三联书店香港分店,1984年。

朋友商量如何写作,最终确定了"客观"的新闻写作方法:"我们是记者,我们的立场是采访新闻,我们的动机只在使我们报纸的读者多知道一些边区的事实。除此以外我们不会有其他动机,也不能多做一些事,所以当我写完了《延安一月》,头一件要请读者注意的,这一篇稿子始终不过是新闻记事,它只能代表一个新闻记者对边区的看法,它不是什么正式的调查书或裁判词。"而如何才能做到"客观",赵超构一方面强调要抱着不带偏见的中立态度,但也强调了他希望的特写不仅是他自己的"现场印象",而且也能够通过他的公正报道给读者"描绘出延安的一幅粗糙的轮廓"。[1] 赵超构以新闻特写的方式所描绘的"延安的轮廓"其实是全面详细而且十分深入细致的。延安的政治、经济和文化以及健康等方面,几乎每个方面都涉及了,这是非常了不起的。比如,他这样记录见到中国共产党领袖毛主席的情景:

> 由周恩来先生介绍,毛先生和我们一一握手。
> 身材颀长,并不奇伟。一套毛呢制服,显见已是陈旧的了。领扣是照例没有扣的,一如他的照相画像那样露着衬衣,眼睛钉着介绍人,好像在极力听取对方的姓名。
> 谈话时,依然满口的湖南口音,不知道是否因为工作紧张的缘故,显露疲乏的样子,在谈话中简直未见笑颜。然而,态度儒雅,音节清楚,词令的安排恰当而有条理。我们依次听下去,从头至尾是理论的说明,却不是煽动性的演说。
> 这就是中国共产党的领袖毛泽东先生。[2]

寥寥数笔就将延安时期毛主席的形象描绘得栩栩如生。《延安一月》中的记录全面而详细,对今天的人们认识延安时期的政治、经济和文化政策具有很高的史料价值。

如果说范长江、徐盈和赵超构等人都是通过新闻特写的方式对国内情

---

[1] 赵超构:《延安一月》,第249—250页,南京:新民报馆,1946年。
[2] 赵超构:《延安一月》,第60页,南京:新民报馆,1946年。

况进行报道,开启了新的新闻写作风潮,那么萧乾在海外对第二次世界大战的新闻特写也是独树一帜,吸引了无数读者。1939年,萧乾受英国伦敦大学东方学院邀请赴伦敦任教,同时兼《大公报》驻英记者。之后,萧乾成为《大公报》驻英特派员兼战地记者,二战期间,在欧洲战场从事战争报道。他的《银风筝下的伦敦》《矛盾交响曲》记录了战时英国民众的社会生活,既有战争威胁下的不安,也有漆黑日子下努力生存的积极心态:

> 炸后的伦敦难题太多了,顾不及这些穿插。活着的得吃,炊饭的煤所没了;得喝,自来水流成河;得住,房子成瓦砾。那时伦敦一阵紊乱,而舆论界却并不放松政府。《新政治家》上有一长文描述难民之无助,和官府办事之迟缓。譬如派来疏散的大汽车走错了地方,鹄候的妇孺空等了一天,飞机又来扫射。……三个月来,伦敦不知扫出几千吨碎玻璃。有巨厦的贵重厚玻璃,有教堂的古老彩色玻璃,也有平民住屋的廉价普通玻璃,真是个大汇合。[1]
>
> 没有人拒绝殷勤,尤其头上電子般落着炸弹时。伦敦已经流行了"防空洞的情歌"。一首是:"当你来时,有如警报之狂歌。我心怀不住鸣着紧急。我爱,你把我惹得稀糟,非加救护不可,虽然我知道我未被损害。你允否以一愉快的解除招呼我?点上你眸子的蓝光?我爱,见你以后,我如何恢复常态!"[2]

1945年10月,萧乾第三次来到德国,他以《南德的暮秋》为题写了一组通讯,记录一路上的所见所闻所感,了解战败后德国平民的生活和心绪,记录一次对战犯的庭审现场,走访达豪纳粹集中营。在最开始,萧乾记下的是他三次到访德国的不同观察和感受:

> 春三月,西线由法、德至荷、德边境的联军齐向东攻的时

---

[1] 萧乾:《银风筝下的伦敦》,《梦之谷》,第206—208页,北京:台海出版社,1998年。
[2] 萧乾:《银风筝下的伦敦》,《梦之谷》,第211页,北京:台海出版社,1998年。

际……我看到的……是狼狈溃败中的德国。……城镇化为废墟；田野里，断枝的树，无家可归的人们，闲荡着的军马和焚毁的飞机坦克，比比皆是。最难忘的是克隆斯塔德一家牛奶厂。所有的牛都为炮火解决了，只有一头黄牛仍顽强地孤零零立在栏内，四腿挺着劲。同行的人说，那牛虽然站着，却已死了。我从来不打赌，那回却不甘心，就冒了踏地雷的危险，走近那铜像般的动物。果然它已经死了，两只钝而挂血边的眼睛，仍垂视着卧在地上的同伴。我急忙用手帕堵起嘴来跑开了。

七月初旬，旧金山会议结束后，借着采访波茨坦会议，我看到屈膝后的德国。可是首都的柏林，是怎样的首都啊！桥梁断了，纪念碑东倒西歪，联军上峰忙着商量如何处置战败了的敌人，下面的官兵满城搜觅纪念品。德国人不分男女老少，有的提篮，有的推木车，大家都睁大了眼找吃的。……房东隔房弹起《月光曲》来，黑白音符与湖波不息地跳动，遥望着决定德国命运的无忧宫，我凭吊起这一欧洲首都。

今番三游德国……这趟看到的不是挨揍的德国，也不是正作大揖的德国，而是牢牢握在胜利者掌心的德国。德国的残余工业当赔偿瓜分了，德国的美丽山水，今日是劳军的犒赏。[1]

萧乾的通讯写作中，对场景的描写和渲染、对细节的捕捉都相当细致。另一边，在呈现人物的讲述或对话时，其作品或生动富有趣味，或展现矛盾冲突，文字具有较好的可读性。前者表现在《女裁缝的自述》，讲述的是战后德国背景下，一位天真女裁缝与军官的罗曼史；后者见于《战犯开审》，忠实记录了一场关于战犯审理的法庭论辩。

在沈从文看来，萧乾的叙事能力极为突出："用一个诗人的笔来写经过

---

[1] 萧乾：《南德的暮秋》，《梦之谷》，第161—162页，北京：台海出版社，1998年。

战火焚烧后欧陆的城乡印象,才真是'特写'。"[1]虽然萧乾的作品中,场景描绘多于新闻叙事,抒情多于说理,和新闻叙事的固有习惯有些冲突,"但迄今为止,我还不曾见有其他作者,能将'新闻叙事'和'文学抒情'结合得如此恰到好处,取得普遍而持久成功的"[2]。新闻叙事因与时事结合而吸引读者,但若剥离时效性而单独存在,往往很难拥有像文学作品一般的持续生命力,萧乾用文学抒情的笔进行新闻叙事,让当时之新闻、今日之历史有了一种适宜且持久的美感。

范长江、萧乾、赵超构、徐盈等人的新闻特写都是建立在深入的社会观察的基础之上的,他们都不畏艰苦,亲临社会现场,从而获得了第一手采写资料,也正是在这些实地观察的基础上,他们的写作既有高度,又贴近实际,才得到了广大读者的热烈欢迎。所以,对于这四个人的新闻实践,沈从文下了这样的总结:"一个优秀特写作者,广泛的认识与人类的温情,都不能缺少。理想的叙事高手,还必需有一个专门家或学者的知识,以及一个诗人一个思想家的气质,再加上点宗教徒的热情和悲悯,来从事这个工作,十年八年才可望有新而持久的记录。"[3]

---

[1] 沈从文:《论特写》,《沈从文文集》(第十二卷),第139页,广州:花城出版社,香港:生活·读书·新知三联书店香港分店,1984年。
[2] 沈从文:《论特写》,《沈从文文集》(第十二卷),第139页,广州:花城出版社,香港:生活·读书·新知三联书店香港分店,1984年。
[3] 沈从文:《论特写》,《沈从文文集》(第十二卷),第141页,广州:花城出版社,香港:生活·读书·新知三联书店香港分店,1984年。

第五章
社会主义新闻事业的建立

1949年10月1日,中华人民共和国成立。随着新政权的建立和巩固,新闻媒体也迅速纳入新的社会体制中,尽管媒体的改造和转型十分复杂且充满矛盾冲突,但最终各种各样的媒体都被收归"国有",由党统一领导和指挥。方汉奇在《中国新闻传播史》里就简明扼要地指出:"新中国一成立,中共中央和中央人民政府迅即对在革命战争中发展起来的党的新闻事业进行调整与充实,建立起一个以北京为中心、遍布全国各地的公营新闻事业网。这个公营新闻事业网,包括以《人民日报》为中心、以党报为主体的公营报刊网,以新华通讯社为主体的国家通讯社网和以中央人民广播电台为中心的国营人民广播电台网。"[1]

第一节 新政权下的媒体文化政策

再次统一对于所有中国人来说意义重大。在费正清看来,这种统一符合现代中国人的文化传统和心理期待,他特别强调现代大众传媒在民族统一过程中所扮演的重要角色:"自19世纪80年代来,现代中国的一个新的

---

[1] 方汉奇主编:《中国新闻传播史》,第331页,北京:中国人民大学出版社,2002年。

重大事实是现代形式的群众民族主义的传布，如前所述，这种民族主义基于古代的文化主义，并受到城市中心的现代报刊的培育。统一作为正统王朝的标志，其新形象扩大了一百倍，而成为中华民族存在的象征，这个象征不但是一种文化，而且现在是一个国家，它通过国际交往逐渐代替了地方，而成为中国的社会精英认定效忠的中心对象。19世纪90年代威胁国家存亡的帝国主义在1900年反义和团的入侵北京中达到了最嚣张的程度，它在政治生活中灌注了一种新的、压倒一切的必须实现的思想：保存'中国'。不久，辛亥革命导致了旧中华帝国外缘领土的脱离。外蒙古和西藏到1913年都实行自治。一个统一的中国成了广大民众为之奋斗的理想。在连续的军阀割据、革命、日本入侵和国共内战的动乱的推动下，平民参与政治强有力地恢复了统一的理想。到1949年，当人民不惜任何代价取得和平时，只有一个统一的中央政府才能维持中国的传统。"[1]正是借助于报纸杂志，强烈的民族主义观念特别是现代国家理念深入人心。

国家统一符合人们的需要，1949年中国的"再次统一"影响是巨大的，中国政治和经济上都有了巨大进步，这种进步也给执政党带来了巨大的自信，按照苏联模式建立起来的社会制度在1949年之后全方位地展开。当然，在这个过程中涉及旧的企业和旧的制度的改造问题。早在1948年解放军接管北平、天津之前，党就提出了这样的设想：

> 对国民党的政府机构原则上是打乱、解散；一般人员也给饭吃，但决不是原职原薪。除少数市政公用部门、卫生部门等机关人员外，对行政、司法、军事、警察等军政人员一般不依靠他们来进行工作，更不依靠他们原来的机构。一般的职员经过训练，除少数必要者回本机关外，主要是另行分派工作。有条件地利用旧警察和保甲人员暂时维持秩序，但这并不意味着承认他们在民主

---

[1] [美]R.麦克法夸尔、费正清编：《剑桥中华人民共和国史：革命的中国的兴起（1949—1965年）》，谢亮生等译，第22—23页，北京：中国社会科学出版社，1990年。

政权系统中的合法地位。

对原有的经济组织和企业机构,如铁路、邮政、电信、银行、工厂、矿山等,就不是打乱的办法了,而是原封原样接收下来,以后逐步进行改造……[1]

新中国成立后,这样的"逐步进行改造"在各行各业包括大众媒体部门都开始了,例如1950年开始的镇压反革命运动、"三反"运动、"五反"运动以及针对知识分子的思想改造运动,这些运动涉及军政干部、小资产阶级以及知识分子。大规模的社会改造是复杂的,因为"这些运动都进行得极为激烈,并引起了社会上的严重紧张和忧虑"[2]。

报纸、杂志、广播和电影等大众媒介对新政权来说至关重要,针对报纸、广播和电台的"媒体改造"在新中国成立之后迅速开展起来。其实,这项运动早在新中国成立之前已经在延安开始实施。1942年3月16日,中共中央宣传部就颁发了《为改造党报的通知》,拉开了改造党报的序幕,在这个通知发出不久,《解放日报》率先进行了改版运动。著名新闻史学者黄旦教授说,这次改版是将《解放日报》从"不完全党报"发展为"完全党报":

延安《解放日报》的改版及其典范效应,则在于从思想和管理制度上实现了党对报纸的绝对领导,不仅成为全党团结和统一的一个不可分割部分,而且为实现全党的这种新的团结和统一,起到了自己重要贡献。[3]

新中国成立之后,延安的报纸改造实践迅速推广到全国。之前存在于

---

[1] 薄一波:《若干重大决策与事件的回顾》(上卷),第11—12页,北京:中共中央党校出版社,1991年。

[2] [美]R.麦克法夸尔、费正清编:《剑桥中华人民共和国史:革命的中国的兴起(1949—1965年)》,谢亮生等译,第89页,北京:中国社会科学出版社,1990年。

[3] 黄旦:《从"不完全党报"到"完全党报"——延安〈解放日报〉改版再审视》,见李金铨:《文人论政:知识分子与报刊》,第278页,桂林:广西师范大学出版社,2008年。

上海、天津和北京等地的各种各样旧式报纸杂志、广播电台和电影厂被迅速接管和改造。杜英在《文化体制和文化生产方式的再建立——建国初期对上海小型报的接管和改造》中就以上海的小报为个案，考察了1949年之后，曾经活跃在上海的城市小报是如何按照新政权制定的"新规则"一步步完成改造和转型的：

> 上海解放伊始，旧小报依然刊行。政府对旧小报，包括停刊和刊行者，凡隶属于国民党党政系统者一律予以接管。小报《立报》早已于1949年4月30日停刊。据调查，该报属于国民党党政系统。6月，立报社被接管。接管步骤如下：接管者首先与地下党开会审定接管计划，并安排他们协助接收；其次，军事代表到达接管单位后，召集职工开会并宣传接管政策；最后，接管部门留下联络小组分配物资，处理职员。对于其他并非国民党系统的私营小报，政府通过种种行政手段予以制约，诸如登记。[1]

一些小报主人还因为身份问题遭到调查。到1949年5月前夕，《辛报》《诚报》等一大批小报纷纷停刊。周瘦鹃、陈蝶衣、张恨水、张爱玲等办报文人或者小报记者，要么转型做其他工作，要么被迫辞职，还有一些人迫于生计和意识形态的压力选择了离开内地（大陆）前往港澳台地区甚至离开中国奔赴海外。

小报刊是这样，重要的报刊就更不用说了，例如创刊于1946年的上海《新民晚报》就面临着要从"私营报纸"转向"公私合营"。《新民晚报》原来隶属于《新民报》，是《新民报》里面创刊最晚的，新中国成立后，《新民报》的各个地方版全部停刊，唯独留下了上海版，而这份晚报也成了新中国成立初期全国唯一的晚报。不过，尽管这份晚报在新中国成立前就有左翼政治

---

[1] 杜英：《文化体制和文化生产方式的再建立——建国初期对上海小型报的接管和改造》，《中国现代文学研究丛刊》，2007年第2期。

倾向,但在新中国成立后还是处境尴尬:

> 作为"私营报纸"和后来"公私合营"的报纸,《新民晚报》失去了原先各报竞争的同等地位,似乎成了"杂牌军"。革命干部不屑一顾,机关、学校、工厂、企业进不去。有的大中学校组织甚至禁止学生订阅《新民晚报》,不许学生带到学校去。政治待遇、工作条件与党的机关报不可同日而语。如《解放日报》的社长、总编辑可以列席中共中央华东局书记处办公会议,副社长、副总编辑可以列席上海市委常委会议。而《新民晚报》只能参加市委宣传部定期召开的新闻界负责人座谈会,听听传达,了解的情况有限。报社负责人如此,记者受到的限制更多,首先是重要事件只许党报和新华社记者采访,新闻资料也只发给党报记者,非党报的记者处处碰壁。[1]

第二节 印刷出版业的新变化
——以上海石印书局为例

印刷出版业的改造序幕也拉开了。新中国成立之后,胡愈之出任出版总署署长,在此之前,他便提出了关于新中国成立之后出版业发展的"五条设想":

> (一)书报贩卖事业即书店、书刊出版社及印刷业,此三者应实行分工,总原则应以国营事业处领导地位,民营出版社及印刷业应在党领导之下。

---

[1] 董倩:《改造日常:〈新民晚报〉与社会主义上海生活空间之建构(1949—1966)》,第34页,上海:上海人民出版社,2016年。

(二) 三联应改为国营最大书店,控制全国文化商业,在城市、乡村普遍设立分店、分销处,在学校工厂设立书报合作社,但自己不出版任何书刊,政府控制了全国发行事业则进步书刊可大量行销而反动书刊不待命令禁止,自可限制其流行。

(三) 出版社除国营党营的以外,应按照出版自由原则准许私人自由经营,对人民有害之出版物,只要国营书店不替他推销,自然无法行销。

(四) 印刷业照普通工业办理,大印刷厂由国营,小印刷厂由私营而受国营管理。

(五) 以上办法的好处可使出版自由得到保障,反动书刊受到限制,书刊出版业趋向计划化,书刊成本降低,著作人报酬可以大大提高,书业及出版业干部可统筹分配不至成为无政府状态。[1]

胡愈之的这五条设想最终成为全国图书出版事业的基本指导思想。在1950年于北京举行的全国出版工作会议上通过的五项重要决议,[2]基本上都是以这五条设想为基础,其后实行出版、印刷、发行分工,对私营出版机构进行社会主义改造等措施也都是来源于这五条设想。

毋庸置疑,上海近代石印业的发展受近代政治时局的影响很大,但是也并非与政局变迁完全同步。近代私营石印书局在1949年后依然存在,甚至因为社会环境稳定,还掀起了一个小高潮。"据统计,从1949年12月至1950年9月,由政府介绍向银行贷款的私营出版单位有73家,贷款余额近亿元(旧币);1950年上半年,新华书店共代销私营出版社书刊266

---

[1] 中国出版科学研究所、中央档案馆编:《中华人民共和国出版史料》(第1卷),第48页,北京:中国书籍出版社,1995年。
[2] 这五项决议是《关于发展人民出版事业的基本方针的决议》《关于改进和发展出版工作的决议》《关于改进和发展书刊发行工作的决议》《关于改进期刊工作的决议》《关于改进书刊印刷业的决议》。这五项决议在1950年9月15—25日北京举行的全国出版工作会议上通过。

万册,相当于新华书店本版书销售的80%。"[1]然而,好景不长,在出版总署和上海出版行政机关的领导下,上海书业很快就面临着新时代带来的三次冲击。

第一次冲击,起自1951年1月,私营出版社面临出版、印刷、发行专业化分工。近代书局一般是编、印、发一体化的综合性出版机构,抗战之后到新中国成立之初上海中小书局基本上都处于奄奄一息的状态,相对来说"船小好调头",专业化比较适合其发展。但商务印书馆、中华书局那样的大型综合性书局,却很难转向某个具体的专业。

第二次冲击,起自1952年7月,按照政务院通过的《管理书刊出版业印刷业发行业暂行条例》要求,对私营出版社的整顿工作正式开始,总的要求是健全组织、改善经营、提高质量。按照专业分工的原则,走向计划化。一些不符合条例的私营出版社被取缔,也有一些规模较小、专业相近的出版社合并谋存,即所谓的"私私合营"。[2]

第三次冲击,起自1952年,私营出版社展开公私合营。1951年6月,群艺出版社、海燕书店、大孚图书公司开始彻底合并,后来又加上新群出版社,1952年成立了上海第一家公私合营的出版社——新文艺出版社。1954年,对资本主义工商业的社会主义改造在全市各条战线上

---

[1] 陈伯海主编:《上海文化通史》(上卷),第598页,上海:上海文艺出版社,2001年。
[2] 如52家组成的联营书店,89家组成的通联书店,89家组成的连通书店,35家组成的童联书店,8家组成的群联出版社,15家组成的上海影印西书联合营业处,13家组成的中国科举图书联合发行所,15家组成的地图联合出版社。另外,古城出版社、今日出版社、火花出版社组成了火花出版社;大方书店、青峰书店、新星出版社、金荣书局、大达书局组成了长征出版社;广益书局(出版部分)、大中国图书局(一部)、北新书店、人世间社组成了四联出版社;建新出版社、大明书店、新文化书社、革新书店组成了群联出版社;上稚出版社、文化工作社、文光书店、长风书店、国际文化服务社组成了上海文艺联合出版社;亚光舆地学社、大中国图书局(一部分)、大陆舆地社、大众地学社、康健书局、新中兴地学社、环球舆地学社、东方舆地社组成了地图出版社;中国文化事业社、长城图书出版社、作者书社、无线电科学社、实用无线电社、萧微尘委员会组成了上海机电图书出版社;教育书店、上海音乐出版社、苏东书店组成了新音乐出版社;上海交通书局、医学世界出版社、癸未医药出版社组成了上海医学出版社。上海档案馆:《上海市书业同业公会所属会员已办、未办公司登记情况调查表及名单》,上海书业同业公会档,档案号:S313-4-20-1。

广泛开展,上海私营出版业也在整顿的基础上进入社会主义改造阶段。在社会主义改造中,到1954年底,上海共有172家私营出版社陆续被改造,其中商务印书馆、中华书局等5家奉命迁京,改组为中央级公私合营单位。

这三次冲击,你中有我,我中有你,比如专业分工始终是上海私营出版社改造的一个重要指导思想,社会主义改造的最终结果是实现私营出版社的公私合营,到1956年全市大合营高潮,上海出版部门管理范围以内已经没有私营出版社了。

在这三次冲击中,上海石印书局逐渐失去了经营的自主权。首先,石印书局并无定价权,书籍价格还是由上海市书业同业公会决定。1952年1月8日《上海影印西书联合出版业业务公约》所附录之《影印西书定价计算办法》规定价格为:

1952年影印西书定价计算办法 （单位:元/石）

	西报纸	国产纸	道林纸
普通印	750—800	650—700	1 000
照相印	1 050—1 120	910—980	1 400

资料来源:上海档案馆:《上海市书业同业公会业务公约和编排印定成本核算定价基本方案及分类图书销数统计与古旧书售价的意见》,上海书业同业公会档,档案号:S313-4-75。

其中,40石以上的装订费用:纸面皮腰为8 000元,冲皮为10 000元。40石以下的装订费用:纸面皮腰为10 000元,冲皮为18 000元。插图及烫金另加。每种书之成本约在定价之四折半到五折之间,大部书之成本约在定价之四折至四折半之间。

其次,石印书局的发行逐步由新华书店来包揽。在改组初期,由于中共所属的书籍发行机构新华书店尚没有能力支撑起整个销售网络,除了出版、印刷之外,在发行领域还是保留了相当一部分的私营发行部门。在此之前,私营出版机构可以自销书籍,或经销新华书店的书籍。如石印书局千顷堂书局经销新华书店各种中西医药书刊,其系出版兼贩卖单位,专业为中医药书,每月批销新华中西医药书约1 000元,批销上签约6 000元。

流动资金包括出版12万余元,职工9人,资方2人,每月开支1 800元,要求经销新华各中西医药书刊。希望每月营业额在12 000元,使可维持开支。[1] 而广益书局三年来经销实用、商务、中华等旧存图书,由新华书店批发科负责指导和维护,得以稍具成绩。劳资双方经屡次协商研讨,申请接受改造并希望在新华书店领导之下做一个经销店。营业范围拟请求以连环画、字典、辞书、各种挂图为主。所有经销图书的发售价格当按照新华书店规定出售。[2] 再如东新洽记书局开始时专营学校教科及参考用书等发行工作,近几年学校用书完全由新华书店有计划地供应,因此该书局业务逐步下降。经劳资协商,在1952、1953、1954年曾出版劳美教材及图画等书。1954年8月,其出版条件不够,自动停止出版。为了搞好业务,1955年7月经劳资双方协商,决定做好书刊发行工作,将店中情况转告新华书店第十门市部,经协助后书刊营业比重逐步上升。[3]

直到1953年12月12日出版总署决定将第一届全国出版会议后成立的三联书店、联营书店与商务、中华和开明合组的公私合营的中国图书发行公司并入新华书店,从此新华书店成为全国唯一的书刊发行网,私营图书发行业则迅速萎缩乃至消失,石印书局的书籍只能由新华书店经销。

在这种情况下,不少近代上海有名的石印书局经营不善,只能走向转业之路。如广记书局致上海书业公会的信中称:

> 自从去年六月份奉新闻出版处令,停止出版以来,已经一年有余。在当时尚有资产约四千余元,经多方寻觅转业机会,结果

---

[1] 上海档案馆:《上海市书业同业公会关于会员要求公私合营或安排为经销店的来函及本会代为转报的文书》,上海书业同业公会档,档案号:S313-4-58。
[2] 上海档案馆:《上海市书业同业公会组织新书发行业会员学习关于社会主义改造问题分组讨论的记录及要求安排改造的来信和本会转报市出版局的文书》,上海书业同业公会档,档案号:S313-4-63。
[3] 上海档案馆:《上海市书业同业公会组织新书发行业会员学习关于社会主义改造问题分组讨论的记录及要求安排改造的来信和本会转报市出版局的文书》,上海书业同业公会档,档案号:S313-4-63。

毫无妥善对象，从此却拖延下来。不料我店资方何广楠已在今年去世，代理人又在广州工作，现在就是我们劳方二人和一个临时会计。在这个过程中资金消耗甚巨，如再不得到安排，势必资金消耗尽净。我们体会到今年度是国家第一个五年建设计划，具有决定意义的一年，建设资金极为宝贵。我们决不能把有用的资金作无谓的消耗。上次发给我们之表格，早已换上，但是消息全无，因此再次致信请我会速速向有关部门反映我店情况，速予安排，以免继续将资金消耗。[1]

又如1954年的时候，尚古山房已经停业，从其人员构成来看，除经理、佣工之外，主要为书店店员，早已只是专业的发行机构。

尚古山房1954年人员构成

姓名	性别	年龄	籍贯	职别	文化程度	备注
丁浩	男	28	江苏无锡	经理	大学	
章彦彬	男	56	江苏常州	代理人	初中	
苏锡钊	男	36	江苏江宁	会计	初中	
许文瑜	男	33	江苏镇江	店员	初中	
夏开华	男	21	江苏江都	店员	高小	
张长富	男	26	江苏江都	店员	高小	
田启章	男	40	江苏江都	店员	高小	
胡长生	男	32	江苏江阴	临时会计	初中	过去钢笔厂老板
王素卿	女	56	上海	佣工	不识字	未参加工会

资料来源：上海档案馆：《上海市书业同业公会关于会员要求公私合营或安排为经销店的来函及本会代为转报的文书》，上海书业同业公会档，档案号：S313-4-58。

---

[1] 上海档案馆：《上海市书业同业公会关于会员要求公私合营或安排为经销店的来函及本会代为转报的文书》，上海书业同业公会档，档案号：S313-4-58。

尚古山房一直在各方面找寻转业对象。虽然尽了很大努力,接洽过许多行业,但是都没有获得成功。1954年五六月间,承新成区工商联辅导,介绍其转业,投资到美纶医疗电器工业社,专门制造X光底片。经过双方多次协商,取得了一致的意见,于是在8月间向新成区工商科提出申请,几个月来,很受各有关方面的重视,经常来了解和研究各种情况,但是因政府大规模开展对私营工商业社会主义改造,进行全行业公私合营,尚古山房得到区工商科通知说:"政府对你店转业投资制造X光片的申请已不再考虑。"再向区工商联接洽后,即吩咐其向自己原来的组织书业公会请求安排改造。[1]

除了转业,更多的石印书局还是在争取能够进行公私合营。锦章书局,又称为"锦章图书局",最初开办于清光绪年间,为上海近代著名石印书局。新中国成立后,锦章书局自1954年第一季度起,以原有的中医参考书为基础,逐步地淘汰和停止再版其他各类出版物,将"医学卫生"为专业出版方向,来准备从个体走向集体的条件,并愿在"过渡时期总路线"的领导下,接受社会主义改造。[2]

锦章书局在1954年第一、第二季度中新出版书籍包括《体育疗法》、《湿疹》、《伤风》、《生命的刺激素》、《最新实用药物学》(增订本)、《微生物世界的斗争》、《生命瓶》共计7种,每种印数在两三千册上下,总印数19 000册,102 306印张。从书目上看,锦章书局出版的新书以现代医学为方向,以铅印为主。

重版的书籍大部分是石印的中医古籍,[3]共计37种,印数158 500

---

[1] 上海档案馆:《上海市书业同业公会关于会员要求公私合营或安排为经销店的来函及本会代为转报的文书》,上海书业同业公会档,档案号:S313-4-58。

[2] 上海档案馆:《上海市书业同业公会四联出版社等会员关于争取公私合营的申请书及企业情况的汇报》,上海书业同业公会档,档案号:S313-4-55。

[3] 《叶天敏女科》《牛马经》《牛经大全》《医宗说约》《医林改错》《寿世绿元》《小儿推拿广义》《幼科三种》《医方一盘珠》《医学三字经》《济阴纲目》《妇女卫生》《医宗金鉴》《男女科》《笔花医镜》《万痫回春》《难经脉诀》《外科金鉴》《幼科集成》《外科正宗》《喉科秘书》《伤寒论》《新镌处方》《温病条办》《针灸易学》《眼科百问》《医方捷径》《伤寒古经》《外科备说》《濒湖脉学》《时病论》《喉科指掌》《外科金方集》《练修园七十二种》《神农百科》《眼科大全》《医学三字经》。

册,665 460印张。其中,《练修园七十二种》印数 18 000 本,其次《医宗金鉴》16 000 本,少的如《神农百科》《医学三字经》等等,印数为 1 500 本。锦章书局石印重版中医参考书的时候,没有刊出版权页。虽早有书业公会通知,但在 1954 年 1 月重版的几种书还是未将版权页刊出,直至上海出版管理机构指出错误,方才纠正,并将新中国成立前的出版物也加上了定价。

待印的七本书[1]也是新书铅印,值得注意的是,锦章书局也印刷了"古典四大名著"丛书,共计 4 种,印数 136 000 册,664 252 印张,其印刷数量是医学书籍的十倍,说明石印的传统小说古籍在其利润中占了很重要的比重。

锦章书局 1954 年"四大名著"印刷数量

书 籍	印数(册)	书 籍	印数(册)
红楼梦(一部四册)	40 000	西游记(一部四册)	24 000
水浒演义(一部四册)	24 000	三国演义(一部四册)	48 000

资料来源:上海档案馆:《上海市书业同业公会四联出版社等会员关于争取公私合营的申请书及企业情况的汇报》,上海书业同业公会档,档案号:S313-4-55。

在此之前,1953 年 10 月到 12 月,锦章书局接连石印了多种旧小说,结果被认为是"未经整理和含有毒素","一味的追求利润",后来经过读者严正的批评,立即停止再版和销毁,锦章书局承认"对读者已发生了无可补偿的损失",认为"自解放以来,我们不知经过多少运动和政治上的学习。但是在思想上还存在着这种严重的错误,这是绝对不应该的",决定"含有毒素的旧小说,除接受各地读者、同业退货外,并将所退来之货也停止出售(另有少数三国、西游、红楼三种售完为止)"。

当时,华东行政委员会新闻出版处发文"上海市各公私营彩印、石印印刷厂",通知"关于翻印苏联书籍必须取得中央人民政府出版总署之同意影印批准书始得进行影印"[2]。锦章书局在 1953 年出版了 5 种不健

---

[1] 《苏联封闭疗法》《长寿问题》《维生素》《争取时间》《向心脏进军》《恢复术》《心电图学》。
[2] 上海档案馆:《上海市出版局(原华东新闻出版处)关于出版翻译书籍和出版物不得进行预订收款等各种规定及上海市书业同业公会执行情况报告》,上海书业同业公会档,档案号:S313-4-76。

全的苏联改写小说,有关部门要求"停止发行,售完为止",但是锦章书局"觉得为了彻底解决和不愿再使蒙受意外之损失,并将全部存书撕毁,并以废纸称出"。

锦章书局自以医学卫生为专业出版方向后,除旧有的存书和中医书由自己发行外,余者均交本市通联书店统一发行,发行的对象以各地同业和一般读者为主,新华书店也有部分进货,营业情况在第一季度中尚能平衡,第二季度开始逐步下降,故在第二季度选题计划中有部分计划未能如期出版,亦有因排印校订等其他原因延迟于第三季度出版的。

在致新闻出版处和书业公会要求公私合营的信中,锦章书局迫切请求参加"公私合营":

> 自从我们学习了张春桥局长和陈雯孙副局长的报告后,我们在思想上已经很明确出版工作是怎样一种神圣的工作,绝不是和普通一般商业来比对。读者的要求这么高,而不能将出版物的质量提高,由于私营出版社的资金、人力、政治觉悟一般都不够条件,所以在过去的一年中,我们积极的参加私私同业合并经营,准备集中人力、资金,认真的搞好出版工作,然而一年多来的合并,因种种原因,不能实现,自从总路线、总任务宣布后,最近学习了宪法草案后,更明确私营出版社应走的道路,我们在领导上级有明确的指示前,只能尽力创造条件,寻求合并的道路,来真心诚意的争取和接受社会主义的改造。[1]

从1951年启动到1956年的五年之间,公私合营不断推进,大量书局被合并,如华东书局、大众美术出版社、教育出版社、群育出版社、兄弟图书公司、一迅出版社、文德书局、雨花出版社、灯塔出版社、建文出版社、一知

---

[1] 上海档案馆:《上海市书业同业公会四联出版社等会员关于争取公私合营的申请书及企业情况的汇报》,上海书业同业公会档,档案号:S313-4-55。

书店、群力出版社、晨光出版公司、火花出版社、泰兴书局、长江书店、长征出版社、立化出版社、三一美术出版社、中心出版社、群生书店、兴华书店、通力出版社、三民图书公司、华商书局(投资)、周家书局(投资)、全球书局(投资)、福记书局(投资)、上海连环书店(投资)合并成为新美术出版社；启明书局、春秋书社、基本书局、华光书局合并成为少年儿童出版社；海燕书店、群益出版社、新群出版社、文化生活出版社、光明书局、平明出版社、潮锋出版社合并成为新文艺出版社；四联出版社、国光书店、文娱出版社合并成为上海文化出版社；中国科学图书仪器公司、大东书局、大中国图片出版社、新亚书局合并成为上海科学技术出版社；[1]神州国光社、作家书屋1955年12月15日并入新知识出版社。[2] 其中，启明书局、神州国光社、大东书局、新亚书局、文德书局都是石印书局。1956年初，上海书业公私合营进入最后的攻坚阶段。1月27日，上海市第三次"公私合营"工作委员会通过了《上海市书业合营工作计划》，对135家申请合营的私营出版社"清产核资""业务规划""组织机构及人事安排"等内容做出规划。在该文件的指导下，上海的出版企业改组合并成十家大型国营出版社[3]以及若干公私合营出版社，这些参与公私合营的出版社被划定的营业方向和经营状态如下面这份名单所示：

---

[1] 上海档案馆：《上海市书业同业公会研究会员归口安排问题所搜集的企业情况与人事材料》，上海书业同业公会档，档案号：S313-4-62。
[2] 上海市出版事业管理处六月一日(55)沪出四字第0752号公函内开："本市四川中路220号316室私营神州国光社已于1955年3月底，自愿将全部资金、人员并入公私合营新知识出版社，自即日起停止出版业务。我处除同意神州国光社歇业，并撤销其前向我处所领取的出024号书刊出版业营业许可证外，并已函请上海市黄浦区人民政府治办该社的歇业手续，为此函知，请查照。"
[3] 这十家是上海人民出版社、上海人民美术出版社、新文艺出版社、新知识出版社、上海画片出版社、上海文化出版社、上海科学技术出版社、上海卫生出版社、教育图书出版社、影印图书出版社。

1956 年上海书业公私合营户名单

区划	新书	古旧
黄浦区	百新书店□、广益书局□、中美图书局□、戏学书局√、中医书局×、大康书局×、中国农业书局×、新星书局×、沪新书局√※、中外书局×、国民书局××※、倡明书局×※、新农出版社×、广记书局×	传薪书局○、合记旧书商店△、泉记旧书店△※、华记旧书商店△、艺苑真赏社△
老闸区	陈正泰画片号□、新文化西书社×※、环球画片社□	忠厚书社○、来青阁书店○、来薰阁书店○、富晋书社○、文海书店○、汉文渊书肆△※、欧罗巴书局△※、积学书社○、抱经堂书局※、益生书局△※、寅和印社△、墨林碑帖社△※、清心书社△※、温知书店○
常熟区	汇文书店□、惠工书社□※、东南书局□	二友书店△※、合记旧书商店分店△、进德书店△※、江骏书店△※、诚实书店△※
新成区	五定医药书报社□、沈鹤记书局□、协和合记书店□※、联益书社□、宏文书局×、新中国联合出版社×、新人出版社×、益民书局×※、普及书店××、尚古山房×、易进出版社×、求古斋书局×※	铁华书店△※、文菁书苑△、孔山书社△※、汪明书店△、长江书社△※、勤文书店△※、环球书店△※、上海书社△※、爱文书社△※、新记旧书店△※、大明社△、春江书店△※、大卫书店△※
嵩山区	东亚书局□※、古今书店□、协记书店□※、大众图书文具社□、上海书局√※、锦章书局×	修文堂书店○、春秋旧书社△※、星期书社△※、后记书社△※、协盛书社△※、协丰竹记书社△、海南书社△※、广华书店△※
卢湾区	吴文书亭□※、民昌书社□、中外科学书社×	百乐旧书店△
邑庙区	中国图书社□	
静安区	大众书局□、西新书局□※、大民书局□、惠民书局□※、亚东书局□※、新科学书店□、沪西书店√、西南医药书社×	秀州鼎记书店○、萃古斋书店○、上海旧书商店△、文友书店△※、康乐书店△※、大同旧书商店△、祥兴西书社△、大华书店△※、静安书店△※

续表

区划	新书	古旧
徐汇区	仁民书店□、洪盛书店□、交通书店×、荣庆书店√※	
江宁区	文元书店□※、新中书社√※	明华旧书商店△※
长宁区	文工书店□	
普陀区	隆兴书店□	
蓬莱区	力成书社√	
北四川区	读者书店□、自由出版社门市部□、光华书店□※	溧阳旧书店△※
虹口区	群众书店□	
北站区	北站书店□	
闸北区	大达书店□	
提篮区	长治书店□	
榆林区	新建书店□、天下书店□、云雄书社□※	
杨浦区	欧美书店□、世界书报社□	
江湾区	新文化服务社□	

符号说明：□——经代销(43家)；○——古书(13家)；△——旧书(44家)；√——批销；×——停止出版转业发行单位；※——无职工。
资料来源：上海档案馆：《上海市书业同业公会研究会员归口安排问题所搜集的企业情况与人事材料》,上海书业同业公会档,档案号：S313-4-62。

  石印书局在新中国成立后上海出版机构专业化分工、社会主义改造和公私合营的三次冲击中处于弱势地位。首先，在行业划分上，石印书局一般被归为旧书类，在当时的社会条件下，旧书处于不被重视的地位，如上述锦章书局出版旧书，却被读者认为含有毒素，只能销毁；其次，近代史上曾经出版过大量书籍的石印书局在新中国成立后大多不再经营出版印刷业务，只剩下发行部分，甚至发行都不能直接从出版机构进货，而是作为新华书店的二级分销商；再次，在私私合营和公私合营的过程中，石印书局一般是处于被合并的从属地位；最后，众多的石印书局在此过程中转业或停业。

  然而，这三次冲击在上海近代石印书业发展史上还有着更为重要的意义。如前所述,业务范围的综合性、经营的独立自主性和所有权的私有属性是上海近代石印书业的特性。专业化分工让石印书局失去了经营范围的综合性,社会主义改造让石印书局经营上受到了限制,公私合营又让私营书局不再具有私有属性。1956年,上海书业完成了公私合营之后,这些私营书局国有化,失去了独自经营的地位。虽然1956年标志着上海近代石印业的结束,但是石印生产依然在不少上海印刷企业中继续进行,由于时处新中国,以及其国有制及集体所有制的身份,此时的上海石印业可称为上海当代石印业。直到20世纪80年代以后,石印技术才最终退出了上海印刷市场,上海石印业的历史才真正结束。

第三节　报刊文艺界的"批判运动"

在费正清看来,在新中国成立初期,中国共产党比苏联要更加"迅速而精明地把学术和艺术都组织了起来",为了帮助知识分子进行思想改造,在文艺和媒体领域不断开展思想清洗、改造运动。1951年发动的针对电影《武训传》的批判运动、1954年在《光明日报》上发起的针对俞平伯红学文章的批判运动和1955年开展的针对胡风的批判运动,这些运动一次比一次猛烈。

电影《武训传》在20世纪50年代初期上映,上映后引起了很大反响,也引起了激烈争议。毛泽东本人亲自参与了讨论。1951年5月20日,《人民日报》发表了毛泽东撰写的社论文章《应当重视电影〈武训传〉的讨论》。在文章中,毛泽东批评《武训传》是污蔑农民革命斗争和中国历史的"反动宣传"。随后《光明日报》《新民报》《进步日报》《大公报》等也纷纷发表批判性的文章。例如,发表在《文艺报》上的贾霁的文章《不足为训的武训》,认为《武训传》是一部"缺乏思想性,有严重错误的作品",这篇文章不仅批评了电影本身,而且也严厉地批评了那些刊登过表扬文章的报刊媒体,特别是上海的媒体直接被"点名批评":

因此，就必须澄清那些无立场无原则的对于武训精神，对于《武训传》的宣扬。这里，我们不得不指出：上海的若干报纸以简讯的形式刊登我们人民领袖曾经看过《武训传》的消息，是非常轻率不负责任的态度！以人民领袖"看过的"这一点来报导（而不问领导同志看过后的真实意见若何），是一种什么样的宣传的方式与作风！不论这消息的来源如何，以供给消息有关的影片公司来说，以人民的报纸应有的慎重态度而论，难道这是应该具有的严肃的态度吗？[1]

1954年，《人民日报》广告栏登出了《新建设》的要目，其中包含了俞平伯写的《红楼梦简论》。这个《红楼梦简论》被蓝翎在大学的教师休息室里偶然看到，他约了李希凡两个人一起写了篇文章与俞平伯商榷，但这篇文章后来在《光明日报》和《人民日报》上转载，批判俞平伯的文章"便像雪崩似的多起来了"。蓝翎后来详细回顾了这篇文章不仅给俞平伯，也给他的人生带来了戏剧性变化：

这篇文章的发表，在我们合作的道路上标志着一个明显的转折。如果说，在这以前，我们写文章的态度只是为了表明个人对《红楼梦》及有关问题的一些见解，对事不对人，即使言辞上有不够谦虚或失敬之处，也是"少年气盛"缺乏修养的表现。那么，在此以后，就是自觉地以战斗者的政治姿态出现，仿佛真理就在自己一边，当仁不让，片言必争。而且不少文章都是奉命而作，或经有关负责人大量修改，有一定的背景，自然也增加了文章的政治分量，使人感到有来头，非个人意见。[2]

---

[1] 贾霁：《不足为训的武训》，见罗艺军主编：《中国电影理论文选（20—80年代）》（上），第320—321页，北京：文化艺术出版社，1992年。
[2] 蓝翎：《龙卷风》，第37—38页，上海：上海远东出版社，1995年。

蓝翎还回忆说,在这场关于《红楼梦》的大批判运动中,毛泽东是主要发动者和领导者:

> 在中国当代思想文化史上,继一九五一年五月对电影《武训传》的批判之后,一九五四年十月,毛泽东主席又发动和领导了对俞平伯先生的《红楼梦研究》的批判,并从而引导到对胡适思想的全面批判。事情的导火线是由两个青年李希凡和蓝翎合作的《关于〈红楼梦简论〉及其他》和《评〈红楼梦研究〉》两篇文章引起的。当年十月十六日,毛泽东主席给中共中央政治局的同志和其他有关同志写了一封《关于红楼梦研究问题的信》,在少数高级干部中传达,没有公开发表过。直到一九六七年五月二十七日,此信在《人民日报》公开发表,当天,中央人民广播电台也播发了,这才广为人知。[1]

报纸、广播等媒体的传播威力和巨大影响力在这些批判运动中得到了很好的体现,而且通过报纸和广播的广泛传播,许多知识分子的人生命运迅速发生了逆转。

1955 年开展的对胡风的批判运动更激烈。在这场著名的文化批判运动中,胡风被认定为"反革命集团首领"。他本人被关进了监狱,他的妻子和学生也都受到了牵连。至此,文艺界的一些批判运动已经不是简单的思想改造问题,运动本身"引向了全国性的肃反和审干"。

1956 年,毛泽东提出了"百花齐放,百家争鸣"的说法,强调"党对于学术性质和艺术性质的问题,不应当依靠行政命令来实现自己的领导,而要提倡自由讨论和自由竞赛来推动科学和艺术的发展"[2],知识分子的言论得到了一定自由。1957 年初,毛泽东再次号召知识分子畅所欲言,许多知

---

[1] 蓝翎:《龙卷风》,第 1—2 页,上海:上海远东出版社,1995 年。
[2] 薄一波:《若干重大决策与事件的回顾》(上卷),第 552 页,北京:中共中央党校出版社,1991 年。

识分子纷纷在报纸上发表言论,批评党和政府对知识分子管得太多。在这些发言中,就有《光明日报》总编辑储安平给毛泽东和周恩来提的意见:"解放以后,知识分子都热烈地拥护党、接受党的领导。但是这几年来党群关系不好,而且成为目前我国政治生活中急需调整的一个问题。这个问题的关键究竟何在?据我看来,关键在'党天下'的这个思想问题上。我认为党领导国家并不等于这个国家即为党所有;大家拥护党,但并没忘了自己也还是国家的主人。"[1]储安平的发言引起了巨大反响,费正清说"百花齐放"运动的发展"势不可挡,大大出乎党的预料之外":"党曾经提出和确定了一个知识分子可以表达自己意见的框框,至少在最初时期是如此。但是,尽管党限制了范围和规定了批评的条件,它不能充分控制所引起的反响。对官僚资本主义的批评超过了对个别官员的批评,而变成了对制度本身的批评。它释放了比党所预计的更多的被压抑的不满和牢骚。批判的不断扩展、独立小集团的组合以及特别是学生们反对当局的示威游行,使党决定停止运动,因而在6月8日发起了对它的参加者的反击,把这些人称作'右派'。"[2]

"反右运动"使得几十万知识分子受到不同程度的批判。在这些人中,储安平、丁玲等文化界和传媒界的重要人物都遭到了清洗,《光明日报》《文汇报》和《新民报》等重要媒体也被点名批评:"新闻界的反右派斗争一直持续到1958年。据统计,从1957年6月至9月底,仅在《人民日报》点名批判的新闻界右派分子就达104人,其中不乏总编辑、副总编辑以及著名报人。到1958年2月,上海新闻界被错划为右派分子的达129人之多,其中《文汇报》社就有21人。在反右派斗争宣布取得胜利、进行总结的过程中,又在新闻界负责人中补划了右派,如中央广播事业局副局长温济泽因提出改进对外广播的意见,于1958年10月被补打成右派。"[3]而曾经批评俞平伯

---

[1] 储安平:《向毛主席和周总理提些意见》,《人民日报》,1957年6月2日。
[2] [美]R.麦克法夸尔、费正清编:《剑桥中华人民共和国史:革命的中国的兴起(1949—1965年)》,谢亮生等译,第268页,北京:中国社会科学出版社,1990年。
[3] 方汉奇主编:《中国新闻传播史》,第388页,北京:中国人民大学出版社,2002年。

《红楼梦研究》的蓝翎也在这次运动中被打成了"右派"。特别值得注意的是,《人民日报》作为最权威的党的媒体,在内部也开始了"深挖右派的高潮"。1958年1月6日,《人民日报》在"一条不起眼的位置上"发表了《不准右派分子混入党的宣传队伍》的消息,对《人民日报》内部开展了"深挖运动"。

总之,从新中国成立开始,党和政府通过不断的改造、运动来加强对知识分子和文化界的控制,将文化界和传媒领域纳入社会主义的新闻体制中。

1957年开始的文艺和新闻界的批判运动对于知识分子的打击是巨大的。作家巴金在回忆1956年的全国青年创作会议时曾经这样说:"我还不曾忘记一九五六年首届会议召开的盛况。不少有才华、有见识、有朝气的年轻人带着理想和希望来到会场,又满怀信心回到自己的工作岗位,以为从此可以发挥自己的聪明才智,将热烈的心奉献给祖国人民,却没有料到恶运就在前面。他们中间一部分人刚刚显露才华,就受到历史的不公平对待,甚至给剥夺了发表作品的权利,在苦难中挣扎了二十年。"[1]另外一位作家邵燕祥写了一篇回忆的文章,题目干脆就叫《我死在一九五八》,真实地披露了被打成"右派分子"后那种毁灭性的人生感受:

> 寒冷,是我真实的感觉。在那个寒冷的春天。因为我就死在那个春天。我死在一九五八。
>
> 我是一九四七年秋天加入"民联"的。那年秋天,北平地下党组织部分地遭到破坏。秋冬之间组织内部进行了革命气节教育。我懂得了:一个人加入了革命组织,就获得了第二条生命——政治生命。这政治生命不是自然得来的,它比自然的生命更宝贵,它联系着伟大的革命事业、革命组织、革命集体的利益和荣誉。谁如果背叛革命事业,就丧失了革命的政治生命;谁如果玷污了

---

[1] 巴金:《再思录》,第1页,上海:上海远东出版社,1995年。

组织和集体,也将被剥夺政治生命。那将比丧失肉体生命更痛苦,这种痛苦就是给予他们的终身惩罚。因为一个没有了政治生命的行尸走肉是可鄙的,可耻的,不可想象的。

这不可想象的命运在一九五八年二月降临到我头上。在宣布行政处分以后,党支部大会(这时候我已经不是"民联"盟员,而是共产党员了)一致举手通过对我的"开除党籍"的判决。[1]

第四节 有线广播和电影电视文化的发展

1949年之后,党和政府也努力进行"媒体改革",以《人民日报》、中央人民广播电台等为代表的主流媒体得到了全面改革,这些改革努力让报纸杂志、广播电台等媒体的文风更贴近广大的人民群众。在政府的推动下,报纸、广播、电影和图书成为新中国成立之后最主要的大众媒介。以广播为例,1949年后我国的广播事业得到了飞速发展,广播成为最重要的"国民媒介"之一:

中华人民共和国建立初期,政府就把国有广播体系当成国家制度领域中的重要部分,承担起"发布新闻,传达政令,社会教育,文化娱乐"的职能;又通过建立广播收音网和广播收音站来组织民众的群体性接收行为,并经常举办各种"广播大会",配合国家主导任务来进行社会动员。自"大跃进"时期起,依照苏联的经验,政府开始把发展有线广播系统当作国家广电体系的重点,用有线广播来实现与主要集中于大中型城市的无线广播的对接,使广播信号能传播到县以下的社会基层,强调电子通信对于基层社

---

[1] 邵燕祥:《沉船》,第1—2页,上海:上海远东出版社,1996年。

会整合的功能。1958年,内地有线广播喇叭配量为三百多万部,到1966年,这一数字突破了一千万部,超过了同期约七百万部收音机的社会拥有量。1973年,内地收音机拥有量是一千八百万台,只相当于同期有线喇叭数量的五分之一。1977年,有线广播发展到鼎盛期,有线广播喇叭的装配总量达到一亿一千多万部,平均两个家庭就有一部,80%以上的农村生产队通了有线广播,60%农村家庭安装了有线广播喇叭。1984年,内地三百多座城市大约装配了一百三十七万部有线喇叭,其他约一亿部都分布于县级及县级以下的农村地区。上述数字表明,有线广播体系已经成为国家制度及社会形态的主导力量之一。[1]

有线广播体系的建立不仅将主流意识形态的声音传达给广大民众,同时,这些广播也为民众提供文化和娱乐节目,将民众的日常生活时间与广播时间有机地联结起来:"内地的有线广播体系则更趋向于建构一体化的国家形态来影响与主导民众的社会生活。每天,有线广播主要在早晨六点半到八点、晚上七点到九点两个时段响起。它在早晨以《东方红》乐曲开始播出,晚上以《国际歌》宣告全天播出结束。它既强化工作与生活的时间分类,又通过上述音乐及播音内容,赋予日常时间以特定的政治意义。"[2]

在20世纪50年代到70年代这段时间里,广播成为国家文化和政治生活中最重要的媒介之一。在工厂车间或者田间,集体聆听广播经常成为民众最重要的活动,国家最重要的信息通过广播传达到全国各个角落,"广播电台将国家意识形态转化为声音形态,这样,播音员的声音在相当大程度上就是国家意志的声音样板。播音员本人也即成为国家声音的代言人"[3]。

---

[1] 徐敏:《电视的兴起:1980年之际中国内地电子媒介与日常生活》,《文艺研究》,2014年第12期。
[2] 徐敏:《电视的兴起:1980年之际中国内地电子媒介与日常生活》,《文艺研究》,2014年第12期。
[3] 张闳:《现代国家声音系统的生产和消费》,见蒋原伦、张柠主编:《媒介批评》(第一辑),第6页,桂林:广西师范大学出版社,2005年。

电影也在国家和民众生活中同样具有重要作用。在批判了《武训传》之后,弘扬革命精神的"红色经典"电影开始大量生产,迅速主导了人们的电影趣味。生产这些"红色经典"的电影厂家主要以长春电影制片厂、上海电影制片厂、八一电影制片厂和北京电影制片厂为主,号称"四大国营电影厂"。在1949年到1966年期间,这四大国营电影制片厂制作的电影"占据了全国电影故事片生产数量的几乎全部"。《上甘岭》《英雄儿女》《刘胡兰》《中华儿女》《南征北战》《铁道游击队》《林海雪原》《狼牙山五壮士》《万水千山》《小兵张嘎》《新儿女英雄传》便是由四大国营电影制片厂生产的著名"红色经典",它们为普通民众讲述了一种艺术化的革命历程,向普通民众灌输了革命的浪漫主义气质和英雄主义情怀:"新中国战争题材电影创作由于国家意识形态的限定和有着战争体验的电影创作人员的情感所属,革命战争题材电影在其艺术表现上体现出了一些共同的美学规律,这些规律构成了十七年革命战争题材电影的整体面貌,那就是对革命战争历史的现实主义的历史观和创作态度,英雄主义和浪漫主义相结合的情感表达方式,纪实与理想相结合的多种形态特征,以及再现性与娱乐性共存的文化表象。"[1]

四大国营电影制片厂生产的电影主要是用电影艺术的方式讲述革命故事和宣传"主流意识形态"。[2]每部电影的生产并不是由导演完全决定,而往往是自上而下组织力量进行剧本的创作、改编和拍摄。例如,1963年,时任文化部副部长的夏衍就指示长春电影制片厂,"组织力量改编著名作家巴金发表在1961年第8期《上海文学》上的小说《团圆》。经过厂里研究,把这一任务交给了武兆堤"。武兆堤邀请了毛烽一起参与剧本改编和创作。经过多次修改,并多次审查后,最终电影以《英雄儿女》的片名上映。在此过程中,电影还曾经改名为《王成和王芳》,后经过罗瑞卿、萧劲光、许世友等将军以及中宣部部长周扬的建议,最终定名为《英雄儿女》。"周扬在修改方案中强调,要加强王文清'在全军中的作用',父女感情方面要竭

---

[1] 高小健:《四大厂十七年的战争片及美学特征》,《电影艺术》,2007年第5期。
[2] 高小健:《四大厂十七年的战争片及美学特征》,《电影艺术》,2007年第5期。

力'开朗准确',明确影片主题为:'在革命战斗中培养新的一代。'"[1]电影上映后,取得了广泛好评,并得到了《人民日报》等主流媒体的肯定,《英雄儿女》的红色经典地位得到确立,"从1965年1月1日起,全国各大报刊纷纷发表文章,称《英雄儿女》是一曲'革命英雄主义的赞歌'"[2]。

除了四大国营电影制片厂之外,其他地区的电影事业也有所发展。1949年之后,上海的一批电影文化人南下,先后到了香港和台湾,创立了凤凰、长城、华侨、南洋影片公司,推动了香港和台湾地区电影的发展。在广州,珠江电影制片厂于1958年成立:

> 早在新中国成立之初,章泯、洪道、王为一等人,就曾于1950年从香港来穗筹办过电影厂。文化部、中共广东省委正式决定创办影厂后,经过多年筹办,终于1958年正式成立了珠江电影制片厂,并于当年摄制了纪录片和第一部短故事片《接班人》。[3]

而在柯可看来,珠影的成立具有重要的政治意识形态和地域文化意义:"珠影的成立和产片,标志着岭南社会主义电影的诞生和转型期的发端,它为岭南电影更紧密地融入新中国电影振兴期的主流之中架设了文化桥梁,树立了新的历史里程碑。它是岭南电影具有根本意义的转型,是实现了粤港影业'两制并存',广州国营电影与香港民营电影竞争共荣的新格局的根本转变,具有深远的历史意义。"[4]广州等地的电影事业蓬勃开展起来。

在1958年,还有一件重要的媒介事件,那就是电视登上了中国历史的舞台。1958年5月1日,中央电视台的前身北京电视台正式宣布成立,电视出现的重大意义,我们在后面会继续讨论。

---

[1] 李道新:《武兆堤与新中国电影的英雄叙事》,《电影艺术》,2007年第5期。
[2] 李道新:《武兆堤与新中国电影的英雄叙事》,《电影艺术》,2007年第5期。
[3] 柯可:《中国岭南影视艺术史》,第49页,北京:中国电影出版社,1999年。
[4] 柯可:《中国岭南影视艺术史》,第50页,北京:中国电影出版社,1999年。

第六章
改革开放时代的大众媒介

1978年至今,随着我国实行改革开放政策,媒体的性质、内容都发生了很大变化。传统的报业和广播依然具有重要力量,但以电视和互联网为代表的大众媒介在国家政治和民众社会生活中的作用越来越明显,大众传媒的多元化时代来临了。

第一节　大众媒介与改革开放

在改革开放时代里,以报纸、广播、电视和电影为代表的大众媒介在政治和社会变革以及人们的日常生活中的作用是巨大的。早在1976年4月5日,青年学生就在天安门广场聚集,用诗文、大字报等大众媒介的形式悼念刚刚去世的周恩来总理,表达对周恩来和邓小平的支持。

报纸在这一时期的作用是无可替代的。1978年5月11日,《光明日报》发表《实践是检验真理的唯一标准》,引发了热烈反响,很好地体现了大众传媒在社会改革方面的造势能力。这篇文章在胡耀邦的支持下首先发表在《理论动态》上,经过胡福明、孙长江和杨西光等人反复修改后又刊登在《光明日报》上:

《理论动态》在1978年5月10日出了第60期简报,标题是《实践是检验真理的唯一标准》。该文已经酝酿了数月,是由南京大学哲学系青年教师胡福明、中央党校理论教研室的孙长江和《光明日报》总编杨西光——他是中央党校1977年秋季入学的学员——数易其稿而完成的。杨西光在1978年初担任了《光明日报》总编,他一向注重为读者提供新思想,在5月11日的《光明日报》上转载了这篇文章,为安全起见,文章的署名是"特约评论员"。5月12日《人民日报》和军队报纸《解放军报》也转载了这篇文章,随即又被许多地方报纸转载。[1]

这里需要说明的是,《实践是检验真理的唯一标准》并非只是一篇文章,而是由一组4万多字的文章组成,当时中央媒体其实是积极响应胡耀邦等人的号召,加大宣传力度,引导舆论,推动这场讨论:

> 新华社地方部本来是一个负责向地市县以下报刊广播发布新闻的部门,他们的任务是将新华社的大广播经过缩编,变为小广播,供地市县报纸和广播电台采用。这回他们策划了一个重大行动,提出要像当年艾思奇写《大众哲学》那样,将《实践是检验真理的唯一标准》写成通俗讲话,让广大群众能够读得懂、听得清,了解大讨论的重大意义。地方部决定请专业理论工作者参与通俗讲话的写作。地方部主任赵慎应、编辑蒋涵箴走访中国社会科学院哲学研究所,邀请夏澍、蒋国田、陈中立等同志商议,根据地方广播特点,确定编写24篇讲话,社科院哲学所为此抽调13人组成写作班子。全部稿子由蒋涵箴负责编辑,赵慎应负责审定,通俗讲话以《实践是检验真理的唯一标准》为总题目,每篇不超过

---

[1] [美]傅高义:《邓小平时代》,冯克利译,第214页,北京:生活·读书·新知三联书店,2013年。

1 500 字，全文近 4 万字。

这一通俗讲话陆续播出后，受到基层热烈欢迎。全国各地、市、县报纸普遍连载，有些省市报纸也选登。当时我国地方报纸共有 550 多家，发行总量近 3 000 万份，这个层次的报纸和广播最接近基层，最接近群众，在全国的影响很大，它的覆盖面是任何一家中央报纸不能相比的。在读者要求下，新华社地方部将这些文章汇集成册，由新华出版社出版。该书一版再版，解放军为全军进行"讨论补课"，作为教材大量翻印，前后总共印发了 500 多万册，成为当时全国最畅销的图书。同时，各地方广播电台在黄金时段反复播放这组通俗讲话，听众总量数以亿计，成为当年实践标准大讨论的时代最强音。新华社地方部开创的新局面，对这次讨论推向基层，起了推波助澜作用。[1]

《实践是检验真理的唯一标准》发表后在政治和思想乃至社会领域所产生的影响是巨大的，为推动我国改革开放提供了"舆论支持"。可以说，《实践是检验真理的唯一标准》的广泛传播和被接受靠的正是当时最有影响力的新华社、报纸和广播这些大众媒介，这些当时最有影响力的媒体联合发力，让党中央的正确声音从上到下、从南到北都得到了贯彻。在政治上，1978 年之后，媒体还有一个重要的任务，那就是宣传党的十一届三中全会精神和邓小平的"四项基本原则"，这些确立了中国未来几十年的政治走向。媒体当然也迅速跟进，"邓小平的四项基本原则所导向的新路线，也逐渐反映在官方的媒体上，而参加务虚会的人也开始努力适应新的政治现实"[2]。

原先被停掉的一些报刊纷纷复刊。1979 年 11 月，《南昌晚报》复刊；1980 年 2 月，《北京晚报》《羊城晚报》复刊；1982 年，《新民晚报》复刊。报纸在接下来的三十多年里迎来了一个繁荣时期。据有关统计，"1978 年年

---

[1] 余焕椿：《真理标准讨论中的新闻交锋》，《南方周末》，2008 年 5 月 15 日。
[2] [美]傅高义：《邓小平时代》，冯克利译，第 262 页，北京：生活·读书·新知三联书店，2013 年。

底,我国出版报纸186种,总印数127.76亿份,总印张113.52亿印张。2007年年底,我国报纸则有1 938种,总印数437.99亿份,总印张1 700.76亿印张"[1]。

以报纸为代表的大众媒介不仅是1978年之后中国政治转型的有力推动者,也是1978年之后中国经济和文化转型的有力推动者。"1979年8月,《安徽日报》报道了凤阳县小岗村实行'大包干'的经验,拉开了我国农村联产承包责任制报道的序幕。"[2]随后,《人民日报》也发表了范敬宜等人的文章进行跟进,报纸深度参与了这一巨大的历史性变革。1981年1月8日的《人民日报》开辟了一个专版《一年来在农村发生了什么变化》,这个专版描绘了农村出现的各种令人振奋的消息,一篇报道将农民外出旅游的原因归结为两点:一是生产搞得好;二是社员收入多,生活水平较高。同年1月22日和23日的《人民日报》更是发表了新华社记者吴象、李千峰、张广友的连续报道《历史性的转折——皖、豫、鲁农村见闻之一》《巨大的吸引力——皖、豫、鲁农村见闻之二》等,赞美十一届三中全会制定的政策给农村尤其是革命老区所带来的"新局面":

> 生产责任制给广大农民带来了摆脱贫困的希望,被压抑多年的积极性迸发出来了。贫困落后地区长期停滞、濒临破产的农村经济终于有了转机,迅速出现了一个新局面,一个鼓舞人心的转折![3]

这样的报道在《光明日报》《工人日报》《解放日报》等主流媒体上也比比皆是,"改革开放""现代化"成为报纸、广播和电影的最主要议题。

---

[1] 郑保卫、祁涛:《新时期中国报业改革与发展30年》,见郑保卫主编:《新闻学论集》(第21辑),第1—2页,北京:经济日报出版社,2008年。

[2] 郑保卫、祁涛:《新时期中国报业改革与发展30年》,见郑保卫主编:《新闻学论集》(第21辑),第7页,北京:经济日报出版社,2008年。

[3] 吴象、李千峰、张广友:《历史性的转折——皖、豫、鲁农村见闻之一》,《人民日报》,1981年1月22日。

呼吁解放思想、推动社会变革是这个时期报纸的主要任务,《人民日报》《光明日报》和《新华日报》成为宣传"改革开放"的政治、经济和文化政策的主流媒介,报道的范围从农村土地承包、城市企业改革到娱乐文化和国际新闻,内容广泛庞杂,报道手段也是多种多样,包括消息、通讯、典型人物报道以及深度报道等等。报纸名副其实地成为社会变革的"晴雨表":

> 1989年政治风波之后,在人们对改革开放姓"资"姓"社"疑惑不解时,《解放日报》于1991年春以"皇甫平"为名,连续发表了《改革开放要有新思路》等4篇评论,《深圳特区报》于1992年春发表了长篇通讯《东方风来满眼春》和8篇新春快评,传达了邓小平"南方谈话"的精神,为促进改革开放起了重要的思想引导作用。[1]

第二节 报纸的企业化与晚报、都市报的繁荣

在改革开放初期,报纸仍然像新中国成立之后一样属于国家重要的宣传单位,但是随着改革进程的加快,报纸本身的改革也开始了。从1978年开始,人民日报社等单位已经联合向财政部提出了试行"事业单位,企业化管理"的要求并得到了批准。1992年,中共中央、国务院联合发布了《关于加快发展第三产业的决定》,将报刊经营管理列为"第三产业",报纸的企业化进程加快了。

学术界也积极讨论报纸的属性问题。新闻学家李良荣认为中国的新闻观念在改革开放之后经历了四次大的跨越:第一阶段是从1979年到1982年,特点是"高扬新闻规律的旗帜",这个阶段摈弃了报刊媒体是"阶级

---

[1] 郑保卫、祁涛:《新时期中国报业改革与发展30年》,见郑保卫主编:《新闻学论集》(第21辑),第6页,北京:经济日报出版社,2008年。

斗争工具"等说法,恢复了新闻本位的媒体报道原则;第二阶段是"引进信息概念"(1983—1988);第三阶段则是"重新认定新闻事业性质"(1992—1996),"从1992年以后的新闻改革,重点不再放在媒介的功能以及媒介的传播内容,而是转移至媒介的外围即经营管理上";第四阶段是从单一走向多元(1996—   )。[1] 经过这些改革,媒体不再仅仅是政治"传声筒"。早在1978年,国家就规定报社等媒体是"事业单位",可以实行"企业管理"。在报纸、广播和电台刊登和播放广告不再是违法的事情,民营和私人机构也被允许进入出版、电影等传媒领域。1992年之后,媒体改革的步伐明显加快,国家提出"新闻出版单位的改革,要以分类管理为原则,将现有单位按事业性质和企业性质两类进行划分。改革后除极少数党和国家重要的新闻媒体、出版机构以及公益性的新闻出版单位成为事业性质外,其他绝大多数单位都要向企业转制"[2]。以报刊为例,到了2000年之后,媒体管理部门提出,除了保留少部分中央和省里的重要报纸杂志,其他的一些杂志都要实行转轨和改制,推向市场,由市场决定媒体的未来。

  按照分类管理的原则,将极少数党和国家重要的新闻媒体,如中央的《人民日报》、《求是》杂志;各省的党报、一份党刊;市(地、州、盟)的一份党报等这些确属喉舌性质的党报、党刊,由于承担特殊的任务,不宜和不能进入市场的,仍按事业性质进行改革。主要是深化内部三项制度改革,搞活机制,实现宣传与经营两分开。要抓好宣传,搞活经营。其广告、印刷、发行、仓储、运输等经营性部门要剥离出来,组成集团或报刊社控股的经营性公司,进行企业改制。在市场中做大做强,更好地支持事业发展。这类新闻媒体要始终把新闻宣传的领导权、决策权牢牢掌握在党的手里。

---

[1] 李良荣:《新闻学概论》,第364—372页,上海:复旦大学出版社,2011年。
[2] 全国新闻出版系统调研工作协调小组办公室编:《解放思想　实事求是——新闻出版总署2003年调研报告汇编》,第117页,北京:高等教育出版社,2003年。

以党报为龙头组建的属于喉舌性质的报业集团,要进一步理顺领导体制,实行党委领导下的社委会(管委会、编委会)负责制,实现人事、财务、资源管理"三统一"。在确保党的领导、确保宏观调控力和正确导向的前提下,深化改革,转换机制,加强管理,整合资源,降低成本,进一步增强活力、壮大实力、提高竞争力。其中可面向市场的经营部分,剥离出来作为企业进行改制,探索企业化运作的路子。

其他绝大多数不属党和国家重要的新闻媒体,逐步实行转制。第一阶段,对计算机、汽车、竞技体育、美容服饰时尚等报刊社,首先实现由事业性质向企业转制;第二阶段,要将其他所有的新闻媒体都要按照现代企业制度的要求进行企业转制。转制为企业的,要完成国有资产授权经营,建立法人治理结构,实现自主经营,进入市场竞争。[1]

报纸的企业化和市场化催生了许多以市场为依靠的周末报、晚报、都市报和行业报,如《南方周末》《扬子晚报》《南方都市报》《中国交通报》《中国石油报》等等。在这些报纸上,政治不再是媒体唯一关注的内容,社会经济和流行文化是媒体与大众更为关心的话题。1984年创刊的《南方周末》逐渐由一个地方性的报纸变成了一个全国性的报纸,其之所以产生巨大影响正在于这份报纸对于人们所关注的各种社会事件的"深度报道",这些报道引起了人们对于社会问题的思考和关注,甚至有不少人借助于媒体对政府和企业"追责"。

随着20世纪90年代城市改革的推进,晚报、都市报也为了适应城市的发展和市民阅读的需要而迅速发展起来。"从1995年开始,中国报界出现了一批省级党报主办或主管的都市报。这些报纸以新的办报理念,新的

---

[1] 全国新闻出版系统调研工作协调小组办公室编:《解放思想 实事求是——新闻出版总署2003年调研报告汇编》,第118—119页,北京:高等教育出版社,2003年。

经营机制与营销方式,在新闻界产生了一股冲击波。都市报发展迅速,很快全国出现近30家都市报,形成一种令人瞩目的'都市报现象'。"[1]都市报不像《人民日报》这些重要的党报、党刊那样主要靠"摊派发行",而是通过"市场化经营"赢得大众认可。

到90年代末期,几乎每个城市都有一张或几张属于自己城市的"都市报纸"或晚报,《扬子晚报》《羊城晚报》《新民晚报》《北京晚报》《南方周末》成为其中最著名的几份都市报纸。随着城市人口增加,读者群增多,不少报纸发行量迅速增长。例如,1993年创刊的《淮海晚报》创刊时是4开4版,发行量是1万份,但到2010年,已经是32版,发行量达到了5万份,广告收入也从20万元增加到3 000万元。[2]《扬子晚报》《南方周末》和《新京报》等报纸的年发行量更是动辄达百万份。这些报纸除在总体上是以报道各种各样的城市新闻为主,很多报纸还专门开辟了"城市"一栏,讨论日益受到关注的"城市话题":

我国部分报纸的"城市话题"栏目设置

编号	报纸名称	城市	栏目
1	《北京晨报》	北京	都市新闻
2	《新京报》	北京	北京新闻
3	《京华时报》	北京	北京
4	《京华时报》	北京	文娱·胡同
5	《青年时讯》	北京	双城
6	《申江服务导报》	上海	发现上海
7	《新民晚报》	上海	上海人家
8	《新民晚报》	上海	夜光杯·市井故事
9	《社会科学报》	上海	文化上海
10	《东方早报》	上海	大都会
11	《南方都市报》	广州	珠三角、佛山读本
12	《南方周末》	广州	城市

---

[1] 孙旭培:《当代中国新闻改革》,第219页,北京:人民出版社,2004年。
[2] 《晚报,永远在路上》,《淮海晚报》,2010年2月12日。

续表

编号	报纸名称	城市	栏目
13	《钱江晚报》	杭州	杭州新闻
14	《扬子晚报》	南京	南京城事
15	《金陵晚报》	南京	都市新闻
16	《南京晨报》	南京	南京新闻
17	《现代快报》	南京	城事
18	《都市晨报》	徐州	徐州·社区
19	《江南晚报》	无锡	城事
20	《姑苏晚报》	苏州	都市新闻
21	《姑苏晚报》	苏州	城市印象
24	《城市商报》	苏州	城事
25	《淮海晚报》	淮安	都市周末
26	《城市晚报》	长春	城事
27	《齐鲁晚报》	济南	城事
28	《大河报》	河南	都市新闻
29	《大河报》	河南	古城
30	《华西都市报》	成都	都市

栏目设置反映了"城市"日益受到媒介关注，这些栏目基本是登载关于"城市"的新闻、图片，描绘城市的日常生活和社会变迁，展现城市的建筑、风景、人物和文化，记载各种各样的新闻事件、讨论各种各样的"城市话题"。也有不少都市晚报为了吸引读者，经常刊登一些稀奇古怪和耸人听闻的"城市故事"，这些故事让读者对于现实城市产生了一种不信任感，因为在这些耸人听闻的故事中，"城市"扮演了一个不光彩的角色，它总是犯罪分子的温床。但更多的都市报纸关注的是城市日常生活和公共空间，例如江苏淮安地区的《淮海晚报》（1993年创刊）就特别强调自己的"市民身份"：

报纸定位逐步明晰,市民报、生活报特色逐步彰显;新闻稿件组织调度有力,版面可读性、服务性明显提高;报纸版式大气而不失清新、视觉效果良好,成了淮安市民心目中一个不可替代的阅读品牌,已成为深受市民喜爱并获社会公认的一份城市主流报纸。[1]

　　工作、菜价、天气、就业、医疗、住房、教育、城市卫生、公共文明等市民关心的话题成为都市报纸最关注的内容,而通过对城市日常生活和公共空间的关注,都市报纸在建构城市公共空间、塑造现代城市形象、培养现代市民方面起了重要作用。

　　都市报纸不仅为市民提供消遣娱乐的新闻,而且还通过文字、图片和新闻有意识地建构城市"公共性",培养市民的城市意识和公共意识。例如,世博会就被都市报纸赋予了启蒙公众和市民城市意识的一次重要活动的意义:"更值得期许的应是那数千万的中国观众,他们分散各地,是城市的真正主人,如果说过去城市化进程中,他们作为沉默的大多数,是源于对城市精髓的懵懂,对于现状的惯性,那么世博会无疑将是一次市民集体的城市意识的启蒙。"这个启蒙是什么呢,也就是"原来城市也可以鸟语花香,也可以闲庭信步,还可以零碳……"[2]赞美现代文明的城市行为,批判不合理的城市现象成为许多都市晚报的重要主题,乱扔垃圾、随地吐痰和上车不排队等现象被媒体指责、批判,遵守交通、卫生等公共秩序的行为受到表扬。许多报纸还主动设置一些议题来培养和唤醒市民的现代城市文明意识。例如,《北京晨报》的一则图文搭配的"都市新闻"特别有意思,图片展现大雪天中一位女子下车推面包车,而在图片下面,记者加了这样的注释:"一辆面包车在原地打滑,女乘客下车帮助司机推车。同心协力,这个词代表了北京人应对大雪的共同态度。"尽管从照片里根本无法确定推车

---

[1] 《晚报,永远在路上》,《淮海晚报》,2010年2月12日。
[2] 朱红军:《民意之变,成就城市之变》,《南方周末》,2010年5月6日。

的女性是否为"女乘客",但媒体却将其推车行为看作是一种市民应该具有的公共道德,个体行为与城市公共性就这样经过媒介舆论有机组合在一起,为其他市民提供了"榜样"和"参照"。

都市报的快速发展促使许多城市的日报性质也发生了变化,一些城市日报也逐渐变成了"都市报",积极参与到城市社会议题的讨论中来。例如,《苏州日报》有一个栏目"新苏时评"就连篇累牍地对城市文明问题开展讨论。2008年12月9日发表的一篇文章《拓展苏州城市公共生活空间》认为,苏州城市化的发展已经让市民进入了"公共生活领域",所以市民要转化"私德理念",增强"公共良知"和"参与意识":

> 改革开放以来,苏州抓住机遇,在经济、社会各项事业获得大发展中,拓展了城市的公共生活空间,已经为市民打开了前所未有的广阔视野。社会发展拓展了市民的生存环境,市民由此进入公共生活领域,这使市民在日常生活中都能关注公共道德准则,转化私德理念出发的理解为参与公共服务,为城市的有序和个体的健康成长发展作贡献。从一定意义上唤起了公共良知和参与意识,培植了关心公共命运和公共道德关怀的社会群体,有利于和谐城市的发展。[1]

报纸报道了各种各样维护和建构城市公共性的"美德",还通过市民的亲身说法,告诉读者帮助别人、维护公共空间不仅符合所有市民利益,同时也会让"自身愉悦"。《苏州日报》2007年10月3日的新闻《我带邻居观光游》报道了一群由私家车车主组成的志愿者车队带领苏州湖东社区的40多名老人游览参观阳澄湖重元寺的活动,特别突出了志愿者雷笛对记者所说的话:"她笑着说,帮助别人自己也是快乐的。"[2]正是通过大众媒介,维

---

[1] 韩承敏:《拓展苏州城市公共生活空间》,《苏州日报》,2008年12月9日。
[2] 宗文雯:《我带邻居观光游——湖东社区志愿者活动出新意》,《苏州日报》,2007年10月3日。

护城市公共文明与市民的自我价值认同有了内在联系。2010年"世博会"在上海召开,《解放日报》《文汇报》等大众媒介也不失时机地向公众灌输文明理念,倡导公民尊重公共道德规范。《解放日报》上的《文明要从小事做起》一文通过古今对比和中外参照,一方面称赞伴随着中国发展和世博会的举行,上海的公共文明大有进步,另一方面却也通过作者在日本的旅居经历指出,上海城市公共文明与日本这些发达国家相比还有差距的事实。[1] 还有些报纸通过发起"公共讨论",让公众直接参与到城市形象和城市公共空间的建构中。例如,《苏州日报》开辟的"新闻沙龙"栏目就发表了《色彩渲染魅力苏州》,针对苏州市的城市色彩规划,邀请专家、学者和市民,组成了"沙龙",从不同角度讨论城市色彩定位。哈贝马斯在《公共领域的结构性转型》中就曾经指出,各种各样的文化沙龙在建构公共领域中具有重要性。通过"沙龙",媒介、专家和市民都参与到了城市的建构中,市民的城市公共意识得到了大大增强。譬如《苏州日报》的这次"沙龙"使得许多市民意识到城市色彩对于一个城市的重要性,有些市民还将城市色彩与城市个性联系在一起:

> 我的一位同学生活在南京,偶尔来苏州出差,在经过齐门路、养育巷这样苏州传统风貌的街区时总会说"这才是苏州啊"。如果抹去任何可识别的文字符号,把你置身在当今中国不同城市的钢筋混凝土森林之中,你能识别你身在哪个城市吗?所以,我固守我的观点:苏州的主色调也是一种文化遗产,应该予以继承,如果改变,失去的将不仅仅是城市的个性。[2]

《文汇报》的《活力使申城更显精彩》围绕"上海市纪念改革开放三十周年成就展",通过图文展现了改革开放三十年上海的"城市巨变",报道

---

[1] 李小年:《文明要从小事做起》,《解放日报》,2010年5月11日。
[2] 《色彩渲染魅力苏州》,《苏州日报》,2008年4月22日。

还特别记录了市民的"参观感受",这些体验无非是赞美上海城市的巨大变化,"公共取水井旁洗衣、'老虎灶'泡热水、90年代街头流行的'化学烫发'……展览中一幅幅老照片,勾起了许多参观者当年那段难忘的回忆"[1]。同《文汇报》《苏州日报》等媒介一样,许多报纸积极配合政府打造现代化城市的需要,通过开展大规模的新闻报道和公共讨论,不断加强市民对现代城市的认同感,并唤醒市民参与到城市公共空间的建构中,共同建构符合现代文明的"城市形象"。还有些报纸直接把政府的公共文明测评结果公布在报纸上。譬如上海市为迎接"世博会",为提高申城的文明指数,特地展开了"迎世博600天行动",并从环境、秩序和服务等三方面内容对城市的文明进行测评,结果第一个100天的测评结果是环境文明指数测评得分为77.64,秩序文明指数测评得分为78.75,服务文明指数测评得分为80.69,总的文明指数测评得分为78.95。[2] 这些结果被公布在报纸媒体上,以引起市民对于城市公共文明的关注。《苏州日报》也将苏州的公共文明测评指数公布在了报纸上,譬如2010年5月的行业测评指数如下:[3]

2010年5月苏州公共文明指数行业测评结果

测评项目	测评指数	达标率	得分
公共交通运行	公交汽车 出租汽车	98.00% 98.00%	98.00
公共服务	服务窗口 物业管理 旅游景点 社区环境	100.00% 97.40% 85.00% 95.05%	96.64

---

[1] 刘栋:《活力使申城更显精彩——上海市纪念改革开放30周年成就展首日吸引逾万市民》,《文汇报》,2008年12月18日。
[2] 张晓鸣、刘力源:《迎世博六百天文明指数首次公布——申城文明指数测评得分78.95》,《文汇报》,2008年12月18日。
[3] 《我市"公共文明指数"第二次测评结果揭晓——五大项目得分超90》,《苏州日报》,2010年5月25日。

续表

测评项目	测评指数	达标率	得分
公共文化场所	网吧 游戏机经营场所 社区文化场所 文化市场 校园周边文化	94.64% 78.57% 97.02% 97.62% 97.86%	95.64
公共特定场所	商业零售 影剧院 车站 无障碍设施 公共设施	90.71% 100.00% 90.00% 95.24% 96.19%	92.86
公共市容	垃圾中转站 主次干道 公益广告	92.86% 90.86% 89.29%	90.71
公共交通秩序	交通违章处置 警容警纪 交通监督	70.44% 100.00% 100.00%	85.52
公共卫生	医疗 经营性公共场所卫生 食品安全	86.07% 80.71% 85.71%	84.36

报纸还公布了公共文明指数市民行为测评结果和公共文明指数城区测评结果。这些公共文明测评结果的公布,意在建构符合现代城市公共文明的城市空间,按照这样的公共文明指数,每个公民和机构的行为都被纳入一个文明的等级秩序中。

总之,正是伴随着改革开放的深入和城市化运动的迅速发展,以《南方周末》《新民晚报》《扬子晚报》以及各个城市晚报为代表的"周末报"和"都市报"迅速参与到对现代都市生活的日常报道中,聚焦于各种各样稀奇古怪的都市社会和娱乐新闻以及新兴的都市流行文化。当然,都市报和周末报不仅报道日常的都市新闻和娱乐消息,也努力与政府、市民一道共同建构符合现代城市公共空间的新的生活方式、新的文明理念和新的道德风尚。

第三节　电视的时代

改革开放之后,媒体领域里所发生的最重要的一件事情是电视的影响力越来越大了。

虽然早在1958年,我国便有了北京电视台,但是电视产生巨大影响还是在改革开放之后。改革开放之后,电视机进入了千家万户,成为人们了解时政、社会新闻和文化娱乐最重要的大众媒介。在1978年前后,电视在中国还不是很普及,直到20世纪90年代中期中国的电视机才达到西方国家1975年的水平。"在1978年前,全国性电视信号传输体系主要集中于中心城市,电视节目录制需要借助于电影胶片摄像机。已有的省会城市电视台,仍然是其省级广播主管机构及省级广播电台的下属单位。在北京电视台升格为中央电视台后,各地城市电视台才相应地升格为省级电视台。1981年,中央广播事业局升级为广播电视部,省级电视行政主管机构也发生了相应的调整。在电视节目内容方面,这一时期不仅节目数量较少,每日播出时间较短。除去英语等内容的知识讲座,自晚上7点的《新闻联播》开始,到11点前结束,播出时间只有四小时左右。中央电视台1978年全年才播出了八部主要是单本剧的国产电视剧,此外是大量播放电影及其他胶片类节目。这一时期,许多城镇居民生活用电都经常得不到保证,难以为日常观看电视提供电力保障。因此,在1978年之前,内地电视节目内容,几乎不为普通民众所知。"[1]当然,电视机在那时的政府购买清单上也是被限制对象之一。

但是,情况很快有了改变,到了1980年前后,电视机行业已经有了较大发展。"在生产领域,全国电视机生产企业一度达到了五十三家,大多数

---

[1] 徐敏:《电视的兴起:1980年之际中国内地电子媒介与日常生活》,《文艺研究》,2014年第12期。

省份都有自己的电视机生产企业及电视机品牌。除少数品牌具有全国性市场外,多数都主要流行于本省及部分相邻省份,呈现出一种产业的本地化与分散化分布。1981年,除走私电视机外,内地合法进口了近四百万台电视……与此同时,跨国企业开始与内地合资生产全球品牌的电视机。"[1]电视机就在这样的改革开放环境中迅速发展起来,20世纪八九十年代的中国渐渐进入了一个"电视时代"。

电视也显示了强大的政治、经济和文化功能。早在1981年的时候,中共中央就发文宣称电视是"教育、鼓舞全党、全军和全国各族人民建设社会主义物质文化、精神文明的最强大的现代化工具",徐敏认为这说明电视在政治功能上已经取代了"有线广播体系的地位"[2]。在文化和日常生活上其实也不例外,据报告文学作家陈祖芬的回忆,在1984年6月23日的晚间发生了一件很特别的"电视事件","电视台的有关人士在电视的黄金时间里向观众作着解释。因为电视节目不准时播放,激起了众怒"[3]。

人们开始通过《新闻联播》了解国家大事,通过电视广告了解企业产品,通过综艺节目和电视剧了解文化和生活,在这个时期,可以说,电视主宰了人们的思想、生活和文化:"1980年全国的电视机社会拥有量为900万台,到1986年已增至9 200万台;1980年全国电视剧总产量177集/部,1986年产量已达2 636集/部。"[4]这个速度完全可以用日新月异来形容。在《电视的兴起:1980年之际中国内地电子媒介与日常生活》中,徐敏特地从文化的层面讨论了电视在中国内地迅速发展的意义,认为电视在中国当代电子文化和大众文化的发展过程中扮演着重要的角色:

---

[1] 徐敏:《电视的兴起:1980年之际中国内地电子媒介与日常生活》,《文艺研究》,2014年第12期。
[2] 徐敏:《电视的兴起:1980年之际中国内地电子媒介与日常生活》,《文艺研究》,2014年第12期。
[3] 陈祖芬:《八十年代看过来》,第92页,北京:作家出版社,2008年。
[4] 吴秋雅:《纪录与建构——中国电视剧1978—2008年发展综述》,《当代电影》,2008年第10期。

可以说，内地民众对于电视及其他新型消费品的消费热情，是他们对此前物质与精神生活短缺及压抑机制的一种反抗。这种反抗导致民众利用有限的资金及其他手段，自下而上地争夺原本属于中心城市及其上层社会阶层的文化资源，从而在内地电视的社会化运用中，也在电视对于社会及文化的制度化整合过程中占据了一个越来越重要的位置。[1]

电视日益成为大众开展日常生活、娱乐文化以及表达社会政治诉求的重要媒介。在这一时期，电视深入千家万户，成为一种典型的"家庭媒介"，人们的日常生活安排渐渐受到电视节目安排的时间所左右，人们经常要根据电视节目预告来安排自己的日常事务，特别是一些新兴的电视剧《霍元甲》《射雕英雄传》《上海滩》《西游记》以及海外的电视剧《庄园之梦》等风靡全国。有人这样描述港剧《射雕英雄传》的播放所产生的巨大影响力："在新一集《射雕英雄传》(中央台，1984年)播出前，没有电视机的人，要想办法去寻找到一个可以观看的场所；有电视机的单位或家庭，会准备应对大批人群或左邻右舍的到来。民众由此把特定电视节目当作日常生活的时间组织者与调节者。一部电视剧播出结束了，也就是意味着一段线性的戏剧时间结束了，人们开始期待另一部电视剧的到来。在这种一次性的电视节目观看进程中，观众会形成了一种与电视节目内容共同生活的时间体验，从而赋予了日常生活特定的电视化周期形式。"[2]

《霍元甲》的播放则不仅让大街小巷充斥着《万里长城永不倒》的主题曲，而且这部电视剧也唤起了人们的爱国主义和英雄主义热情。将解救国家于危难之中的希望寄托于电视剧，成为许多大众观剧后的天真念头。风靡一时的电视剧《上海滩》不仅唤起了人们对20世纪三四十年代大上海的

---

[1] 徐敏：《电视的兴起：1980年之际中国内地电子媒介与日常生活》，《文艺研究》，2014年第12期。

[2] 徐敏：《电视的兴起：1980年之际中国内地电子媒介与日常生活》，《文艺研究》，2014年第12期。

怀旧情绪,而且周润发的黑帮老大形象深入人心,在青少年群体中兴起了一股竞相模仿的社会潮流。

到了20世纪90年代,电视在社会生活中的作用越来越大了。1993年之后,中央电视台大刀阔斧进行改革,出现了《东方时空》《焦点访谈》《新闻调查》和《实话实说》等节目,电视在社会中的影响更大了,这些节目对政府、企业和社会各个层面都起到"监督作用",节目的言论直接左右了"社会舆论",不仅民众,政府和企业也都十分留心这些节目。例如,据孙玉胜的回顾,《焦点访谈》栏目创办后,所披露的事件大多数引起了中央和省部委领导的重视,"不少陈案积案疑难案常见案等等,都在中央的直接重视下得到解决"。

> 2002年,国务院办公厅正式开设了《焦点访谈》督察情况反馈机制,就中央领导同志每一次对《焦点访谈》做出的批示以及批示后的督察情况进行跟踪反馈,以国务院的名义,运用行政的力量向有关职能部门行文,组织各职能部门组成督察小组,对被监督事件与人员进行正式的行政范围的调查和查处,而后视调查情况将一些涉及法律问题的案件移交司法。2002年当年,《焦点访谈》报道的事件中,有41起被纳入国务院督察反馈机制。调查进入得迅速而深入,查处力度大。[1]

综艺节目和电视剧也渐渐成为人们茶余饭后最好的文化娱乐,明星们必须在电视亮相才会被大众所熟知,电视等大众媒介也制造了无数主持人和电视明星。孙玉胜就认为,电视除了是"家用媒体"之外,也是"主持人媒介",他说:"电视是在家中轻松收看的,是用来娱乐与交流的,所以它需要主持人,需要通过主持人对观众的吸引力和亲和力来实现电视与观众之间

---

[1] 孙玉胜:《十年:从改变电视的语态开始》,第113页,北京:生活・读书・新知三联书店,2003年。

的交流——谁在说话？对于舒舒服服坐在家中看电视的观众而言，不是'电视台'、'电视机'或抽象的'电视节目'，而是电视中活生生的、个性鲜明的人。"这个个性鲜明的人就是"主持人"，电视制造和捧红了明星主持，不过也带来一个问题，"电视制造了这些明星，反过来又离不开他们，甚至不惜重金维持与他们的契约"[1]。

第四节 改革开放时代的"城市杂志热"

20世纪90年代之后，随着社会主义市场经济的确立，随着城市的快速发展，消费文化理念在我国慢慢形成，其中，城市杂志和城市文化刊物也迅速发展起来。首先，伴随着交通设施的改善，城市与城市之间、城市和乡村之间的差别日渐缩小，不同城市之间有了更多的联系。自1876年修建第一条铁路——上海吴淞铁路到1949年，我国铁路营业里程仅有2.2万千米，但1949年到1978年，我国铁路营业里程达到了5.2万千米。而改革开放之后，我国铁路的发展速度更快，"到2002年，全国铁路营业里程达到了7.2万千米，比1978年增长了39.1%"。预计到2020年，中国铁路营业里程将达到12万千米，[2]尤其是类似日本新干线的高速铁路的发展，使得许多城市实现了"同城效应"。而铁路发展本身与城市杂志发展有着密切关系，日本学者佐藤卓己在考察早期的现代化交通与杂志的关系时就强调："铁路运输系统的建成使得全国以同一价格发行图书成为可能，车站里的售货亭成了报纸、杂志等信息载体流通的据点。尤其对于定期发行的杂志来说，铁路网的扩展是必不可少的，铁路促成了发行量大的全国性杂志

---

[1] 孙玉胜：《十年：从改变电视的语态开始》，第359—360页，北京：生活·读书·新知三联书店，2003年。
[2] 张春莉：《腾飞的中国大动脉——新中国成立60年铁路发展成就回眸》，《和谐之旅》，2009年第10期。

的出现。"[1]这在中国其实也是一样的,甚至铁路本身的发展催生了专门供铁路旅客阅读的几份杂志,如《和谐之路》《人民铁路》等等。

其次,随着城市的发展,城市规模越来越大,满足市民需求的配套商店、大型超市、电影院和咖啡店纷纷涌现。例如,1998年以来上海的衡山路、茂名南路和黄陂南路都出现了酒吧街,大量的超市、电影院和咖啡店构建了一种新的都市文化空间。人们在上班之余,逛超市、看电影和到咖啡店喝咖啡成为都市生活的一部分,而不少商场、酒吧和咖啡店为了吸引顾客,开始提供免费的报纸、杂志供市民阅读,许多城市杂志就是在这样的一个都市文化空间中发展出来的。所以,有学者指出:"'城市杂志'从其诞生之日起,它就与'有钱有闲''吃喝玩乐'联系在一起。这是它的都市性决定的,也是整个社会'消费主义'倾向日益发展的结果。"经济和城市的发展催生了各种城市杂志,城市规模越大、都市文化空间越成熟的地方,往往城市杂志越集中。

一方面,城市杂志是现代化和城市化运动的产物;另一方面,这些城市杂志也参与了都市文化的建构,营造了都市文化氛围,建构了一套新的都市生活方式和价值观念。像李欧梵在讨论20世纪30年代上海的《东方杂志》、《良友》画报时所指出的那样,城市杂志"营建了关于都市现代性的一整套'想象'"[2],它们对于城市的叙述、建构和想象,当然会影响读者对于城市的认识、理解和判断。譬如《上海采风》提出"把握城市气质,品味上海生活",杂志希望通过营造一种特别的城市气质来吸引读者。相比于大众报纸而言,城市杂志之所以受到读者欢迎,还有一个重要原因是,周刊和月刊比都市报纸能够更集中、深入地讨论一些"城市话题"。例如,城市杂志《城市中国》颇为自信地宣称自己"是中国第一本真正意义上的城市杂志,也是一本结合了深层问题和深层表述、正统的官方话语和生动的民间叙事的、面向未来的主体性公共媒体平台",杂志提出要讨论中国的"深层

---

[1] [日]佐藤卓己:《现代传媒史》,诸葛蔚东译,第29页,北京:北京大学出版社,2004年。
[2] [美]李欧梵:《上海摩登——一种新都市文化在中国 1930—1945》,毛尖译,第89页,北京:北京大学出版社,2001年。

问题和深层表述"。不同于传统城市杂志,面向"未来的主体性"是这本刊物的宗旨,主要探讨和倡导中国现代化进程中城市的"新潮流",探索"现代人"的思想、观念、行动。具体而言,《城市中国》给自己的定位是:"大型城市月刊,每期围绕一个主题展开,关注城市中的建筑、设计、时尚、生态。拥有新锐的视角和富有震撼力的视觉表现。"[1]这些都是和未来城市发展相关的新的都会生活方式,杂志希望通过每期设定一个主题,帮助读者认识现代都会生活中新的文化、社会和生态现象。譬如2009年第38期《城市中国》的主题是探讨城市中各种新兴的"亚文化"现象,并且把亚文化放在中国社会改革和城市化的发展进程中去理解:

> 亚文化的崛起,是中国改革开放三十年的必然产物。与亚文化有关的政治决策和制度设计,不仅关系到对内的创意产业和对外的文化输出,更关系到共产主义中国在全球化语境中实现成功转型而和平崛起的成败。如何在全球多元文化的冲击下维持本土价值的核心地位,同时又以兼收并蓄的方式实现中国文化在全球意义上的复兴,已经成为改革开放后三十年的重大命题。[2]

这段关于城市亚文化的解读有点模棱两可,但刊物的意图则是将城市中的各种亚文化现象放在中国现代化发展的框架中加以考察,改变以往传统主流媒体对亚文化的否定态度。摇滚乐队、露宿街头的上访者、涂鸦文化、太子车、酒吧文化、同性恋等各种现象都被纳入亚文化范畴,杂志还具体探讨亚文化与主流文化的关系以及亚文化存在的意义,内容十分广泛。此外,这期杂志借助于亚文化这个专题,还讨论了"现代人"的精神问题,探讨现代化中新兴的民间信仰的现象。[3] 值得注意的是,《城市中国》在探讨这些话题的时候,都是在现代中国的语境中加以考察,而这些深入化、专

---

[1] 这是2005年10月《城市中国》创刊时刊物对自己的定位。
[2] 匡晓明、姜珺:《亚文化中国》,《城市中国》,2009年第38期。
[3] 范丽珠:《现代人,在寻找精神单位》,《城市中国》,2009年第38期。

门化的城市议题一般报纸很难开展,这是城市杂志受到市民大众尤其是城市知识精英、中产阶层和年轻白领欢迎的主要缘故。

总之,从20世纪90年代起,随着城市化进程的迅速加快,都市文化空间的成熟,各种各样的城市杂志雨后春笋般地出现,如《城市中国》《城市画报》《美城》《大都市》《典藏昆明》《假日杭州》《江城武汉》《映像合肥》《城客》《PUSH上海》《东方文化周刊》《外滩画报》《新周刊》《瑞丽》等等,可以说,基本上每个城市都拥有好多份城市杂志,甚至一个百货商店、一个大型超市或者企业都有自己的杂志。正是这些杂志,共同营建或者说展开了一整套李欧梵所说的关于"都会现代性的想象",内容从服饰、家装、建筑、绿化到城市的日常生活、大众文化,从私人住所到公共空间,从物质生活到精神世界,几乎无所不包。而这些杂志关于城市想象的形态大体可以分为两种叙事类型:一种是侧重现代化的"宏大叙事",探讨重大的中国城市现象;另外一种是"微观叙事",探讨各种宏大叙事之外的中国城市现象。

《城市中国》《三联生活周刊》《新周刊》《瞭望》这些面向全国的城市杂志,往往都喜欢从现代化的宏观角度讨论"城市话题",尤其关注现代化发展进程中的各种重大城市文化现象,并将城市中的各种现象与中国发展、民族复兴关联起来。例如,对于20世纪90年代之后,尤其是新世纪以来中国日新月异的"造城运动"现象,这几份杂志都曾展开过深入讨论,2007年《三联生活周刊》有一期的"封面故事"就是关于城市升级的话题,这篇题为《四大建筑的新北京——城市升级》的文章从中国现代化以及"中国复兴"的视角,讨论申奥成功将给中国尤其是北京城市带来的"新变化",并对未来的北京城市以及中国发展进行了如下的展望:

> 我们回到2001年7月13日那个北京的夜晚,天安门与长安街近百万走上街头的人民以及他们的快乐——"北京赢了!"迄今回想,仍让人温暖与澎湃。这是一个有象征性意味的开始,由此出发,我们杂志将广泛而深入地进入城市升级、交通变局、环境治理、食品安全保障……力图完成一系列重新发现与重新认识中国

的报道。"新北京"以及新的中国,不单是一种标签,而是你可能未必完全知晓的事实。[1]

1996年创刊的《新周刊》的"城市故事"大多也属于"宏大叙事"。学者陈卫星曾经专门探讨《新周刊》的城市叙事动机、策略和话语。在他看来,《新周刊》这份杂志本身与城市发展密切相关,全球的"城市化热"造就了这份刊物,同时《新周刊》又及时敏锐地意识到"城市话题"是市场、大众和城市本身发展的需求。因此,《新周刊》的"城市"专栏不失时机地通过"排榜、命名、摇旗呐喊"等方式,来塑造城市形象,刺激人们对于不同城市的认识和想象。例如,它把北京命名为"最大气的城市",上海则是"最奢华的城市",大众眼里许多城市的"刻板形象"就是这样由媒介杂志塑造出来。陈卫星指出:"城市排名的来回似乎始终可以激发人们的想象。这是因为城市逐渐由一个行政区划转变为经济实体和文化认同的单元,城市运营逐渐成为市场行销的新概念。长期处于计划经济时代的城市并未认清自身特点,无法进行有效的'城市包装'和发展定位,迫切需要大众传媒的提携,把城市本身推上市场销售的前台。"[2]伴随着奥运会在中国的举行,《新周刊》的一篇文章《新京津运动和一个新世界的诞生》对于北京和天津的发展更是充满了一种豪迈之气和洋洋自得的味道:"中国在上行,中国在崛起,中国在造城。在波澜壮阔的城市化进程中,我们瞩目'中国经济增长第三极'的两个奥运城市——北京和天津。"[3]

前面所提到的号称中国"第一本真正意义上的城市杂志"的《城市中国》,同样对中国的高速发展和快速的城市化感到振奋。例如,2009年第29期的《城市中国》特别推出了"中国热——城市景观"的议题,城市化运动与中国发展紧密结合在一起,在这个议题之下的一篇文章《中国热——大

---

[1] 李鸿谷:《四大建筑的新北京——城市升级》,《三联生活周刊》,2007年第45期。
[2] 陈卫星:《城市的欲望与底层的想象》,见赵汀阳主编:《年度学术2006:农村与城市》,北京:中国人民大学出版社,2006年。
[3] 《新京津运动和一个新世界的诞生》,《新周刊》,2008年增刊。

国崛起中的多重形象》兴奋地向读者"宣告":

> 世人常以19世纪的欧洲和20世纪的美国来描绘世界中心不同时期的结构性位移,并断言21世纪将属于中国。无论这一断言成立与否,一系列计划中和意料外的重大事件令2008年成为"中国年",中国作为本世纪呼声最高的"世界中心"而备受瞩目,它将通过这些时间完成前所未有的国际化,它的形象也将以"中国热"的方式传遍全球。[1]

《城市中国》中几乎每期都要讨论跟中国现代化发展相关的重大问题。譬如第7期的主题是"产品中国",第9期的主题是"自发中国",第10期的主题是"图文中国",第11期的主题是"街道中国",第12期的主题是"农村中国",第16期的主题是"移民中国",第19期的主题是"家庭中国",第21期的主题是"可持续中国",第26期的主题是"平行的世界",第27期的主题是"文化遗产",第33期的主题是"创意中国",第34期的主题是"中国人居",第35期的主题是"花好四万亿",第37期的主题是"水危机",等等。这些主题都是和中国现代化的发展密切关联的。杂志从城市与乡村、城市与城市、城市建筑、环境和公共空间等方面,全方位、多角度地讨论中国现代化和城市化过程中各种各样的重大城市议题,将这些城市议题与整个中国现代化进程以及中华民族的复兴紧密联系在一起进行深度解读。又如供火车上旅客阅读的杂志《和谐之旅》,在2009年第10期上,特别用一些颇含象征意味的标题"轨迹记忆""轨迹城市""城市华彩""我和铁路的故事",探讨现代化的铁路交通与个人、城市以及国家发展的关系:

> 铁路在我国的出现,对于近代中国城镇的布局和兴衰影响可谓深远。因为铁路的修筑和开通,一些城市从无到有,逐渐兴起,

---

[1]《中国热——大国崛起中的多重形象》,《城市中国》,2008年第29期。

比如郑州、徐州、石家庄等城市,一些原本就有内河运输和海运便利的城市,变得更加繁荣昌盛,比如广州、上海、武汉等城市。

铁路沟通了不同地域间的生产与消费,加快了商品流动的速度,并且使得各种工业的建立成为可能。

铁路使得不同文化背景、不同地域习俗的人们往来交流,不同的文明相互碰撞、交融,形成了不同城市新的精神。[1]

接着,这份杂志便向读者介绍伴随着铁轨的延伸和中国经济的发展,北京、上海、哈尔滨、沈阳、郑州、武汉、西安、成都等城市是如何飞速发展的,生动地讲述着中国的现代化故事,每个城市都被赋予了个性色彩,如北京是"五味杂陈的京韵文化",上海是"浮世绘中的精致生活",沈阳则是"乡土味十足的大城市",等等,这些城市定格自然很容易左右旅客读者对于城市的认识和理解,影响他们对于不同城市的观念。

《城市中国》《三联生活周刊》和《新周刊》等杂志提供了一幅与"民族复兴"主题相关的、乐观的现代性城市图景,蓬勃发展的"造城运动"被媒体理解为中国复兴、民族崛起的象征。当然,这些杂志在为中国城市快速发展振臂欢呼的同时,对现代化过程中出现的各种"城市病"也进行了批判性的现代性反思。还是以《城市中国》为例,这份杂志虽然大力讴歌蓬勃发展的中国的城市化运动,但对于现代化和城市化过程中出现的许多问题也颇感忧虑。例如,第34期的《城市中国》所发表的一篇文章《零九中国 安得广厦千万间——盛事造城的猜想》,一方面对中国高速的城市化运动感到高兴,另一方面也指出北京、上海等少数城市的高速发展并不是普遍的"中国国情",文章认为疯狂的"造城运动"制造的是一个幻象,并不是中国现实:

盛事促成了城市,超级城市令人误会了中国城市的主旋律,貌似第一世界的城市发展现况,似乎完全脱离了普遍中国国

---

[1]《轨道上的纽带——铁路局和它们的城市》,《和谐之旅》,2009年第10期。

情——显然,北京、上海已变成中国的例外之城,它们在很多方面已经过犹不及——余下的问题是:如何在盛事造城的过度急速后,回复城市的正常速度与健康发展,以及如何处理其余更多的一般城市?[1]

第28期的《城市中国》倡导骑自行车的健康的城市生活。第36期讨论了城市的公共绿地使用问题,在《公共绿地的时空变迁》一文中,作者从历史的角度,探讨了城市公共绿地对于城市发展的意义:"在当下中国城市化浪潮中,城市绿地这一课题无可避免地在各个领域成为焦点。对于城市'绿色空间'的关注,既反映了环境保护以及可持续发展理念的深入人心,也是中国城市引进西方模式旧城改建与城市再开发体系的必然产物。"[2]第37期则继续讨论了城市绿化等公共空间的建构问题,以及中国高速城市化和现代化过程中出现的水污染和水危机问题。第12期和第36期更是围绕着城市和乡村问题,探讨中国现代化和城市化所带来的城乡差距等贫富悬殊问题。而第27期和第33期的《城市中国》则从文化层面讨论传统文化和工业遗产跟现代中国的关系。同样,《新周刊》和《三联生活周刊》等杂志除了高调赞扬迅猛的"城市化"运动之外,对于城市化运动中的各种现象也展开了现代性的反思。譬如,2009年3月的《新周刊》深入考察了改革开放三十年城市与农民的复杂关系;2008年9月的《新周刊》则解读了一些新富阶层归隐田园生活的现象;《瞭望》杂志2009年第51期发表文章《智慧的城市为您而建》,文中这样写道:

  城市,是人类文明精华的汇聚之地。数千年来政治、经济、文化和科技的光芒在此交相辉映。然而演进至今,城市却遭遇到各种挑战:人口膨胀、饮水卫生、安全隐患、环境污染和交通拥挤等

---

[1] 李照兴:《零九中国 安得广厦千万间——盛事造城的猜想》,《城市中国》,2009年第7期。
[2] 谭健宁、唐晓毅:《公共绿地的时空变迁》,《城市中国》,2009年第8期。

问题日益凸现。[1]

正如吉登斯所说:"反思性是一种社会性的建构,是晚期现代性的重要特征。"[2]《城市中国》《三联生活周刊》《新周刊》和《瞭望》等杂志对于城市问题的大规模反思,并不是要阻止城市化运动,而是希望城市的发展能够更加合理,或者说探索一种更好的城市和中国发展道路。

更多的城市杂志则并不是像《城市中国》《三联生活周刊》和《新周刊》那样热衷于"宏大叙事",而是侧重于关注一些具体的、日常的城市现象,努力将不同阶层的人群对于城市生活的体验传达出来,站在某一个城市或某个人的角度,娓娓道来城市生活的故事。例如,1999年由《广东画报》改版的《城市画报》把主要目光对准了20—40岁之间的青年群体,"坚持原创精神的城市青年生活杂志,以反映现代都市年轻人生活形态以及生活方式为主要内容"。这本杂志特别强调与年轻读者的交流,关注年轻人对于城市的感官体验,杂志经常扮演成年轻人的"知心朋友",做"新生活的引领者",引导年轻人在城市里快乐地生活。在2009年第7期《城市画报》的"卷首语"中,主编李晖就用这样的口吻致读者:

> 我的办公室墙上贴着一面巨幅广告。那是10年前《城市画报》创刊时拍的,上面写着"你快乐吗"。10年过去,颜色褪得非常淡旧了,不过,它依然很协调地在那面墙上,所以也没怎么想过换掉它。我们的会议室还有同一套另一款巨幅广告,这10年里,大家对着"你快乐吗"这个问句开会、讨论、会见客人,它不动声色地成为我们的一部分。
>
> 10年之后再回首,这句广告语亲切依然,所以想用它作为10周年的主旋律,展开今年的一系列活动。因此,在10年回访栏目

---

[1]《智慧的城市为您而建》,《瞭望》,2009年第51期。
[2] 郭忠华:《权力、结构与社会再生产——访安东尼·吉登斯》,《中国社会科学报》,2009年12月3日。

开通后,我们开始10周年快乐行动,这一期编辑记者集体到广东科学中心,带回一组快乐报道。看到照片上同事竖起的头发、爱因斯坦式假发,听他们说在科学馆如何被小学生骚扰,忍不住笑出声来,希望这种快乐可以传达给读者。

……

春天是一年快乐的开始,做快乐的事,做快乐的人,我们会继续给大家带来更多的快乐,发自内心的快乐。[1]

杂志希望引领读者体验城市生活中各种各样快乐的"新生活",找出繁华都市中属于自我的"生活",而不像《城市中国》那样偏重于"宏大叙事"。而读者也投桃报李,表达《城市画报》对于个人生活观建立的帮助。还是在这一期中,一位叫舒茵的读者这样写她和《城市画报》之间的感情:"他是贵刊的忠实读者,认识他以后,我也开始看《城市画报》,很特别,很喜欢,之后的每一期都没错过。他也很特别,不知道是先喜欢上《城市画报》,还是他。"这位读者将《城市画报》等同于自己的恋人,以表白对杂志的认同。接着,又提到了这份杂志曾经报道的一位她所熟悉的老师,于是《城市画报》又和老师联系在一起,因为在这位女性读者的眼里,杂志和老师一样,教会了自己无数个让她受益的"感人的故事"和"生活的信息",使她感到了生活的真谛,找到了真正的"自我":

谢谢老师教给了我们这么多,足以让我们受益终身;谢谢《城市画报》记录了这么多不平凡的人,讲述了这么多感动的故事,传递了这么多生活的信息,也同样谢谢他……

陌生的城市,有他们的陪伴而不寂寞,始终分不清他们之间的联系,而如今,我要在这样的城市里寻找一种属于自己的"生活态度",我知道应该去体味、去享受这追寻的过程。我想,每个人

---

[1] 李晖:《春天快乐》,《城市画报》,2009年第7期。

都是一本书,但愿我们能像《城市画报》般意味深长,经得起时间的历练。

书,只因真诚而美丽![1]

在这段丰富的联系中,《城市画报》被叙述为"良师益友",用真诚与读者建立了良好的关系,并且引领读者找到了在陌生城市中属于自己的一种"生活态度"。不知道这位读者是否是编辑的创造,总之通过读者的叙述,我们很容易熟悉《城市画报》的定位,就是做青年朋友的"良师益友",引领读者适应新的都会生活。《城市画报》确实十分注重形形色色的个体对于城市的感受,更准确地说是尊重每个人独特的城市生活方式,先锋的、高级的、下层的、平民的、时尚的、陈旧的、男性的和女性的。各种各样的城市生活方式在这里都得到了理解,现代城市被理解为是多元包容的空间。譬如 2007 年第 10 期的《城市画报》介绍了一群年轻人对于迷笛的热爱,介绍了杨子珊、何艳几位时尚女青年另类的时尚装扮,以及 Michael Lau 的"怪异美学",等等;2009 年第 1 期的《城市画报》则用唯美的画面展示了西湖边各种各样独特的城市生活方式,双手展开骑自行车的市民、西湖边玩轮滑的王大伯、西湖边跳舞的女人和在西湖边倒立的市民、翻跟头的孩子,五花八门的城市生活方式都得到了《城市画报》的称赞和认同。

还有许多城市杂志也都是讲述不同的城市故事,展现不同城市的生活、风景和文化。有不少杂志很强调自己的"本土特色",关注地方城市的发展,多叙述与所在城市相关的话题,这些杂志往往成为某个城市的代言人,讲述现代化进程中不同的"城市面孔"成为这些杂志的宗旨。譬如《现代苏州》就称自己是苏州的"门户杂志",南京的《美女》宣称要着力打造一份"立足南京、高品位、高格调,报道城市文化,讲述城市故事,体现城市生活,人文色彩浓郁,集历史文化的重建与时代气息的清新于一体的城市文化杂志"。像这类杂志可以说越来越多,几乎每一个城市都拥有一份或一

---

[1] 舒茵:《书,只因真诚而美丽》,《城市画报》,2009 年第 7 期。

份以上的本土杂志,杂志与城市之间建立了密切的联系,这些杂志立足于自己的城市,点点滴滴地讲述自己城市的历史、建筑、文化、人群和风俗人情,讲述自己城市的发展和未来,讲述自己城市的物质和精神生活。这些杂志讲述着某一个城市的"城市故事",确实更容易被所在地方的市民关注,也为那些想了解与即将去这个城市旅游的人群提供了"城市指南",许多城市的"刻板形象"实际上也与这些城市的宣传、塑造和叙述密不可分。例如,作家陆文夫于1988年创办的《苏州杂志》虽然不是一份很有名的杂志,但有其独特的办刊理念,以倡导"地方特色"、挖掘"本土文化"而闻名,从创刊以来,一直致力于对苏州历史文化的挖掘,所发表的作品均有浓厚的地域特征和文化意识,这些文章组织在一起,共同营造了一个"传统城市"的形象,让人们看到了现代化进程中另外一副城市的面孔。

按照卡林内斯库对于"现代性"的理解,"现代性"本身就存在着多副面孔,城市生活本身自然也存在着多样形态,随着城市的发展,杂志的数量如雨后春笋,每个杂志都有自己对现代城市生活的理解,这里不可能对每本杂志的每一期栏目都进行详细解读,只能从宏观方面,粗略探讨《城市中国》《三联生活周刊》《新周刊》等杂志是如何展示现代化进程中多样的"城市景观",以及这些杂志对于城市的叙述、理解和想象又是如何培养读者大众对于城市的认识、理解和想象的。

第五节 互联网时代的来临

"应该记住1995年的那个冬天,喧闹的北京中关村突然出现了一块巨大的广告牌:'中国人离信息高速公路有多远——向北1 500米。'"[1]吴晓波在《中国巨变(1978—2008)》中形象地记述了互联网第一次抵达中国的情形。吴晓波在他的文章里写道:

---

[1] 吴晓波:《中国巨变(1978—2008)》,第141页,北京:五洲传播出版社、中信出版社,2008年。

1997年，三个年轻人的集体出现，宣告了中国互联网元年的到来。

在广州，一个26岁的年轻人丁磊创办了网易，他的口号是"网聚人的力量"。一开始他的想法很简单，如果人们要在互联网上联系，那一定要有自己的"房间"和"信箱"吧，于是，他写出了第一个中文个人主页服务系统和免费邮箱系统，至于网易怎么赚钱他也没多想，事实上也想不清楚……

在北京，年轻的软件工程师王志东获得了一大笔美国风险投资，这是中国互联网获得的第一笔风险投资。在网站创办之初，他专门搞了几个问答论坛，没有想到的是，技术论坛反应平平，体育论坛却异常火爆。10月31日，中国足球队在大连金州体育场参加世界杯亚洲十强赛，结果输给了只有52万人口的石油小国卡塔尔，第六次冲击世界杯失利。第二天凌晨2点15分，一个叫老榕的网友在网站体育沙龙上发了一个帖子《大连金州没有眼泪》，48小时内它被点击阅读两万多次。这是第一篇引起了公众轰动的网络文章，互联网的草根特征和惊人的传播效应第一次真实地展现出来。日后，这个论坛发展成为中国影响力最大的新闻门户网站——新浪。

毕业于美国麻省理工学院的年轻人张朝阳也雄心勃勃地创办了一个叫搜狐的网站，他22.5万美元的创始资金来自两位美国教授，其中一位就是写出了《数字化生存》的美国教授尼葛洛庞帝……[1]

互联网的出现是中国改革开放之后，特别是进入21世纪之后的一个重大媒介现象。互联网以其传播速度快、互动性强和内容丰富，迅速对报

---

[1] 吴晓波：《中国巨变(1978—2008)》，第141—142页，北京：五洲传播出版社、中信出版社，2008年。

纸、广播和电视等传统媒体产生了强大冲击,也得到了国家和所有民众的重视,成为报纸、广播、电视之后的"第四媒体"。[1]

"孙志刚事件""江西宜黄拆迁事件"等一系列社会事件已经显示了网络在社会生活中的巨大威力,因为这些事件都是首先由网络曝光,进而引起人们广泛关注的。网络上报道的新闻事件深刻影响了政府方方面面的政策。在互联网时代,新浪、搜狐、腾讯等网站成为家喻户晓的门户网站。而新浪、搜狐、腾讯之后,以微博、微信等为代表的新媒体以及自媒体也纷纷登场,并掀起一场又一场的媒体革命、文化革命和社会革命。例如,从新闻的角度而言,"人人都是记者"、大数据、虚拟现实、可视化、无人机进入新闻,文字、视频和声音相结合的"融合新闻"出现,在新媒体时代,新闻也出现了碎片化、社交化和小型化的趋向;从文化的角度而言,文化变得越来越多元化和社交化,以社交为主的文化形态成为新媒体时代文化的主要形态。从 MSN、QQ、博客,到微博、陌陌、微信,没有新媒介技术的推动,就不可能有这些新的社交媒介出现,也不可能产生新的媒介文化形态。美国社会学家曼纽尔·卡斯特在《网络社会的崛起》中曾仔细考察了媒介技术的变革对人类社会发展的重大影响,他认为在当代社会人类的所有过程都"直接受到新技术媒介的塑造"。甚至在 20 世纪 90 年代,他便已预测了 Facebook 之类的新兴社交媒介将改变人类的交往模式:"通过'超文本'(Hypertext)和'后设语言'(Meta-Language)的形构,历史上首度将人类沟通的书写、口语和视听模态整合到一个系统里。通过人脑两端,也就是机械与社会脉络之间的崭新互动,人类心灵的不同向度重新结合起来。"[2]

报纸杂志、广播电视、电影以及互联网在不同时期各领风骚,传媒进入了一个多元化的时代。为了争取更多受众,不同媒体之间的竞争也异常激烈,特别是互联网出现之后,报纸、广播和电视等媒体行业受到了巨大冲击,为了应对冲击,这些行业也被迫开始转型升级,借鉴互联网技术,而国

---

[1] 李良荣:《新闻学概论》,第 86 页,上海:复旦大学出版社,2011 年。
[2] [美]曼纽尔·卡斯特:《网络社会的崛起》,夏铸九等译,第 406—407 页,北京:社会科学文献出版社,2001 年。

家也开始考虑和鼓励不同媒体之间的融合:"从 2005 年开始,其他新兴的传播媒介进入到信息传播的领域,最为突出的代表就是手机媒体的出现和大规模普及;而随着网络技术由 Web 1.0 的人机对话时代进入 Web 2.0 的人人对话时代,以及基于三网融合背景下的媒介融合正成为 21 世纪第一个十年结束时媒介传播的又一巨大潮流和趋势。"[1]《电子信息产业调整和振兴规划》《国际互联网新闻宣传事业发展纲要》《互联网站从事登载新闻业务管理暂行规定》等一系列政策和文件出台,鼓励不同媒体进行融合,同时国家也在加强对媒体领域的管理和控制。

在互联网时代,以互联网为代表的传媒面临的问题是如何处理好媒体与政府、媒体与市场以及媒体与社会大众之间的关系。2013 年 11 月 12 日通过的《中共中央关于全面深化改革若干重大问题的决定》中针对互联网强调:"健全坚持正确舆论导向的体制机制。健全基础管理、内容管理、行业管理以及网络违法犯罪防范和打击等工作联动机制,健全网络突发事件处置机制,形成正面引导和依法管理相结合的网络舆论工作格局。整合新闻媒体资源,推动传统媒体和新兴媒体融合发展。推动新闻发布制度化。严格新闻工作者职业资格制度,重视新型媒介运用和管理,规范传播秩序。"

在传媒日趋多元化的时代,广播电视、报纸杂志、电影虽然受到冲击,但依然得到了发展,特别是广播和电影,在分众化的时代仍旧得到了部分受众的喜爱。

---

[1] 李良荣:《新闻学概论》,第 95 页,上海:复旦大学出版社,2011 年。

结　语

"当今社会被称为大众传媒的时代,大众传媒在各个领域都已成为人们讨论的重要议题。这方面的研究也日趋兴盛,出现了许多优秀的著作、论文。毋庸赘述的是,这不仅是学术领域的课题,正确地理解大众传媒也是人们必需的文化素养。然而,虽然有关大众传媒的研究有不少重要的精心之作,但对这个领域的历史所做的研究则比较少。尽管出版了报纸、杂志、广播、电视、电影等以媒介划分的历史书籍,但却基本上看不到从整体、发展脉络上加以把握的传媒史。"这是日本传媒史学者山本文雄在其编著的《日本大众传媒史》一书序言里所说的话。这段话其实也可以适用于我国的情况。在我国,各种关于报纸、杂志、广播、电视和电影等媒介的专门性书籍已经汗牛充栋,但是将这些媒介作为一个整体进行历史性考察的书籍并不多见,而本书的一个想法便是通过对百年中国报纸、杂志、广播、电视、电影和互联网媒体的考察,建构一个"整体的大众传媒形成和发展的历史"。本书希望勾勒的是一个百年大众传媒文化的整体图像,而不仅仅是某一个媒体的发展。在这个过程中,必然会有许多疏漏的地方,但本书并不求全责备,而是希望通过一些重要的和典型的媒介事件来描述百年大众传媒发展的整体情形。

另外,本书也不希望变成一个百年宏大历史的史料堆积,而是希望通过一些具体的历史事件,站在文化政治的视角深入考察百年中国社会大众传媒与政治、文化以及社会之间的复杂关系。李孝悌在讨论明清文化的时候提到了 20 世纪 80 年代在西方掀起的"新文化史":"从 1980 年开始打着鲜明旗帜出现的'新文化史',就和它所承续的社会史一样,有着极强的理论预设。从 1950 年开始兴盛的社会史,在马克思主义史学和年鉴学派的影响下,对传统偏重少数政治人物和政治制度的政治史研究提出批判,将研究重点移向下层群众和所谓的整体历史及长期结构,认为唯有如此才能掌握到社会的真实。但新一代的文化史家却不相信有这样一个先验的、客观的真实,他们也反对过去社会史、经济史和人口史学家以建立科学的解释(explanation)为最终目的的基本立场。在福柯和后现代主义的影响下,文化史家主张所谓的真实,其实是深深受到每个时代所共有的论述(话语)的影响。而在 Geertz 的影响下,对意义的追寻和诠释,就成了文化史家的首要工作。"李孝悌强调了从"新文化史"的立场理解历史的重要性,但本书更希望能够将媒介史、社会史和文化史结合起来,既注重历史事实,同时也关注历史事件背后的文化意义和权力关系,从而立体性地勾勒出百年中国大众传媒与社会文化之间互动的复杂图景。

主要参考文献

第一部分：

〔美〕海伦·斯诺:《旅华岁月——海伦·斯诺回忆录》,华谊译,北京:世界知识出版社,1985年。

〔美〕费正清、刘广京编:《剑桥中国晚清史:1800—1911年》(上卷),中国社会科学院历史研究所编译室译,北京:中国社会科学出版社,1985年。

〔美〕R.麦克法夸尔、费正清编:《剑桥中华人民共和国史:革命的中国的兴起(1949—1965年)》,谢亮生等译,北京:中国社会科学出版社,1990年。

〔美〕费正清主编:《剑桥中华民国史》(第一部),章建刚等译,上海:上海人民出版社,1991年。

〔美〕费正清主编:《剑桥中华民国史》(第二部),章建刚等译,上海:上海人民出版社,1992年。

〔美〕哈里森·福尔曼:《北行漫记——红色中国报道》,路旦俊、陈敬译,长沙:湖南出版社,1993年。

〔德〕马克斯·韦伯:《儒教与道教》,王容芬译,北京:商务印书馆,1995年。

〔美〕马丁·杰伊:《法兰克福学派史》,单世联译,广州:广东人民出版社,1996年。

〔英〕尼克·史蒂文森:《认识媒介文化——社会理论与大众传播》,王文斌译,北京:商务印书馆,2001年。

［美］李欧梵:《上海摩登———一种新都市文化在中国1930—1945》,毛尖译,北京:北京大学出版社,2001年。

［美］曼纽尔·卡斯特:《网络社会的崛起》,夏铸九等译,北京:社会科学文献出版社,2001年。

［美］爱德华·W. 萨义德:《知识分子论》,单德兴译,北京:生活·读书·新知三联书店,2002年。

［美］杰罗姆·B. 格里德尔:《知识分子与现代中国》,单正平译,天津:南开大学出版社,2002年。

［法］波德莱尔:《1846年的沙龙:波德莱尔美学论文选》,郭宏安译,桂林:广西师范大学出版社,2002年。

［英］马修·阿诺德:《文化与无政府状态:政治与社会批评》,韩敏中译,北京:生活·读书·新知三联书店,2002年。

［加］哈罗德·伊尼斯:《传播的偏向》,何道宽译,北京:中国人民大学出版社,2003年。

［美］吉尔伯特·罗兹曼:《中国的现代化》,国家社会科学基金"比较现代化"课题组译,南京:江苏人民出版社,2003年。

［加］马歇尔·麦克卢汉:《理解媒介———论人的延伸》,何道宽译,北京:商务印书馆,2004年。

［日］佐藤卓己:《现代传媒史》,诸葛蔚东译,北京:北京大学出版社,2004年。

［美］罗伯特·考克尔:《电影的形式与文化》,郭青春译,北京:北京大学出版社,2004年。

［英］布赖恩·麦克奈尔:《政治传播学引论》,殷祺译,北京:新华出版社,2005年。

［法］让-诺埃尔·让纳内:《西方媒介史》,段慧敏译,桂林:广西师范大学出版社,2005年。

［美］埃德加·斯诺:《西行漫记》,董乐山译,北京:东方出版社,2005年。

［德］瓦尔特·本雅明:《摄影小史＋机械复制时代的艺术作品》,王才

勇译,南京:江苏人民出版社,2006年。

［日］山本文雄编著:《日本大众传媒史》,诸葛蔚东译,桂林:广西师范大学出版社,2007年。

［美］周永明:《中国网络政治的历史考察:电报与清末时政》,尹松波、石琳译,北京:商务印书馆,2013年。

［美］傅高义:《邓小平时代》,冯克利译,北京:生活·读书·新知三联书店,2013年。

［美］劳伦斯·格罗斯伯格等:《媒介建构:流行文化中的大众媒介》,祁林译,南京:南京大学出版社,2014年。

第二部分:

陈独秀:《独秀文存》(卷一),上海:亚东图书馆,1922年。

邵振青:《实际应用新闻学》,北京:京报馆,1923年。

邵振青:《新闻学总论》,北京:京报馆,1924年。

范长江:《塞上行》,上海:大公报馆,1937年。

夏衍:《法西斯细菌》,上海:开明书店,1946年。

徐盈:《烽火十城》,北平:文萃社,1946年。

赵超构:《延安一月》,南京:新民报馆,1946年。

萧乾:《人生采访》,北京:文化生活出版社,1947年。

毛泽东:《毛泽东选集》(第二卷),北京:人民出版社,1952年。

毛泽东:《毛泽东选集》(第三卷),北京:人民出版社,1953年。

邹韬奋:《韬奋文集》(第一卷),北京:生活·读书·新知三联书店,1956年。

王韬:《弢园文录外编》,北京:中华书局,1959年。

中国史学会主编,中国科学院近代史研究所史料编辑室、中央档案馆明清档案部编辑组编:《洋务运动》(第一册),上海:上海人民出版社,1960年。

毛泽东:《毛泽东选集》,北京:人民出版社,1968年。

林友兰:《香港报业发展史》,台北:世界书局,1977年。

文化部文学艺术研究院编:《周恩来论文艺》,北京:人民文学出版社,1979年。

范长江:《中国的西北角》,北京:新华出版社,1980年。

中国社会科学院新闻研究所编:《中国新闻年鉴(1982)》,北京:中国新闻出版社,1982年。

叶圣陶:《叶圣陶散文·甲集》,成都:四川人民出版社,1983年。

沈从文:《沈从文文集》(第十卷),广州:花城出版社,香港:生活·读书·新知三联书店香港分店,1984年。

沈从文:《沈从文文集》(第十一卷),广州:花城出版社,香港:生活·读书·新知三联书店香港分店,1984年。

沈从文:《沈从文文集》(第十二卷),广州:花城出版社,香港:生活·读书·新知三联书店香港分店,1984年。

周扬:《周扬文集》(第一卷),北京:人民文学出版社,1984年。

四川大学马列教研室编:《国民参政会资料》,成都:四川人民出版社,1984年。

王韬:《漫游随录》,长沙:岳麓书社,1985年。

鲁言等:《香港掌故》(第九集),香港:广角镜出版社,1985年。

广东省社会科学院历史研究所等合编:《孙中山全集》(第九卷),北京:中华书局,1986年。

中华书局编辑部编:《回忆中华书局》,北京:中华书局,1987年。

王韬著,方行、汤志钧整理:《王韬日记》,北京:中华书局,1987年。

李家园:《香港报业杂谈》,香港:三联书店(香港)有限公司,1989年。

方蒙:《范长江传》,北京:中国新闻出版社,1989年。

张树年主编,柳和城等编著:《张元济年谱》,北京:商务印书馆,1991年。

周作人著,刘应争选编:《知堂小品》,西安:陕西人民出版社,1991年。

上海市新闻出版局、中华书局总厂职工运动史编写组:《中华书局总厂职工运动史》,北京:中共党史出版社,1991年。

薄一波:《若干重大决策与事件的回顾》(上卷),北京:中共中央党校出版社,1991年。

罗艺军主编:《中国电影理论文选(20—80年代)》(上),北京:文化艺术出版社,1992年。

中国历史博物馆编,劳祖德整理:《郑孝胥日记》(第一册),北京:中华书局,1993年。

王科、徐塞:《萧军评传》,重庆:重庆出版社,1993年。

吴福辉:《都市漩流中的海派小说》,长沙:湖南教育出版社,1995年。

中国出版科学研究所、中央档案馆编:《中华人民共和国出版史料》(第1卷),北京:中国书籍出版社,1995年。

温儒敏、丁晓萍编:《时代之波——战国策派文化论著辑要》,北京:中国广播电视出版社,1995年。

冼玉仪编:《香港文化与社会》,香港:香港大学亚洲研究中心,1995年。

巴金:《再思录》,上海:上海远东出版社,1995年。

蓝翎:《龙卷风》,上海:上海远东出版社,1995年。

柳和城:《张元济传》,南京:南京大学出版社,1996年。

邵燕祥:《沉船》,上海:上海远东出版社,1996年。

王晓明主编:《二十世纪中国文学史论》(第三卷),北京:东方出版中心,1997年。

王培元编:《何其芳》,北京:华夏出版社,1997年。

沈卫威:《自由守望——胡适派文人引论》,上海:上海文艺出版社,1997年。

毛齐华:《风雨征程七十春——毛齐华回忆录》,北京:当代中国出版社,1997年。

中国第二历史档案馆编:《中华民国史档案资料汇编》(第五辑:第二编文化),南京:江苏古籍出版社,1998年。

吴宓:《吴宓日记》(第4册:1928—1929),吴学昭整理,北京:生活·读书·新知三联书店,1998年。

吴宓:《吴宓日记》(第8册:1941—1942),吴学昭整理,北京:生活·读书·新知三联书店,1998年。

陈谷嘉、邓洪波主编:《中国书院史资料》(上册),杭州:浙江教育出版社,1998年。

张树栋等:《中国印刷通史》,北京:印刷工业出版社,1999年。

萧乾:《梦之谷》,北京:台海出版社,1998年。

袁良骏:《香港小说史》(第一卷),深圳:海天出版社,1999年。

柯可:《中国岭南影视艺术史》,北京:中国电影出版社,1999年。

吕达主编:《陆费逵教育论著选》,北京:人民教育出版社,2000年。

范长江:《范长江新闻文集》(下册),北京:新华出版社,2001年。

江沛:《战国策派思潮研究》,天津:天津人民出版社,2001年。

陈伯海主编:《上海文化通史》(上卷),上海:上海文艺出版社,2001年。

俞筱尧、刘彦捷编:《陆费逵与中华书局》,北京:中华书局,2002年。

叶再生:《中国近现代出版通史》,北京:华文出版社,2002年。

方汉奇主编:《中国新闻传播史》,北京:中国人民大学出版社,2002年。

钱理群:《与鲁迅相遇:北大演讲录》,北京:生活·读书·新知三联书店,2003年。

王奇生:《党员、党权与党争:1924—1949年中国国民党的组织形态》,上海:上海书店出版社,2003年。

全国新闻出版系统调研工作协调小组办公室编:《解放思想 实事求是——新闻出版总署2003年调研报告汇编》,北京:高等教育出版社,2003年。

孙玉胜:《十年:从改变电视的语态开始》,北京:生活·读书·新知三联书店,2003年。

李金铨:《超越西方霸权——传媒与"文化中国"的现代性》,香港:牛津大学出版社,2004年。

孙旭培:《当代中国新闻改革》,北京:人民出版社,2004年。

叶圣陶:《叶圣陶集》(第二十一卷),南京:江苏教育出版社,2004年。

许纪霖、李琼编:《天地之间——林同济文集》,上海:复旦大学出版社,2004年。

李孝悌编:《中国的城市生活》,台北:联经出版事业股份有限公司,2005年。

蒋原伦、张柠主编:《媒介批评》(第一辑),桂林:广西师范大学出版社,2005年。

梁元生、王宏志编:《双龙吐艳:沪港之文化交流与互动》,香港:香港沪港发展联合研究所、香港中文大学香港亚太研究所,2005年。

王毅:《皇家亚洲文会北中国支会研究》,上海:上海书店出版社,2005年。

孙逊主编:《都市文化研究》(第一辑),上海:上海三联书店,2005年。

费孝通:《中国绅士》,惠海鸣译,北京:中国社会科学出版社,2006年。

张秀民著,韩琦增订:《中国印刷史》,杭州:浙江古籍出版社,2006年。

赵汀阳主编:《年度学术2006:农村与城市》,北京:中国人民大学出版社,2006年。

范伯群:《中国现代通俗文化史》,北京:北京大学出版社,2007年。

姜进主编:《都市文化中的现代中国》,上海:华东师范大学出版社,2007年。

周其厚:《中华书局与近代文化》,北京:中华书局,2007年。

楼嘉军:《上海城市娱乐研究:1930—1939》,上海:文汇出版社,2008年。

陈祖芬:《八十年代看过来》,北京:作家出版社,2008年。

吴晓波:《中国巨变(1978—2008)》,北京:五洲传播出版社、中信出版社,2008年。

李金铨主编:《文人论政:知识分子与报刊》,桂林:广西师范大学出版社,2008年。

庞荣棣:《申报魂——中国报业泰斗史量才图文珍集》,上海:上海远东出版社,2008年。

郑保卫主编:《新闻学论集》(第21辑),北京:经济日报出版社,2009年。

李继锋等:《袁振英传》,北京:中共党史出版社,2009年。

张功臣:《民国报人——新闻史上隐秘的一页》,济南:山东画报出版社,2010年。

陆费逵:《陆费逵文选》,北京:中华书局,2011年。

张季鸾:《张季鸾集》,北京:东方出版社,2011年。

赵晓兰、吴潮:《传教士中文报刊史》,上海:复旦大学出版社,2011年。

戈公振:《中国报学史》,北京:生活·读书·新知三联书店,2011年。

李良荣:《新闻学概论》,上海:复旦大学出版社,2011年。

郭嵩焘等:《郭嵩焘等使西记六种》,上海:中西书局,2012年。

孙华、王芳:《埃德加·斯诺研究》,长沙:湖南师范大学出版社,2012年。

成舍我:《成舍我先生文集·大陆篇》,台北:世新大学舍我纪念馆,2013年。

唐小兵:《十字街头的知识人》,北京:中国人民大学出版社,2013年。

周海燕:《记忆的政治》,北京:中国发展出版社,2013年。

邹韬奋:《邹韬奋自述》,合肥:安徽文艺出版社,2013年。

复旦大学历史系等编:《中华书局与中国近现代文化》,上海:上海人民出版社,2013年。

董倩:《改造日常:〈新民晚报〉与社会主义上海生活空间之建构(1949—1966)》,上海:上海人民出版社,2016年。

李礼:《转向大众:晚清报人的兴起与转变(1872—1912)》,北京:北京师范大学出版社,2017年。

另外一些参考文献还包括《新青年》《亚泉杂志》《东方杂志》《生活》《战国策》《文化先锋》《炎黄春秋》《档案春秋》《大公报》《解放日报》《人民日报》《光明日报》等。